本书获长春师范大学学术专著出版计划项目资助

本书为 2024 年度吉林省教育厅人文社科重点项目（JJKH20240971SK）

"郑德荣学术思想与治学理念研究"的研究成果

ZHENGDERONG
XUESHU SIXIANG YANJIU

郑德荣
学术思想研究

郑凯旋　著

人民出版社

序

郑德荣是东北师范大学的资深教授，中国共产党的优秀党员，全国著名的中共党史专家、马克思主义中国化研究的重要开拓者和奠基人。2018 年，习近平总书记曾对郑德荣的逝世表示哀悼和慰问。当年七一前夕，中共中央追授郑德荣"全国优秀共产党员"荣誉称号，这是对郑德荣一生贡献的充分肯定，也是对全国广大党史和理论工作者的鼓舞和激励。

2026 年，是郑德荣诞辰 100 周年。为了缅怀和学习郑德荣，人民出版社出版了《郑德荣学术思想研究》一书。我在任时，曾负责已故党和国家领导同志诞辰 100 周年的纪念活动，所以，对 100 周年这个数字特别在意。郑德荣长期在高校从事中共党史的教学和研究，20 世纪 80 年代初曾经借调在中央党史研究室工作，曾任中共党史学会常务理事，毛泽东思想专业委员会副主任，还担任过中共文献研究会毛泽东思想生平研究分会顾问。他既是高校教师的杰出代表，也是全国党史工作者的杰出代表。郑德荣逝世后，我参加了吉林省对他的追思活动。所以，为《郑德荣学术思想研究》一书作序，既是我的责任，也是我再一次向郑德荣学习和表示敬意的机会。

《郑德荣学术思想研究》这本书颇为特殊的是，作者郑凯旋是郑德荣的长孙，也就是说，是孙子写爷爷、孙子研究爷爷。这种情况我见得不多。迄今见过的，有老一辈无产阶级革命家的儿辈回忆父辈的，也有少量孙辈写爷爷辈的。这些作品，一般都是纪实的，为我们提供了很多鲜为人知的事实和史料。《郑德荣学术思想研究》主要是写郑德荣的学术思想。这种做法行不行呢？我认为总体上是可以的，而且有一些独特的好处。

郑德荣一家三代都有人从事党史工作。郑德荣的三儿子郑晓亮子承父业，1984年就开始在党史部门工作，曾任吉林省委党史研究室处长、研究员。2010年被我们中央党史研究室与国家人力资源和社会保障部联合授予"全国党史系统先进工作者"称号。郑德荣的长孙郑凯旋也是从事党史教学与科研的，获有博士学位并做博士后，是长春师范大学的教授。一家两代研究党史的，我见过一些。一家三代都有人研究党史，这在全国不算多。这从一个侧面反映了郑德荣一家对党史事业的专注和热爱。

郑德荣一生从事中共党史、毛泽东思想、马克思主义中国化、中国特色社会主义理论体系的教学和研究，为党史工作和理论工作作出了重要贡献。中共中央的表彰决定指出，他"是我国著名中共党史专家，马克思主义中国化研究的重要开拓者和奠基人"。我负责过几十位已故党和国家领导同志的诞辰纪念活动，我们评价一个人时，使用什么样的关键词是很有讲究的。这里的"重要开拓者和奠基人"就是关键词，也是很有讲究、很有分量的。中共中央的决定指出，郑德荣等7名同志是习近平新时代中国特色社会主义思想的模范践行者，是新时代中国共产党人不忘初心、牢记使命、永远奋斗的光辉典范，是新时代党员干部信念坚定、许党报国、为民造福的杰出楷模。党中央要求各级党组织引导党员、干部以先进典型为榜样，学先进、赶先进、当先进。学习郑德荣，当然就需要加强对郑德荣的研究，既可以是对生平事迹的研究，也可以是对学术思想和学术贡献的研究。

作为一名党史工作者和高校教师，郑凯旋对其爷爷的学术思想进行研究，有其方便之处，也有特殊的价值。人们经常说"距离产生美"。其实，这种距离产生的美很可能是一种想象中的美，而真正实在的美，大都是在直接、深入、细微的全方位接触中发现的。郑凯旋作为郑德荣的家人，长期与郑德荣接触，他所了解的郑德荣很可能是最直接最鲜活的郑德荣，是有血有肉的郑德荣。所以，可以把他零距离了解和认知的郑德荣真实地呈现出来。

这本书主要不是写郑德荣的生平事迹，而是写郑德荣的学术思想。这就有了更大的客观性。但也同样可以融进作者自己的实际认识和感受，讲出不少他人未必知道的故事和思想来，从而使得对郑德荣学术思想的解析更为精准。

作者郑凯旋研究探讨爷爷的学术思想，写的比较客观，努力避免了因亲人关系易出现的溢美现象。对于郑德荣的事迹、人品和贡献，党中央已有明确的评价，吉林省和东北师大已有很多研究、总结、概括，对郑德荣的事迹也已经在全国许多地方作过宣讲。所有这些，都奠定了各种口径和评价的基础，也是作者不做主观上评价的正确选择，加之主要是写学术思想，亲情关系与学术研究在分寸上把握得比较准确。

对于我们读者和研究人员来说，则需要以平和的心态对待这类研究成果和著述。世界上的事物是复杂的，任何书籍都只能从某一个方面记录和解读历史。一个人一种价值取向，一个人一种角度和观点，不可能绝对统一，有这样那样的片面性是难以避免的。只有把不同作者从不同方面的记录和研究综合起来，加以科学的比较和鉴别，才能更加准确和全面地认识这些事物和人物。有些当代不能解决的问题，还可以留给后世去研究和解决。所以，无论对什么书籍，都应该抱持这种态度，客观冷静地看待和评估它给我们提供了什么、没有提供什么，今后我们还需要做些什么。经过这样长期的努力，原先"朦胧"的人和事就可以逐渐清晰起来，我们对历史和人物的认识也就能更加全面和准确。

从全书的框架结构来看，《郑德荣学术思想研究》着重研究了郑德荣关于马克思主义中国化、关于毛泽东思想、关于中国特色社会主义、关于中共党史与中国革命若干问题等方面的学术思想。然后，从郑德荣的治学成就、治学理念、治学路径方面，对郑德荣的学术思想进行了分析、概括。这样的结构，比较完整地反映了郑德荣的学术贡献和学术思想。对郑德荣的学术思想进行系统研究，不仅具有现实的意义，从一个侧面反映了马克思主义中国化的发展，反映了中国共产党思想理论的发展，而且在学术史上也具有积极的意义。对一些著名学者的学术经历和学术思想进行的研究，有助于揭示中国很多学术问题的发展脉络，是值得提倡和鼓励的。

写学术离不开写人。一个人的学术贡献与这个人的人品人格是一个很复杂的关系。这两者之间有时没有显性的关联，但多数情况下还是有程度不同的内在联系的。我主张做学问的同时也要做人，搞学术的人也要同时修炼自己的人品，使这两者能够互相促进，最终为社会和人类造福。郑德荣的学术思想与他的治学理念和人品人格是联系在一起的。2018 年 8 月，在"郑德荣精神学术思想研讨会"上，我曾经概括了他的几个重要品德和精神：一是服务大局的政治意识；二是求实严谨的科学精神；三是系统精深的学术风格；四是与时俱进的时代风范；五是为人师表的道德品质。现在，我认为这五条概括还是比较准确的，郑德荣这几个方面的精神和品质仍然值得我们学习。

希望通过这本书，我们能对郑德荣同志有更多的了解，也促进马克思主义中国化研究的深入。

李忠志

2024 年 8 月 2 日于北京

前　言

郑德荣是当代著名的中共党史学家，我国中共党史学科和马克思主义中国化理论研究的主要开拓者与奠基人。多年来，他始终秉持"理想、勤奋、毅力、进取"的治学精神及"严谨、求实、探索、创新"的治学方法，将党史人的激情、责任、奉献精神转化为前行动力，放弃了物质生活享受，勤勉不懈、了无休息，几十年如一日投身教育事业。作为一名人民教师，他不仅诲人不倦、桃李满天下，更在学术研究方面勇攀高峰，形成自己独树一帜的学术风格与思想体系，取得令学界瞩目的累累硕果，为不断深化和拓展中共党史学科作出不可磨灭的贡献。

郑德荣，1926年1月出生于吉林省延吉县龙井村，大学曾先后就读于"新京法政大学"、长春国立大学、东北大学、东北师范大学，1952年毕业于东北师范大学历史系并于同年留校任教，至2018年5月，他在教育战线上整整耕耘了67个寒暑。在学校任教期间，他曾先后担任马列教研室副主任、政治系副主任、东北师范大学党委委员、副校长、校学术委员会副主任等职务。1978年被评为副教授并首批招收三年制硕士研究生，1980年至1982年，被选拔借调到中共中央党史研究室任《中共党史大事记》"土地革命战争时期编写组"副组长（主持工作）；1983年被教育部评为教授，成为全国四名党史教授之一；1986年被国务院学科评议组评定为博士生导师，是全国高校首批中共党史学科三位博士生导师之一；1991年获国务院特殊津贴；1999 年被评为东北师范大学资深教授；2004 年被评为东北师范大学荣誉（终身）教授。郑德荣曾先后兼任过校内外多项学术职务，如中国中共党史学会常务理事、毛泽东思想专业委员会副主任（列第一位），全国共产国际与中国革命研究会领导小组成员，中国中共文献研究会毛泽东思想生平研究分会顾问，东北师范大学毛泽东思想研究所所长，《东北师大学报（哲学社会科学版）》编委会主任，吉林省社会科学联合会副主席（党组书记）、顾问，吉林省中共党史学会理事长、名誉会长，吉林省邓小平理论研究会副会长等，为全国及地方党史学科建设作出杰出贡献。郑德荣过世后，中共中央、国务院及国家各部委追授："全国优秀共产党员""改革先锋""全国优秀教师""最美奋斗者""全国道德模范"等多项荣誉称号。据统计，郑德荣公开发表论文 260 余篇（含与人合作），出版理论专著 56 部（含与人合著），承担过多项国家级、省（部）级课题。在这些学术成果中，郑德荣发表了多篇具有开创性价值的学术论文，撰写了多部里程碑式的学术著作，在其中提出众多具有独到见解的学术观点。可以说郑德荣的学术成果、治学理念就像一座恢宏奇伟、内容丰赡的思想宝库，从一个侧面反映了半个多世纪以来我国中共党史学科的发展状况，是深入开展中共党史研究的一项重要内容。目前，学术界对郑德荣及其党史思想的研究还处于深化拓展阶段，尚有相当大的研究空间和探讨余地。

　　本书以郑德荣重要学术论著为研究基础，以马克思主义唯物史观为指导，采用文献研究法、比较研究法、历史研究法等研究方法，立足于郑德荣的学术研究成果，在详尽剖析、总结郑德荣学术思想及贡献的同时，用辩证和历史的眼光审视其科学性、合理性及局限性，力求客观、系统、全面地展示郑德荣的学术思想、研究成果及治学理念。全书共由五个部分组成，其中前四个部分侧重于学术思想的研究与阐释，将郑德荣的学术成果细分为四个重点研究方向。分别为：马克思主义中国化研究、毛泽东思想研究、中国特色社会主义研究、中共党史与中国革命史若干问题研究。第五部分专注于对郑德荣治学思想的提炼与总结，具体包括了治学成就、治学理念、治学路径等，以期全方位地展现出一位中共党史家的学术风骨及治学之道。

目 录

第一章　关于马克思主义中国化研究

中国共产党的历史是一部马克思主义中国化的发展史，马克思主义中国化的过程贯穿于中国共产党发展的全过程。"马克思主义中国化研究"是郑德荣长期关注、重点研究的学术领域，是贯穿郑德荣学术思想研究体系的一条主线，也是郑德荣学术思想的重要组成部分。郑德荣对于马克思主义中国化的研究具有多层次、多维度、宽视角的特点，其中既有对基础理论的阐释，又有对实践经验的总结；既有纵向的观察，又有横向的对比；既有现实的延展，又有历史的思辨。研究主要从四个方面展开，即毛泽东与马克思主义中国化，马克思主义中国化的历史进程与实践规律，马克思主义中国化的基本经验与现实意义，马克思主义中国化、时代化、大众化。在对上述内容集中论述中，郑德荣提出了多个具有开创性、前瞻性的学术观点，如，马克思主义指导中国革命和建设的真谛在于使马克思主义中国化；毛泽东是马克思主义中国化的伟大旗手与奠基人；正确认识国情是认清一切革命问题的基本依据，是实现马克思主义中国化的中心环节，是制定路线、方针的基本依据；反对"本本主义"是马克思主义中国化命题提出的思想先导；党的思想路线是实现马克思主义中国化的灵魂和生命线；等等。这些观点阐发的时期不同，研究的对象不同，阐释的视角不同，却寓于同一学术研究框架中，相互贯通形成了一个比较完整的理论研究体系，成为当代学者从事马克思主义中国化研究的重要理论参考依据，同时为持续推进、拓展马克思主义中国化理论研究作出贡献。

第一节　毛泽东与马克思主义中国化

马克思主义中国化不仅是一个重大理论问题，更是一个重大现实问题，是关系到中国共产党的指导思想能否跟上时代发展，做到与时俱进；关系到中国共产党能否始终高擎马克思主义的伟大旗帜，坚持和发展马克思主义的基本问题。"郑德荣根据对中国共产党历史、对马克思主义在中国的历史的考察和分析，认为研究马克思主义中国化问题，应该首先从中国共产党第一代领导集体的核心毛泽东与马克思主义中国化这一视角出发。"①

一、马克思主义指导中国革命的真谛

郑德荣在研究毛泽东与马克思主义中国化关系时，指出："马克思主义指导中国革命的真谛在于使马克思主义中国化，反对教条主义是毛泽东思想形成的一个重要历史特点。"② 并认为："这是由马克思主义的固有属性、特点和中国特殊国情决定的，同时也是中国革命和社会主义建设正反两方面历史经验所得出的科学结论。"③

第一，马克思主义的固有属性、特点。郑德荣认为，马克思主义之所以能够在全世界广泛传播并在无产阶级革命运动中展现出顽强的生命力，"成为风靡全球同资产阶级民主主义相较量的世界潮流是由马克思主义的固有属性与特点决定的"。"马克思主义不是僵化的教条，而是行动的指南，是世界无产阶级和被压迫民族解放斗争的思想

---

① 李洪河、夏学平：《学识·胆识·求是·创新——郑德荣教授学术思想评介》，《高校理论战线》2003 年第 11 期。

② 郑德荣：《马克思主义中国化的伟大奠基人》，《高校理论战线》2004 年第 2 期。

③ 郑德荣：《马克思主义指导中国革命的真谛》，《长春市委党校学报》2000 年第 1 期。

武器，是与实践紧密结合并在斗争中不断发展的科学，与时俱进是其独具特色的理论品质。"① 可见，马克思主义的基本特点是理论与实践相结合，在斗争实践中不断丰富和发展。马克思主义的这一固有属性、品质决定了，"它的生命力必源于实践，并在革命斗争中蓬勃发展"②。与此同时，郑德荣还将马克思主义学说的基本特征提炼为"两个统一"，即理论与实践的统一，科学性与革命性的统一，并着重强调："这一科学理论对人类社会的贡献并不在于对一切问题提供现成的答案，也不可能如此，而在于给予了科学的世界观和方法论。离开具体时间、地点和条件，机械地搬用马克思主义本本，阉割它的活的灵魂，恰恰扼杀了它的生命力。"③

第二，中国的特殊国情。郑德荣认为，"所谓国情，就是指一个国家在社会制度、历史发展、地理状况、人口因素、经济和文化发展水平等方面的基本情况。国情是一个由互相联系着的多种复杂因素构成的综合的概念，又是一个处于相对稳定和不断发展变化统一的历史范畴。从地域条件来说，各个国家都有自己的情况和特点，从实践来说，每一个国家不同的发展时期也各有不同的情况"④。因此，"把马克思列宁主义的普遍真理同我国具体实际结合起来，走适合本国情况的特点的道路，最重要的还是在于正确认识本国的国情"⑤。中国特殊国情是指区别于马克思、恩格斯构想的资本主义社会。这个社会的基本矛盾和主要矛盾、阶级结构和阶级关系、生产力和文化水平与资本主义社会迥然不同。集中到一点就是半殖民半封建社会。这

---

① 郑德荣：《马克思主义中国化的伟大奠基人》，《高校理论战线》2004年第2期。
② 郑德荣：《马克思主义指导中国革命的真谛》，《长春市委党校学报》2000年第1期。
③ 郑德荣：《毛泽东与中国》，吉林人民出版社1993年版，第1页。
④ 郑德荣：《论马克思主义与中国革命和建设实际相结合的历史经验》，《新长征》1991年第7期。
⑤ 郑德荣：《论马克思主义与中国革命和建设实际相结合的历史经验》，《新长征》1991年第7期。

样的社会性质决定了中国的共产主义运动不是发生在马克思所构想的发达资本主义国家，也不是发生在资本主义不够发达的国家，而是发生在一个以农民为主体的，经济文化十分落后的，受若干帝国主义宰割的政治经济发展很不平衡的半殖民地半封建社会。这个社会的经济结构既复杂又落后，阶级结构既复杂又有自己的特点，民族资产阶级力量弱小，具有两面性，同工人阶级既有剥削与被剥削的矛盾又有反帝反封建的一致性。社会的主要矛盾不是资产阶级同无产阶级的矛盾，而是帝国主义和中华民族、封建主义和人民大众的矛盾，两种矛盾相互交织，而尤以民族矛盾为突出。"在这种特殊国情发动共产主义运动，显然在马克思主义本本中是无现成答案可找的。这就决定了必须把马克思主义基本原理同中国实际相结合，总结中国革命独创性历史经验，概括出符合中国实际的理论原则，也就是说用中国化的马克思主义指导中国革命。"① 因此，"是不是和善不善于用马克思主义研究中国国情，从而把马克思主义同中国实践相结合，这是关系马克思主义在中国的命运、关系中国革命成败的大问题"②。

第三，中国革命和社会主义建设正反两方面历史经验。郑德荣认为："中国革命胜利发展的历史，实际上也是马克思主义基本原理同中国革命实际相结合，马克思主义中国化的历史。"③ 他指出，中国革命曾先后经历了从失败到胜利，再失败、再胜利的艰难曲折道路，党内在如何以马克思主义领导中国革命的问题上发生过严重分歧，并积累了正反两方面的经验、教训。"中国共产党领导中国革命的正反两方面历史经验一再表明：什么时候马克思主义与中国革命的实际相

① 郑德荣：《马克思主义中国化的伟大旗手与奠基人——毛泽东》，《东北师大学报（哲学社会科学版）》1999 年第 2 期。

② 郑德荣：《马克思主义指导中国革命的真谛》，《长春市委党校学报》2000 年第 1 期。

③ 郑德荣：《马克思主义中国化的伟大旗手与奠基人——毛泽东》，《东北师大学报（哲学社会科学版）》1999 年第 2 期。

结合得好，什么时候革命就取得胜利；否则，革命就会遭受挫折和失败。"① 与此同时，郑德荣将马克思主义中国化过程中积累的经验教训从四个方面进行了总结：首先，必须认真学习和领会马克思列宁主义的基本原则，完整准确地掌握和运用由这些原理所构成的科学体系。要充分认识到这一点，"关键是要认识到马克思列宁主义是一个科学的体系，从总的方面把握它的精神实质，运用它的立场、观点和方法来分析和解决中国的实际问题。"完整准确地掌握和运用马列主义、毛泽东思想，是实现马克思主义与中国实际相结合的两次历史性飞跃的一条最重要的历史经验。其次，必须正确地认识和对待中国的国情。"把马克思列宁主义的普遍真理同我国的具体实际结合起来，走适合本国情况的特点的道路，最重要的还在于正确认识本国的国情。"再次，必须坚持开展两条战线斗争。"历史经验告诉我们，坚持马克思列宁主义与中国实际的结合，反对主观主义的各种倾向，也要注意一种倾向掩盖另一种倾向。"即在我们强调学习马克思主义和外国经验时，应注意防止把马克思主义和外国经验教条化的倾向；而我们强调从本国实际出发，总结自己的经验时，则应注意防止贬低马克思主义理论指导作用的经验主义倾向。最后，必须加强党性修养，树立对人民事业高度负责的精神，认真实行党的民主集中制原则，创造更好地坚持马克思主义与中国实际相结合的条件。

上述内容中，郑德荣鲜明地提出了自己的观点，"马克思主义指导中国革命的真谛在于使马克思主义中国化，反对教条主义是毛泽东思想形成的一个重要特点"②，并从马克思主义固有属性、中国特殊国情、中国革命正反两方面经验等多个视角对这一观点进行了系统论证。进而在深刻揭示了马克思主义指导中国革命真谛的实践成果与前

① 郑德荣：《毛泽东与马克思主义中国化》，《东北师大学报（哲学社会科学版）》1998 年第 1 期。

② 郑德荣：《马克思主义中国化的伟大奠基人》，《高校理论战线》2004 年第 2 期。

行保障、马克思主义指导中国革命真谛的实践源头与社会土壤等马克思主义中国化等规律性问题的同时，为新时代推进马克思主义中国化时代化的历史进程阐发了基础理论，提供了践行依据。

二、毛泽东与马克思主义中国化

如何定位毛泽东与马克思主义中国化之间的关系是研究马克思主义中国化的重要组成内容。从 20 世纪 90 年代始，郑德荣就已经聚焦此问题，并在查阅、分析了大量历史文献的基础上在学界首次提出了"毛泽东是马克思主义中国化的伟大旗手与奠基人"的理论创新观点。在《毛泽东与马克思主义中国化论析》《毛泽东对马克思主义中国化的卓越贡献》《马克思主义中国化的伟大奠基人》《马克思主义中国化的伟大旗手与奠基人——毛泽东》《毛泽东与马克思主义中国化》等文章、著作中，他以毛泽东与马克思主义中国化之间的关系为研究对象，以中国革命发展历程为研究载体，对毛泽东对推动马克思主义中国化所作出的卓越贡献进行集中概括。

第一，从组织上，率先发出"反对本本"主义的号召，向全党提出马克思主义中国化的历史任务。中国共产党自诞生始，就坚定地以马克思主义作为观察国家命运的工具，尽管党内多次发生右或"左"的错误，产生过路线分析和斗争，然而对马克思主义的信念和指导作用则始终未有动摇和质疑。因此，"在党的思想政治建设上，主要倾向不是要不要以马克思主义为指导，而是怎样对待马克思主义，要不要、能不能把马克思主义中国化的问题"①。在这个问题上，党内曾出现过两种倾向："左"倾教条主义者，照搬照抄马克思主义经济著作的词句和结论，把共产国际的决议和苏联经验神圣化；坚决主张把马克思主义的基本原理与中国革命实际相结合，运用马克思主义的立场、观点、方法分析问题，并使之中国化。早在"1930 年初，

---

① 郑德荣：《毛泽东对马克思主义中国化的卓越贡献》，《求是》1993 年第 22 期。

毛泽东以无产阶级革命家的胆略和马克思主义的理论勇气，率先发出'反对本本主义'号召，同'左'倾教条主义者开展斗争""反对'本本主义'"的号召，为中国共产党人摆脱来自共产国际和苏联的束缚，冲破党内教条主义的统治，提供了理论依据和精神支柱，成为了马克思主义中国化的奠基石。① 在抗日战争时期，毛泽东在党的六届六中全会上所作的《论新阶段》的政治报告中，明确提出了马克思主义中国化的历史任务："使马克思主义在中国具体化，使之在其每一表现中带着必须有的中国特性，即是说，按照中国的特性去应用它，成为全党亟待了解并亟须解决的问题。"② 在这里，毛泽东将学会运用马克思主义于中国革命实际，使马克思主义中国化，作为关系着能否肩负起领导抗日战争的历史责任的高度向全党提出。

第二，从哲学上，奠定马克思主义中国化的理论基础。抗日战争爆发前夕，为了全面贯彻抗日民族统一战线政策，肃清教条主义在党内的影响，毛泽东在抗日军政大学作了以《两论》为主题的演讲。对于《两论》问题郑德荣给予了高度关注。他认为，《两论》着重用马克思主义的认识论和辩证法观点揭露了党内教条主义和经验主义，特别是教条主义的错误，并从马克思主义哲学角度，论证了马克思主义中国化的两个基本问题。用《实践论》回答了理论与实践相统一的关系，强调实践在认识运动中的重要地位与作用，并且根据思想路线的要求，把"主观和客观、理论和实践、知和行的具体历史的统一"规定为马克思主义认识论的总的原则。并根据马克思主义认识论的基本观点，揭露和批判了"左"的右的错误在思想认识上的根源。用《矛盾论》回答了共性与个性的关系问题，强调事物的对立统一是唯物辩证法的根本法则，矛盾的普遍性寓于矛盾的特殊性之中，具体问题具体分析是马克思主义活的灵魂。调查实践在认识运动

---

① 郑德荣:《毛泽东与马克思主义中国化》，东北师范大学出版社 1997 年版，第 10—11 页。

② 《毛泽东选集》第二卷，人民出版社 1991 年版，第 534 页。

中所处的地位与作用，论证了共性与个性的统一，强调具体问题具体分析，把握矛盾特殊性的重要，"其中心思想是从哲学上论证了理论与实践的统一"。与此同时，郑德荣还对"两论"的历史价值进行了提炼："《实践论》《矛盾论》阐述的马克思主义认识论和唯物辩证法，意在告诫共产党人，必须坚持一切从实际出发，了解中国这个特殊国情，具体情况具体分析，实事求是，理论和实际相结合，从而批判了主观主义特别是教条主义，并为党的马克思主义的思想路线奠定了坚实的哲学基础。"①

　　第三，在作风上，树立实事求是、理论联系实际的优良学风，开拓马克思主义中国化的新路子。在延安整风时期，毛泽东就已经把整顿学风作为整风的主要内容之一，并且尖锐批评了党内存在的种种不良学风，要求共产党人要加强调查研究，用"马克思主义之箭，必须用了去射革命之的"②，做到"有的放矢"。郑德荣在列举了毛泽东在延安整风时期对学风的相关论述后，指出，正是因为"毛泽东把理论联系实际，实事求是作为提高马列主义，关系革命成败的关键加以强调，从而引起全党的高度重视。……从此，理论联系实际，实事求是成为中国共产党人的风尚"。同时，郑德荣还高度概括了延安整风的历史贡献，他指出："历史经验证明，能不能坚持马克思主义学风，以科学的态度对待马克思主义，是理论上和政治上是否成熟的一个重要标志，是关系到党的前途和社会主义命运的一个重大问题"，"通过延安整风，党内存在的陋习得到改正，长期被扼杀的新鲜活泼的马克思主义学风，如枯木逢春获得新生。……至此，马克思主义中国化由以毛泽东为代表的少数的行为发展成为多数人的自觉行动。作为马克思主义与中国实际相结合的结晶——毛泽东思想，在这一中国化的马克思主义，为全党所共识，并由七大确定为党的指

---

① 郑德荣：《延安时期与毛泽东思想》，东北师范大学出版社1993年版，第53页。
② 《毛泽东选集》第三卷，人民出版社1991年版，第830页。

导思想载入史册"①。

　　第四，从思想上，实现了马克思主义中国化的第一次历史性飞跃，树立马克思主义中国化的光辉典范。郑德荣认为，毛泽东不仅是马克思主义中国化的伟大旗手和奠基人，"而且身体力行，成为马克思主义中国化的巨匠和典范"②。这就从理论与实践两个方面对毛泽东与马克思主义中国化之间的关系进行了比较全面的界定。从理论层面来看，毛泽东不拘泥于马克思主义的本本，坚持将马克思主义的基本原理与中国革命实践相结合，在中国革命的过程中，在政治、经济、军事、文化等各方面，各领域提出了一系列新思想、新理论、新观点，并创立了新民主主义革命理论。新民主主义革命理论"解决了中国革命的方向和历史方位，开创了中国特色革命道路，实现了马克思主义与中国实际相结合的第一次历史性飞跃，标志着马克思主义与中国实际相结合的产物——毛泽东思想形成一个完整的理论体系，在各方面展开并达到成熟"③。从实践层面来看，毛泽东从中国的特殊国情所处的国际环境出发，"运用科学社会主义基本原理和列宁民族和殖民地理论，总结近代中国革命经验教训，批判地吸收了中国近代资产阶级民主主义——三民主义的精华，找到一条既不走资产阶级共和国道路又非立即进行社会主义革命建立无产阶级专政的社会主义国家，而是经过新民主主义革命，在农村建立根据地，农村包围城市、武装夺取全国政权，建立各革命阶级联合的人民民主共和国，然后再逐步过渡到社会主义的崭新道路"④。

---

① 郑德荣：《毛泽东与中国》，吉林人民出版社 1993 年版，第 7 页。
② 郑德荣：《毛泽东与马克思主义中国化》，东北师范大学出版社 1997 年版，第 15 页。
③ 郑德荣：《毛泽东与马克思主义中国化》，东北师范大学出版社 1997 年版，第 16 页。
④ 郑德荣：《毛泽东与马克思主义中国化》，东北师范大学出版社 1997 年版，第 17 页。

第二节 马克思主义中国化的
历史进程与基本经验

全面考察马克思主义中国化的历史进程是当代从事马克思主义中国化理论研究的一项重要内容，是研究马克思主义中国化问题的重要方面。郑德荣在从事马克思主义中国化研究的过程中，在系统梳理马克思主义中国化发展进程的基础上，从中揭示、提炼出马克思主义中国化实践发展规律、构成要素，为深化马克思主义中国化理论研究作出重大贡献。

一、马克思主义中国化的历史进程

郑德荣主要从四个方面对马克思主义中国化历史进程进行考察。

第一，关于马克思主义中国化的历史分期。郑德荣将马克思主义中国化的历史进程划分为三个阶段并根据不同阶段的发展情况进行分析。第一阶段是中国革命经历两次胜利、两次事变的曲折发展时期，是中国共产党从幼年走向成熟时期，是马克思主义与中国实际相结合的原则逐渐得到确立，实现马克思主义同中国实际相结合的第一次历史性飞跃，形成毛泽东思想的科学体系并使之被确立为全党的指导思想的时期。这一阶段的主要特点是："就其内涵来说，集中表现为马克思主义关于社会革命的一般原理与中国新民主主义革命的具体实际的结合；就其具体形态来说，则经历了从不懂得到懂得、从党中央少数领导干部懂得到全党领导骨干也懂得、从认识上的严重分歧到思想上的统一这样一个过程"①。第二阶段是中国革命由马克思主义与中国革命实际相结合原则的指引下从胜利走向胜利的阶段。这一阶段的

---

① 郑德荣：《论马克思主义与中国革命和建设实际相结合的历史经验》，《新长征》1991 年第 7 期。

主要特点是："由于党的七大确定了毛泽东思想为全党的指导地位，因而全党思想上的统一、政治上的一致是空前的。"① 第三阶段是党和社会主义事业在经历了重大挫折以后又获得巨大发展的阶段。这一阶段的主要特征是："强调必须把马克思主义普遍真理同中国社会主义现代化建设实际相结合，恢复、坚持和发展毛泽东思想。"②

　　第二，关于马克思主义中国化的两次历史性飞跃。党的十三大报告首次提出"两次历史性飞跃"，如何看待两次历史性飞跃的理论成果——建设有中国特色社会主义理论与毛泽东思想之间的关系成为当时理论界的热议话题。在党的十三大闭幕后不久，郑德荣就着手撰写了《第二次历史性飞跃是毛泽东思想科学体系的新发展》《两次历史性飞跃的启迪》《认真汲取马克思主义与中国实践相结合的历史经验——对第二次历史性飞跃的探讨》等文章。文中，他首先阐述了自己对"飞跃"的理解："所谓'飞跃'是指马克思主义与中国实践相结合的历史进程中，党对中国革命和建设基本问题认识上所发生的质的变化，在思想理论上所取得的突破性的进展，以及与之相适应的在实践上所发生的根本性变化"。然后围绕着"两次历史性飞跃"进行了深入研究与阐述，并着重回答了"两次历史性飞跃"之间的关系。"从总体上看，第二次历史性飞跃所产生的建设有中国特色的社会主义理论以及作为这次历史性飞跃主要代表人物的邓小平的思想，是对毛泽东思想的运用和发展。不能把邓小平的思想与作为科学体系和集中智慧结晶的毛泽东思想割裂开，既要看到两者的区别，又要从二者的联系上去看，应当把第二次历史性飞跃看成是毛泽东思想的新发展。"③ 具体而言：一是"两次历史性飞跃"的共同点在于："两次历史性飞跃"都

① 　郑德荣：《论马克思主义与中国革命和建设实际相结合的历史经验》，《新长征》1991 年第 7 期。
② 　郑德荣：《论马克思主义与中国革命和建设实际相结合的历史经验》，《新长征》1991 年第 7 期。
③ 　郑德荣：《第二次历史性飞跃是毛泽东思想科学体系的新发展》，《毛泽东思想研究（四川）》1989 年第 2 期。

是正确理解、掌握马克思主义基本原理和它的精神实质的结果;"两次历史性飞跃"都是在实事求是地分析国情的基础上产生的;"两次历史性飞跃"都是在反对教条主义,解放思想的斗争中产生的,都提供了反对教条主义的宝贵经验。二是"两次历史性飞跃"的内在联系在于:第二次历史性飞跃是对毛泽东思想的继承和发展。从继承的视角来看,在我国步入社会主义初级阶段以后,从1956年4月发表《论十大关系》的讲话开始,直到1966年"文化大革命"发生前,毛泽东对于在中国这样一个经济文化十分落后的东方大国如何建设社会主义的问题,进行过很多艰辛的探索,并在社会主义社会阶段划分,在社会主义社会主要矛盾和根本任务,在社会主义建设道路和方针,社会主义建设战略目标,在社会主义社会的基本矛盾及其特点等问题上提出了具有长远意义的正确或比较正确的重要理论观点。这些观点都是共产党人在探索社会主义建设道路上所获得的宝贵精神财富,为第二次历史性飞跃提供了历史经验与教训,成为继续探索有中国特色社会主义的重要起点。

第三,抗日战争与马克思主义中国化。除了整体上对马克思主义中国化历史进程相关问题进行观察与思考,郑德荣还相继在《抗日战争与马克思主义中国化的历史进程》《抗日战争与毛泽东思想科学体系的形成》《抗日战争时期马克思主义与中国革命实践的双向互动》《延安时期与毛泽东思想》《毛泽东抗日战争的战略构想与顶层设计》等文章中,对抗日战争与马克思主义中国化的关系进行了定位与分析。他认为:"抗日战争是中国共产党领导的新民主主义革命中的一个特殊阶段,是马克思主义中国化发展的一个关键时期。抗日战争的重大历史转折既要求中国共产党对一系列重大的新课题给以马克思主义的回答和解决,同时也为马克思主义中国化提供了丰富的经验和有利条件。"①

---

① 郑德荣、王占仁:《抗日战争与马克思主义中国化的历史进程》,《毛泽东邓小平理论研究》2005年第7期。

并具体从三个方面对抗日战争与马克思主义中国化的关系进行了系统阐述。首先，抗日战争的重大历史转折提出一系列现实问题，需要得到中国化的马克思主义指导。郑德荣认为："马克思主义指导中国革命的真谛在于用中国化的马克思主义，这一方面是由马克思主义理论与时俱进的理论品质决定的，另一方面是从中国特殊国情出发进行革命斗争的需要。"① 抗日战争的重大转折提出一系列重大问题，需要中国化的马克思主义来指导。其次，抗日战争的伟大实践使毛泽东思想在各方面展开而达到成熟。郑德荣认为：以毛泽东为代表的中国共产党人，结合抗日战争全面爆发后民族矛盾与阶级矛盾发生重大转变的客观实际，深刻揭示了中国革命的特殊规律，使毛泽东思想在各方面达到成熟。最后，抗日战争实现了马克思主义中国化的历史性飞跃。郑德荣认为，"毛泽东思想是马克思主义中国化第一次历史性飞跃的理论成果，作为中国化的马克思主义，毛泽东思想开拓了马克思主义发展的新领域。"② 毛泽东思想特别是它的新民主主义理论，系统地回答了旧中国的革命对象、任务、斗争形势、前途等一系列基本问题，这充分表明中国共产党已经把握住了中国革命的规律，找到属于自己的革命道路。

　　第四，改革开放以来历次党的代表大会与马克思主义中国化。郑德荣在《十二大以来党对马克思主义中国化的卓越贡献》《历次党的全国代表大会对马克思主义中国化的卓越贡献》《马克思主义中国化纵横观》等文章和著作中，对改革开放以来历次党的代表大会的历史进程及其对马克思主义中国化贡献进行了总结并从中揭示历史性规律。他认为，党的十二大对马克思主义中国化的最大贡献集中体现在"建设有中国特色社会主义"崭新命题的提出；党的十三大对马克思

---

① 郑德荣、王占仁：《抗日战争与马克思主义中国化的历史进程》，《毛泽东邓小平理论研究》2005 年第 7 期。

② 郑德荣、王占仁：《马克思主义中国化纵横观》，人民出版社 2015 年版，第 126 页。

主义中国化最大贡献是在十二大基础上继续探索，正确认识了中国特色社会主义建设的基本国情和基本出发点，提出了社会主义初级阶段的科学论断，正确把握了我国社会主义所处的历史方位，并据此制定了党在社会主义初级阶段的基本路线；党的十四大对马克思主义中国化最大贡献是"在我国发展的关键时刻，在世界风云变幻的复杂形势下，我国党的第三代中央领导集体第一次在党的全国代表大会上正式对邓小平建设有中国特色社会主义的理论作了新的概括、系统阐述和科学评价，对党在实践过程中形成的改革开放和现代化建设的基本路线和一系列战略决策作出了历史总结，从而把这个理论比较完整地提到全党和全国人民面前，并且经过党的全国代表大会，郑重地确定为长期指导我们思想和工作的理论基础"①；党的十五大对马克思主义中国化最大贡献是在十四大的基础上，坚定地明确地向全党、全国人民也向全世界回答了中国的走向：高举邓小平理论的旗帜不动摇，明确提出了"邓小平理论"这一科学概念，并把它同马列主义、毛泽东思想一起，作为党的指导思想写进党章；党的十六大对马克思主义中国化最大贡献是从多个方面继承和发展了马克思主义基本理论，理论创新的最集中体现就是江泽民"三个代表"重要思想的提出；党的十七大对马克思主义中国化最大贡献集中体现在两个方面：第一次明确提出了科学发展观的重大战略思想，在新的历史起点上开辟了中国特色社会主义建设的新篇章；第一次提出中国特色社会主义理论体系的重大命题，这是马克思主义中国化最新成果的精辟概括，是马克思主义中国化发展史上的一个新的里程碑。党的十八大对马克思主义中国化作出贡献集中体现在两个方面：首次精辟地概括了中国特色社会主义三位一体的内涵及其相关关系；明确提出了建设中国特色社会主义的总依据、总布局、总任务。虽然受到了撰文时间的限

---

① 郑德荣、郑凯旋：《十二大以来党对马克思主义中国化的卓越贡献》，《中国浦东干部学院学报》2009 年第 6 期。

制，在改革开放以来历次代表大会对马克思主义中国化这一问题上只写到了党的十八大，但是却为马克思主义中国化问题开辟了新的研究思路，同时也为进一步深化马克思主义中国化历史进程的研究工作进行了有益思考、探索。

上述内容中，郑德荣从多个维度、视角对马克思主义中国化的历史进程展开研究。一是从时间顺序上，实现了对马克思主义中国化历史进程的阶段性划分；二是从理论发展顺序上，实现了对马克思主义中国化的两次历史性飞跃的比较分析；三是从具体发展阶段上，实现了对抗日战争与马克思主义中国化进程的历史定位；四是从发展决策顺序上，实现了对改革开放以来，党的历次代表大会与马克思主义中国化进程的梳理。

二、马克思主义中国化的构成要素

关于马克思主义中国化构成要素的研究是郑德荣重要突破性理论成果之一。他认为："马克思主义中国化的基本要素是马克思主义中国化过程中不可或缺的基本构成要件，是彼此联系、相互作用、密不可分的统一整体。"[1] 而提炼出这些要素的目的则"旨在总结马克思主义中国化的基本经验，揭示马克思主义中国化的基本规律，以便更加自觉地推进马克思主义中国化的伟大工程"[2]。与此同时，他还指出，并不是说每一个中国化的马克思主义的理论成果同时都具备这些基本要素，而是从整体上看是马克思主义中国化必备的基本要素。郑德荣主要从五个方面对马克思主义中国化的构成要素进行了高度概括。

第一，坚持马克思主义的基本原理及其立场、观点和看法，是实

---

[1] 郑德荣、梁继超：《马克思主义中国化的基本要素探析》，《毛泽东思想研究》2007 年第 4 期。

[2] 郑德荣、梁继超：《马克思主义中国化的基本要素探析》，《毛泽东思想研究》2007 年第 4 期。

现马克思主义中国化的前提、方向和保证。郑德荣认为，"马克思主义的立场、观点和方法贯穿于马克思主义基本原理之中，使之不断适应时间、地点和条件的变化，在实践中永葆其旺盛的生命力"。之所以说"马克思主义中国化的理论成果与马克思列宁主义一脉相承，这个'脉'就是马克思主义理论体系的'内核'，就是马克思主义理论肌体的'基因'，就是马克思主义基本原理及其立场、观点、和方法"[①]。具体而言：毛泽东是坚持马克思主义基本原理的光辉典范，他把马克思主义的历史唯物主义关于社会基本矛盾的观点，把无产阶级革命和无产阶级专政、民族殖民地问题的理论，把列宁关于帝国主义发展不平衡的理论应用到中国革命实践中，提出了马克思主义经典著作中没有的"新民主主义"重大理论，找到了一条中国特色革命道路，实现了马克思主义中国化的第一次历史性飞跃。此外，作为马克思主义中国化的第二个伟大理论成果，邓小平理论的直接理论源头是马列主义、毛泽东思想，邓小平强调运用马克思的立场、观点、方法，来观察、分析和解决现实问题，并率先提出全面准确地掌握毛泽东思想的科学体系及其相关问题。与此同时，郑德荣在如何看待马克思主义关系党和国家命运的问题上也阐述了自己的看法：既要反对教条主义及反对马克思主义的自由化思潮，又要坚持马克思主义的基本原理，不能用形而上学的观点来看待马克思主义。因此，"在坚持中发展，在发展中坚持，就是按规律办事，这是对待马克思主义唯一正确的态度"[②]。最后，郑德荣还强调了坚持马克思主义基本原理及基本立场、观点和方法的重要性："离开了马克思主义基本原理及基本立场、观点和看法，马克思主义中国化就失去了理论源头，就会迷失方向，中国化也就无从'化'起；没有马克思主义中国化，就

---

① 郑德荣、梁继超：《马克思主义中国化的基本要素探析》，《毛泽东思想研究》2007 年第 4 期。

② 郑德荣、梁继超：《马克思主义中国化的基本要素探析》，《毛泽东思想研究》2007 年第 4 期。

不可能在中国真正坚持马克思主义的基本立场、观点、方法。"①

第二，立足于中国的特殊国情，把中国革命所处的历史方位作为客观依据和基本出发点。郑德荣认为，所谓"国情是指一个国家在一定发展阶段的社会状况和自然状况、历史状况和现实情况的统一，它是不以人们的意志为转移的客观存在，其实质是社会性质，是一个国家社会发展的基础和出发点，决定和制约着社会发展道路"②。在新民主主义革命时期，以毛泽东为代表的中国共产党人，正从中国特殊国情出发，科学地分析了革命的性质、任务、对象、动力和前途等基本问题，才形成了新民主主义理论，制定了新民主主义革命总路线，领导人民取得新民主主义革命的胜利。改革开放以来，以邓小平为代表的中国共产党人则是从认清中国社会主义现时所处的历史发展阶段出发，抓住了我国现时国情的本质特征和中国社会的历史方位，明确指出中国社会主义处在初级阶段，是初级阶段的社会主义。正是在正确认识国情基础上，在改革开放的实践中开辟出一条中国特色社会主义的崭新道路，找到一条适合本国国情的中国式的现代化建设之路。此外，对于如何看待国情，他也提出了自己的看法和建议："国情问题总的看在相当长时间内是相对稳定的，但也不是绝对静止而是有所变化的。……因此，在制定路线、方针、政策时既要考虑相当长时间的基本国情，也要考虑各个历史阶段变化着的现实国情，要把两者有机结合科学统一起来。只有这样，才能使党的路线、方针、政策更符合实际，才是真正符合马克思主义的"③。

第三，中国革命、建设、改革及其历史经验是实现马克思主义中

---

① 郑德荣、梁继超：《马克思主义中国化的基本要素探析》，《毛泽东思想研究》2007 年第 4 期。

② 郑德荣、梁继超：《马克思主义中国化的基本要素探析》，《毛泽东思想研究》2007 年第 4 期。

③ 郑德荣、梁继超：《马克思主义中国化的基本要素探析》，《毛泽东思想研究》2007 年第 4 期。

国化的实践基础和理论起点。郑德荣认为："伟大的实践活动，必然产生伟大的理论创新，任何一种革命思想和理论的诞生都是在实践中孕育，在斗争中发展的"。在中国的革命历程中，"中国共产党领导中国革命、建设、改革的实践积累了正反两方面丰富的经验，为马克思主义中国化提供了坚实基础"①。在新民主主义革命时期，以毛泽东为代表的中国共产党人从大革命的失败到土地革命战争的兴起，从第五次反"围剿"的失败到抗日战争的兴起和抗日战争的革命实践中，突破了教条主义的束缚，创造性地运用马克思主义基本原理深刻总结了正反两方面的历史经验，概括出新民主主义理论和战术，揭示了中国革命的规律，为马克思主义理论宝库增添了崭新内容。改革开放以来，以邓小平为代表的中国共产党人，在总结社会主义建设正反两方面的经验中，深化了对中国社会发展客观规律的认识，为中国特色社会主义理论体系的形成提供了实践基础和不竭动力。

第四，把中华民族优秀文化作为文化土壤和思想渊源。郑德荣认为："马克思主义作为外来先进的思想文化要植根于中国，不仅要适应中国政治和经济的现实需要，还必须与中国的历史和文化相结合，做到中国化、民族化、具体化。对中国传统文化要以历史唯物主义和辩证法的观点批判地吸收，去其糟粕，取其精华，使马克思主义与之相结合，体现为中国风格、中国特点、中国的民族形式的马克思主义，以发挥其指导中国革命和建设思想武器的作用。"②"马克思主义中国化的重大理论成果都是以马克思主义为理论基础，又都具有浓厚的中华民族传统文化的底蕴。他们都是马克思主义在中国发展的具体理论形态，是马克思主义基本原理创造性地应用到中国实际的光辉典范，同时都是以中国风格、中国特点、中国的民族形式对马克思主义

---

① 郑德荣、梁继超：《马克思主义中国化的基本要素探析》，《毛泽东思想研究》2007 年第 4 期。

② 郑德荣：《马克思主义中国化实践规律探析——以新民主主义理论的创立为视角》，《马克思主义研究》2011 年第 4 期。

的运用和创新，既体现了中国传统文化的博大精深，也为马克思主义增添了新鲜的内容与活力。"① 与此同时，郑德荣在如何看待实现马克思主义中国化与中国传统文化关系的问题上提出了自己的看法："要实现马克思主义中国化，坚持马克思主义基本原理及其立场、观点和看法是前提，但是任何忽视和否定中国传统文化的态度都是不可取的。离开了对中国优秀文化遗产的总结和继承，马克思主义中国化就无从谈起。马克思主义作为外来思想文化要想在中国结果，不仅要适应中国的经济、政治的现实需要，还必须与中国的历史、文化传统相结合，做到民族化、中国化，中国的优秀传统文化是马克思主义在中国扎根、开花和结果的土壤。"②

第五，把握时代主题，迎合世界形势变化的历史潮流，是实现马克思主义中国化的时代背景。③ 郑德荣认为："时代是一个历史范畴，是指人类社会发展过程中由社会生产方式决定的一定的历史阶段的社会主体、社会结构、社会形态的总称。"④ 在中国共产党领导中国人民进行新民主主义革命、社会主义革命和建设、改革开放、中国特色社会主义新时代的不同历史时期，面临各自不同的时代主题和党的历史任务。新民主主义革命时期，毛泽东把中国革命放在世界无产阶级革命大的历史背景之下得出正确判断：俄国十月革命划分了世界历史新时代——帝国主义和无产阶级革命时代，这个时代的主题是战争与革命，中国革命是世界无产阶级革命的一部分。毛泽东正是从时代背景出发，把握住时代主题，论断了中国革命的性质，在实践中指导中

① 郑德荣、梁继超：《马克思主义中国化的基本要素探析》，《毛泽东思想研究》2007 年第 4 期。

② 郑德荣、梁继超：《马克思主义中国化的基本要素探析》，《毛泽东思想研究》2007 年第 4 期。

③ 郑德荣在《马克思主义中国化纵横观》一书中，将第五条要素更换为"党的思想路线是贯穿马克思主义中国化始终的生命线"。关于党的思想路线相关研究内容，后文将系统介绍，这里不做赘述。

④ 郑德荣、梁继超：《马克思主义中国化的基本要素探析》，《毛泽东思想研究》2007 年第 4 期。

国革命取得了最后胜利。在改革开放和社会主义现代化建设新时期，以邓小平为代表的中国共产党人以马克思主义为指导，从世界大局、矛盾运动、发展战略的角度审视世界、分析时代、思考中国。把握住时代发展脉搏，深刻认识到正在兴起的科技革命引起的当今世界各种基本矛盾的变化，对时代的基本特征和国际的发展大势作出了科学判断：和平与发展是时代的主题。

上述内容中，郑德荣从整体上对马克思主义中国化构成要素的定义及提出的目的进行归纳与说明的同时，将马克思主义中国化的构成要素归纳为五个方面，并分别围绕着各要素的基本定位、发展轨迹、核心内容、价值意义等进行分析与阐释。马克思主义中国化理论研究涵盖的内容博大精深，但是其构成要素却是在这一研究过程中不可或缺的重要组成部分。开展对马克思主义中国化构成要素的研究，对于我们站在新的时代起点，推进马克思主义中国化历史进程，丰富发展中国特色社会主义理论体系，开拓马克思主义新境界，具有重要的理论价值和现实意义。

三、马克思主义中国化的基本经验

马克思主义中国化的历史经验是新时代中国共产党人所创造的宝贵精神财富，同时也是国家政治生活及社会生活的历史镜鉴。郑德荣在对马克思主义中国化的历史进程与构成要素的回顾、揭示的基础上，进一步总结出了马克思主义中国化的历史经验。

第一，从马克思主义中国化的意义看，中国的革命、建设和改革开放事业，需要以马克思主义中国化理论成果作为根本指针。郑德荣认为："马克思主义成为中国革命、建设和改革事业的根本指针，主要在于革命、建设和改革事业的内在需求。"① 马克思主义基本原理

---

① 郑德荣：《深刻理解马克思主义中国化的历史经验》，《高校理论战线》2018 年第 2 期。

是符合中国社会内在基本诉求与发展规律的，同时中国共产党人又将其与中国具体实践相结合，持续推动马克思主义中国化的历史进程，创造出中国化的马克思主义理论成果。

第二，从马克思主义中国化的内涵看，马克思主义既要民族化，也要与时代特征相结合。郑德荣认为："推进马克思主义中国化必须有世界眼光，必须把中国纳入整个世界发展潮流与时代背景中去，用马克思主义的宽广眼界观察世界与中国。"① 从毛泽东把中国革命置于世界革命的背景下考察，准确把握了战争与革命的时代特征，把中国革命放在世界革命的背景下加以考量，明确指出中国革命是世界无产阶级革命的一部分到邓小平把中国革命置于和平与发展的世界背景下进行考量，准确把握了和平与发展的时代特征，把中国的建设与发展放到和平与发展的世界背景下加以思考，提出以经济建设为中心，实现改革开放，抓住机遇发展自己的战略方针。充分体现出中国共产党人用马克思主义的宽广眼界观察问题的远见卓识。与此同时，马克思主义中国化是具体的、历史的，其内涵是不断发展的。"任何理论都是时代的产物，任何理论的发展都是时代推动的结果。马克思主义具有与时俱进的品格，它要求我们站在时代前列，从时代特征出发，顺应时代潮流，紧跟时代前进的步伐。"②

第三，从马克思主义中国化的实质看，既要实现马克思主义的中国化，也要实现中国革命、建设、改革开放理论的马克思主义化。郑德荣认为："马克思主义中国化，就是要从中国国情出发把马克思主义理论应用于中国具体的情况，使马克思主义在中国具体化，使之在其每一表现中带着必须有的中国的特性。"③ 在马克思主义的经典著

---

① 郑德荣、王占仁：《深刻理解马克思主义中国化的历史经验》，《高校理论战线》2018 年第 2 期。

② 郑德荣、王占仁：《深刻理解马克思主义中国化的历史经验》，《高校理论战线》2018 年第 2 期。

③ 郑德荣、王占仁：《深刻理解马克思主义中国化的历史经验》，《高校理论战线》2018 年第 2 期。

作中包含着两个方面的重要内容，对时代特征、历史走势等宏观问题的深刻阐发，体现了重要的世界观和方法论原则；对在一定历史条件下产生的具体问题的思考。正是基于此，中国在应用这些著作中的思想时，必须考虑到中国的特殊国情，不能照搬照抄它的某个结论；而是要以其基本原理为指导，深入地了解中国国情，这是实现马克思主义与中国实践相结合的中心环节。如果换一个角度看，"马克思主义中国化也就是中国的革命、建设和改革实践经验的马克思主义化，即把中国革命、建设和改革的经验上升到马克思主义的高度来加以总结和概括"①。

第四，从马克思主义中国化的进程看，马克思主义中国化随着社会实践的发展而发展，是一个不断发展创新的过程。郑德荣认为："实践不断发展，没有止境，客观上要求指导实践的科学理论不断发展。中国共产党人只有不断进行理论创新，才能永葆党的先进性，不断提高党的领导水平和执政能力。"② 对此，他从两个方面进行了阐发。中国共产党在历史重大转折关头每一次思想的解放和事业的发展进步都是在马克思主义基本原理与中国实际相结合、不断进行理论创新的基础上取得的。在新形势下坚持理论创新，是改革开放和现代化建设的需要，是永葆党的先进性的需要，更是马克思主义与时俱进品质的根本要求。因此，中国共产党人只有不断地进行理论创新，不断提升执政能力，巩固执政基础，才能推动社会主义现代化事业的前行。

第五，从马克思主义中国化的方法看，要坚持马克思主义的基本原则，把它的立场、观点、方法作为行动指南。郑德荣认为："马克思主义是一个完整的科学体系，其中的基本观点不是孤立的，而是有

① 郑德荣、王占仁：《深刻理解马克思主义中国化的历史经验》，《高校理论战线》2018 年第 2 期。

② 郑德荣、王占仁：《深刻理解马克思主义中国化的历史经验》，《高校理论战线》2018 年第 2 期。

着内在联系的。"① 因此，在马克思主义中国化的过程中，要始终注意从整体上、逻辑结构及精神实质上正确地把握马克思主义基本立场、观点及方法。只有这样，才能运用马克思主义去深刻地、科学地分析中国的实际问题，找出它的发展规律。"坚持马克思主义才能发展马克思主义，这是基本前提。"② 但是，坚持不等于固守，继承不等于教条。马克思主义是发展着的理论，不是机械重复的教条，它不是现成的教义，而是方法。单纯地了解马克思主义的个别词句毫无意义，应该把它当成科学来学习和应用。

第六，从马克思主义中国化的民族形式看，要处理好马克思主义与中国传统文化的关系。郑德荣认为："批判地总结和继承中国的历史遗产，赋予马克思主义以中国风格和中国气派，这是马克思主义中国化的文化底蕴。"③ 马克思主义的精髓和要义被中国人民掌握的前提之一，就是它必须与中国的传统文化相结合。毛泽东在运用马克思主义指导中国革命和建设的过程中，善于汲取中国文化的精华，使马克思主义与中国优秀民族文化相结合。一方面，他广泛涉猎中国古籍，精通中国历史文化，既不是信而好古，又不是简单否定，而是善于独立思考，去其糟粕，取其精华，以历史唯物主义观点作出科学评价，为实现斗争服务；另一方面，他自如地引用古书中的文句和典故，或说明一个深刻的哲理，或借鉴一个历史经验，常给人以新颖而形象的感受，具有很强的感染力和说服力。

第七，从马克思主义中国化过程中的反倾向性斗争来看，要坚持有"左"反"左"，有右反右。郑德荣认为："'左'和右的错误倾

---

① 郑德荣、王占仁：《深刻理解马克思主义中国化的历史经验》，《高校理论战线》2018 年第 2 期。

② 郑德荣、王占仁：《深刻理解马克思主义中国化的历史经验》，《高校理论战线》2018 年第 2 期。

③ 郑德荣、王占仁：《深刻理解马克思主义中国化的历史经验》，《高校理论战线》2018 年第 2 期。

向表现是不同的，但就其世界观和方法论来说都是主观与客观相分离，都违背了辩证唯物主义的认识论。"① 在对"左"和右的错误进行了分析和定性的基础上，郑德荣对如何看待及纠正错误发表了自己的看法。他认为，在如何看待错误的问题上，"中国革命、建设和改革事业前无古人，没有成型的经验可资借鉴，其过程不可能是一帆风顺的。即便是正确的路线方针政策，也有一个从不同角度认识和理解的问题，难免发生分歧和争执。因此不能动辄把一般认识上的分歧扣上'左'或右的帽子。即使有'左'或右的错误，也不能无限上纲。"② 他认为，对于如何纠正错误的问题上，"历史经验告诉我们，要具体地、实事求是地分析产生错误的原因和错误的性质，及时地加以纠正，认真地总结经验教训。我们要坚持做到有'左'反'左'，有右反右，是什么错误改正什么错误，是什么问题解决什么问题"③。

上述内容中，郑德荣从马克思主义中国化的意义、内涵、实质、进程、方法、民主形式等多个方面对马克思主义中国化的基本经验进行了概括、分析与阐释。几年后，他又从马克思主义中国化的主体、客观依据、实践基础、历史特点、思想路线和指导方针、归结点等方面对马克思主义中国化基本经验进行了新的思考与拓展。对于马克思主义中国化基本经验的研究既是一个重要的历史问题，又是一个重大的现实问题。郑德荣以马克思主义中国化的发展历程为前提和基础，从中总结出多条符合中国革命发展规律的历史经验，这些经验相辅相成，构成统一的整体，为推动马克思主义中国化理论研究提供了重要的理论支撑。

---

① 郑德荣、王占仁：《深刻理解马克思主义中国化的历史经验》，《高校理论战线》2018 年第 2 期。
② 郑德荣：《深刻理解马克思主义中国化的历史经验》，《高校理论战线》2018 年第 2 期。
③ 郑德荣、王占仁：《深刻理解马克思主义中国化的历史经验》，《高校理论战线》2018 年第 2 期。

第三节 马克思主义中国化时代化大众化

中国共产党领导全国人民进行改革开放并取得极其伟大成功的历史，也是一部威武雄壮、波澜壮阔的实现马克思主义中国化时代化大众化的辉煌历史。自党的十七届四中全会提出马克思主义中国化时代化大众化（以下简称"马克思主义'三化'"）的科学命题之后，马克思主义"三化"逐渐成为受到学术界关注的热点问题。郑德荣也逐渐展开对这一方向的理论研究，并取得丰硕成果。在《马克思主义中国化时代化大众化的历史轨迹和宝贵经验》《马克思主义中国化时代化大众化纵横观》《马克思主义中国化纵横观》等文章和著作中，他将马克思主义"三化"视为一个须臾不可分割的统一整体，并围绕着马克思主义"三化"历史轨迹与基本经验，马克思主义"三化"之间的关系，提出马克思主义"三化"的时代价值，推进马克思主义"三化"的重大意义等多方面内容进行了深刻阐释。在党的二十大上，习近平总书记向全党提出："不断谱写马克思主义中国化时代化新篇章，是当代中国共产党人的庄严历史责任。"[1] 梳理、阐释郑德荣教授关于马克思主义"三化"的学术思想对于全面贯彻党的二十大精神，深入开展相关理论研究，开辟马克思主义中国化时代化新境界具有重大的现实意义。

一、马克思主义中国化时代化大众化的历史轨迹

郑德荣作为中共党史专家，非常善于通过对历史发展进程的回顾与梳理从中汲取历史养分，总结历史经验。郑德荣通过对马克思主义"三化"发展轨迹的全面梳理与回顾，以马克思主义中国化两次历史

---

[1] 习近平：《高举中国特色社会主义伟大旗帜 为全面建设社会主义现代化国家而团结奋斗——在中国共产党第二十次全国代表大会上的报告》，人民出版社 2022 年版，第 18 页。

性飞跃为主要着眼点与依据，将马克思主义"三化"的发展历程划分为三个阶段。第一阶段，即第一次历史性飞跃阶段，从中国共产党成立到新中国的成立。这一阶段中国共产党历经建党初期、大革命时期、土地革命战争时期、抗日战争时期、解放战争时期，将马克思主义与中国革命实践相结合，逐步形成并正式确立了毛泽东思想为党的指导思想，实现了马克思主义中国化、时代化、大众化的第一次历史性飞跃。"毛泽东思想指引下的实践集中成果就是建立了新中国，开辟了伟大历史新纪元。"[①] 与此同时，他提出了一个重要观点：毛泽东是马克思主义中国化、时代化、大众化的光辉典范。并从六个方面举例进行了论证：毛泽东提出了"一切为了群众，一切依靠群众，从群众中来，到群众中去"的群众路线；毛泽东根据抗日战争形势和特点提出"团结一切可以团结的力量"的抗日民族统一战线的理论与策略；毛泽东提出发动全民族力量使敌人陷入"汪洋大海"的人民战争的军事方针策略；毛泽东提出把大量农民用马克思主义信仰锻造为坚定的共产主义战士的党建思想；毛泽东在运用马克思主义分析中国革命问题时，放眼于世界，把中国革命作为世界无产阶级革命的一部分来考察，把俄国十月革命这个时代大背景作为论证新民主主义理论的一个客观依据；毛泽东的著作中具有中国气派、脍炙人口、通俗易懂、深具民族性、时代性、大众性的语言风格。经过以上的论证，郑德荣认为："毛泽东思想蕴含了把马克思主义中国化时代化大众化的思想。"[②] 第二阶段，即第一次历史性飞跃的继续和探索"第二次结合"的曲折发展阶段，从新中国成立到党的十一届三中全会的召开。这一阶段，一方面，新中国成立后，马克思主义"三化"在第一次飞跃后的继续探索中得以不断发展，毛泽东明确提出了要进

[①] 郑德荣、牟蕾：《马克思主义中国化、时代化、大众化的历史轨迹和宝贵经验》，《东北师大学报（哲学社会科学版）》2011年第4期。
[②] 郑德荣、牟蕾：《马克思主义中国化、时代化、大众化的历史轨迹和宝贵经验》，《东北师大学报（哲学社会科学版）》2011年第4期。

行马克思主义普遍原理同中国具体实践"第二次结合"的思想，并带领全国各族人民为实现"四个现代化"的宏伟目标进行了大规模社会主义建设，推进了马克思主义"三化"的历史进程；另一方面，"由于国内外主客观的多重复杂原因，'第二次结合'不但没有实现，而且探索中犯了严重错误，违背了马克思主义与中国实际相结合的原则。这个曲折发展阶段为马克思主义中国化、时代化、大众化提供了深刻的经验教训"①。第三阶段，即第二次历史性飞跃阶段，从党的十一届三中全会至今。这一阶段，以邓小平为代表的中国共产党人，把马克思主义基本原理同新的实际和时代特征结合起来，创造性地回答了"什么是社会主义、怎样建设社会主义""建设什么样的党、怎样建设党""实现什么样的发展，怎样发展""新时代坚持和发展什么样的中国特色社会主义，怎样坚持和发展中国特色社会主义"的重大现实问题，创立了邓小平理论、"三个代表"重要思想、科学发展观、习近平新时代中国特色社会主义思想等在内的科学理论体系，并将这些重大理论成果概括为中国特色社会主义理论体系，"为中国特色社会主义道路开辟了更为广阔的发展前景，推进马克思主义中国化时代化大众化的历史进程，实现了马克思主义中国化时代化大众化的第二次历史性飞跃"②。

上述内容中，郑德荣将马克思主义"三化"的历史发展轨迹按照时间顺序划分为三个历史阶段。在对三个阶段的发展历程进行梳理、回顾的同时，对不同历史阶段马克思主义"三化"形成的时代背景、涵盖的主要内容、取得的理论成果等进行了深刻阐述，这对于接下来展开关于马克思主义中国化时代化的理论研究工作具有参考与借鉴价值。

---

① 郑德荣、牟蕾：《马克思主义中国化、时代化、大众化的历史轨迹和宝贵经验》，《东北师大学报（哲学社会科学版）》2011 年第 4 期。

② 郑德荣、牟蕾：《马克思主义中国化、时代化、大众化的历史轨迹和宝贵经验》，《东北师大学报（哲学社会科学版）》2011 年第 4 期。

二、马克思主义中国化时代化大众化的宝贵经验

在梳理发展历程、划分历史发展阶段的同时，郑德荣对马克思主义"三化"的历史经验从三个方面进行提炼与概括。第一，坚持马克思主义基本原理及立场、观点和方法，把握马克思主义与时俱进的理论品格，是推进马克思主义"三化"的前提和基础。对于这条经验，郑德荣是以理论创新的视角来进行考察的。他认为："中国共产党是一个非常注重科学理论指导和富于理论创新精神的马克思主义政党，与时俱进、理论创新构成党永葆先进性的决定性因素。"① 与此同时，党的理论创新必须要建立在坚持马克思主义指导地位基础上，在革命、建设和改革开放实践中始终坚持和运用马克思主义的基本原理和立场、观点、方法，深刻把握马克思主义的理论品格，充分发扬马克思主义学风，并以客观、科学的态度对待马克思主义。因此，在理论创新过程中，"我们必须一切从实际出发，理论和实际相联系，认真研究并深刻把握具体国情实际，紧紧围绕着重大理论和实际问题，作出适应中国需要的理论创新，不断探索和回答'什么是马克思主义、怎样对待马克思主义'，不断推进马克思主义中国化时代化大众化"②。

第二，世界视阈、时代眼光、把握时代特征，是推进马克思主义"三化"的时空依据与现实要求。郑德荣认为："推动马克思主义中国化时代化大众化必须立足时代主题，把握时代特征，用宽广的世界视野，与时俱进的时代眼光，敏锐地把握时代发展的脉搏，深刻地认识世界各种矛盾的变化，对国际形势发展趋势作出科学判断。"③ 对于这条经验，他从两个方面进行了分析与阐述：一方面，推动马克思

---

① 郑德荣：《党的理论创新基本经验探析》，《新长征》2004 年第 7 期。

② 郑德荣、牟蕾：《马克思主义中国化、时代化、大众化的历史轨迹和宝贵经验》，《东北师大学报（哲学社会科学版）》2011 年第 4 期。

③ 郑德荣、牟蕾：《马克思主义中国化、时代化、大众化的历史轨迹和宝贵经验》，《东北师大学报（哲学社会科学版）》2011 年第 4 期。

主义"三化"必须要善于观察复杂多变的世界，紧跟时代发展步伐，有选择性地吸收人类文明成果包括西方资本主义国家的有益经验为我所用。另一方面，要立足于中国的现实国情与社会主要矛盾，总结改革开放中取得的有益经验，以新的历史为起点，用符合当今社会发展的表达形式与语言体系，提出创新理论，作出重大思想论断，科学回答新形势下不断出现的重大理论与现实问题，不断丰富和发展马克思主义中国化的最新理论成果。

第三，用马克思主义武装群众，尊重群众首创精神，以人为本，用马克思主义武装群众，激发群众首创精神是推进马克思主义"三化"的动力源泉和最终目的。郑德荣认为："人民群众是历史的创造者和推动者，是践行马克思主义中国化的主体，是不断为马克思主义理论创新提供实践经验的动力源泉，以人民群众为根本也是始终推进马克思主义中国化时代化大众化的动力之源与最终归宿。"① 在这条经验中，他以马克思主义与中国社会主义理论体系一脉相承的关系为着眼点。一方面，必须明确的是马克思主义是以服务全人类为主旨意识，以实现人的自由全面发展为最终目标，是我们的根本指导思想，是立党立国之本；另一方面，在坚持马克思主义的同时，当下必须要用中国特色社会主义理论体系来武装全党和广大人民，形成共同理想和行为准则，最大限度地使理论变为物质力量，发挥人民群众在中国特色社会主义建设中的主力军作用，全神贯注地进行社会主义现代化建设，实现社会主义现代化建设和民族的伟大复兴。因此，"以人民群众为根本也是推进马克思主义中国化、时代化、大众化的最终目的"②。

上述内容中，郑德荣将实现马克思主义"三化"的基本经验概

---

① 郑德荣、牟蕾：《马克思主义中国化、时代化、大众化的历史轨迹和宝贵经验》，《东北师大学报（哲学社会科学版）》2011 年第 4 期。

② 郑德荣、牟蕾：《马克思主义中国化、时代化、大众化的历史轨迹和宝贵经验》，《东北师大学报（哲学社会科学版）》2011 年第 4 期。

括为三个方面，在分别对它们在推动马克思主义"三化"中的作用进行定位的同时，展开了理论阐释。其实马克思主义"三化"的历史经验与马克思主义中国化的历史经验之间是可以相互借鉴，甚至有一定程度重合的。严格来讲，马克思主义"三化"所涵盖的内容要更丰富一些，同时也更强调"三化"之间的整体性、统一性。而马克思主义中国化的现实感与理论性则更强一些，具有相当的理论研究价值与实践指导意义。

三、马克思主义中国化时代化大众化的内在联系

对于马克思主义中国化、时代化、大众化三者之间的关系，郑德荣比较客观、理性地从三个方面进行了剖析。第一，从内在关联性看，马克思主义中国化的内涵丰富，其中蕴含着时代化和大众化的思想，是时代化、大众化的前提和基础。通过系统的研究与深入的思考，郑德荣认为，马克思主义中国化的内涵和经验就是"把马克思主义的基本原理与中国实际相结合，形成具有中国特色、中国风格、中国气魄的新理论"①。并将马克思主义中国化的内涵归纳为四个要素：一是深刻把握马克思主义的理论品质，系统、灵活地掌握马克思主义基本原理中蕴含的立场、观点和方法，这是实现马克思主义中国化的前提和理论基础；二是要全面掌握中国的特殊国情，中国的特殊国情当年是半殖民地半封建社会性质，现在是初级阶段的社会主义，这是马克思主义中国化的客观依据与基本立足点；三是总结中国革命、建设、改革开放的独创性经验，进行理论概括和理论创新，这是马克思主义中国化的实践基础；四是汲取中国传统优秀文化的精髓，与中华文明相融合，使马克思主义中国化具有中华文化的特质，这是马克思主义中国化的土壤。除了以上四个要素外，他还特别强调，

---

① 郑德荣、牟蕾：《马克思主义中国化、时代化、大众化的历史轨迹和宝贵经验》，《东北师大学报（哲学社会科学版）》2011年第4期。

"要实现马克思主义中国化，必须始终坚持解放思想、实事求是、与时俱进的党的思想路线，这是马克思主义基本原理发展为中国化马克思主义、不断进行理论创新的灵魂和生命线。"① 纵观马克思主义中国化两次历史性飞跃的伟大理论成果，都有着突出且鲜明的实践性、民族性、时代性的特点，实践性、民族性、时代性就是马克思主义中国化、时代化、大众化的集中体现。

第二，时代化、大众化是马克思主义中国化在新形势下的延伸和必然要求。郑德荣认为："马克思主义中国化、时代化、大众化是密不可分的整体，马克思主义中国化是时代化、大众化的前提基础，时代化、大众化是马克思主义中国化在新形势、新任务下的延伸和要求，也是针对新情况回答新问题的迫切需求。"② 对于三者之间的关系，郑德荣从时代化、大众化两个视角分别进行了阐释。对于马克思主义时代化而言，"时代化是新形势下马克思主义中国化与时俱进、开拓新境界的关键和现实需要"③。对外，马克思主义时代化的内在属性既要求马克思主义中国化的理论和实践必须要始终屹立时代发展的潮头，又要求马克思主义中国化的发展不仅仅限于一隅，而是要具有世界眼光和全球视野，吸收人类一切优秀成果包括发达资本主义在内的世界先进经验的滋养。对内，马克思主义时代化要立足中国初级阶段基本矛盾，总结改革开放和现代化建设的新鲜经验，站在新的历史起点，用适合当今社会的表达形式和话语体系，深刻阐释社会主义现代化建设各个领域的重大理论和实践问题，丰富发展马克思主义中国化的最新理论成果——中国特色社会主义理论体系，科学回答新形势下不断出现的重大理论和实践课题。

----

① 郑德荣：《马克思主义中国化时代化大众化纵横观》，《马克思主义与现实》2011年第2期。

② 郑德荣：《马克思主义中国化时代化大众化纵横观》，《马克思主义与现实》2011年第2期。

③ 郑德荣：《马克思主义中国化时代化大众化纵横观》，《马克思主义与现实》2011年第2期。

第三，对于马克思主义大众化而言，"大众化是马克思主义中国化实现理论创新的重要途径和最终归宿"①。一方面，马克思主义大众化就是让马克思主义走出书斋，走进人民群众中，让群众也能够很好地掌握和运用马克思主义基本理论；另一方面，大众化要求马克思主义理论要做到以人为本，时刻关注人民群众的意愿与诉求，很好地化解存在于人民内部的各种矛盾，解决人民在现实生活中遭遇的各种问题，实现好、保护好最广大人民的根本利益。

上述内容中，郑德荣从三个方面对马克思主义"三化"之间的内在关联性进行了分析与说明。马克思主义"三化"虽然是一个不可分割的整体，但是每一"化"在其中都发挥了不可替代的作用。通过这样全面、细致的分析，不仅分别就中国化、时代化、大众化在"三化"中的作用进行了剖析与定位，而且还达到了强化马克思主义"三化"整体性研究的目的。

四、提出马克思主义中国化时代化大众化的价值与意义

郑德荣认为，马克思主义"三化"提出的价值与意义在于开拓马克思主义中国化的新境界，加快推进现代化建设历史进程，建设先进的马克思主义政党。具体从三个方面展开论述。第一，马克思主义中国化、时代化、大众化提出的价值与意义在于丰富马克思主义中国化的内涵，开拓马克思主义新境界，为新形势下发展马克思主义指明了重要途径和明确方向，并从正反两个方面对这一观点进行了论证。他认为，只有推进马克思主义"三化"，才能针对新形势、新情况、解决新问题，不断作出新的理论概括和总结，为中国特色社会主义事业提供强有力的理论指导。反之，离开了马克思主义"三化"，马克思主义就会脱离中国国情，落后于时代潮流，变成僵化的教条，无法

---

① 郑德荣：《马克思主义中国化时代化大众化纵横观》，《马克思主义与现实》2011年第2期。

焕发出新的生机与活力。第二，马克思主义中国化、时代化、大众化提出的价值与意义在于用发展着的马克思主义武装全党和人民群众，凝心聚力共同推进改革开放和现代化建设的历史发展进程，维护、发展、实现最广大人民的根本利益。郑德荣认为，马克思主义是立党治国之本，马克思主义"三化"是马克思主义中国化本质的具体体现。新形势下，只有推进马克思主义中国化、时代化、大众化，才能用中国特色社会主义理论体系更有效地武装全党和广大人民，形成共同理想和行为准则，才能发挥人民群众在中国特色社会主义建设中的主力军作用，加速实现社会主义现代化建设的历史任务和民族伟大复兴的历史使命。[1] 第三，马克思主义中国化、时代化、大众化提出的价值与意义在于加快全面推进党的建设新的伟大工程，建设学习型政党，巩固党的领导核心地位。他认为，建设马克思主义政党，要时刻保持党的先进性，尤其是思想理论的先进性，只有不断推进马克思主义"三化"才能推进思想理论建设，建设学习型政党；才能提高执政能力、领导水平以及党总揽全局、协调各方的能力；才能密切党群关系，维护好、发展好最广大人民的根本利益；才能确保党的先进性与纯洁性，使党能够应对各种风险和挑战，始终成为中国特色社会主义建设事业的领导核心。

　　上述内容中，郑德荣从三个方面系统论证了提出马克思主义"三化"的价值与意义。对价值和意义的深入挖掘和阐释，是研究马克思主义"三化"的重要内容，是凸显马克思主义"三化"理论研究价值的具体体现。这一研究成果对于拓宽马克思主义"三化"的研究视野，推动对马克思主义"三化"的研究进程具有重大理论价值与现实意义。

---

[1]　参见郑德荣：《马克思主义中国化时代化大众化纵横观》，《马克思主义与现实》2011年第2期。

第二章　关于毛泽东思想研究

　　郑德荣对于毛泽东思想的研究始于 20 世纪 80 年代初，是改革开放后国内最早研究毛泽东思想的学者之一。在跨度长达半个多世纪的从教生涯中，无论是思潮涌动，还是时代变迁，他研究毛泽东思想的初心不改，攻坚克难，勇攀学术高峰。多年以来，他相继编撰出版了多部系统研究毛泽东思想的高校教材、学术著作，完成多篇相关学术论文，其中很多的学术成果或开创了研究毛泽东思想史科学体系的先河；或创立了国内最早的毛泽东思想概论体系的教材；或成为马克思主义中国化理论研究的拓荒之作。从《毛泽东思想史稿》到《毛泽东思想新论》再到《毛泽东思想纵横观》，从《毛泽东思想是我们事业胜利的指针》到《毛泽东思想与马克思主义中国化》再到《毛泽东思想的历史地位与当代价值》，每一本著作、每一篇文章、每一段文字都是他灵魂与思想契合的共鸣，心血与汗水熔铸的结晶。在这些著作和文章中，对毛泽东思想的科学内涵与形成轨迹、毛泽东思想的科学体系与基本内容、毛泽东思想的渊源与形成的历史特点、毛泽东的历史地位与当代价值、毛泽东思想与中国特色社会主义理论体系的关系等基础理论问题进行了深入系统的研究与阐释，为推进毛泽东思想理论研究开拓了理论新视野，奠定了理论发展基石，作出了卓越贡献。

第一节　毛泽东思想的科学内涵与形成轨迹

什么是毛泽东思想，毛泽东思想的科学内涵是怎样逐步形成的，又具体包括了哪些内容？毛泽东思想经历了怎样的发展过程，如何对这一过程进行历史分析？毛泽东思想形成发展过程中的重要历史时期的发展特点是什么，怎样对其进行历史定位？以上是研究毛泽东思想必须要回答的核心问题，也是郑德荣长期关注、研究的内容。

一、毛泽东思想的科学内涵

注重"论从史出、史论结合"是郑德荣治学的一个特点。他以文献为研究对象，对毛泽东思想的科学内涵进行了系统的分析与考察。他指出，我们党对毛泽东思想科学内涵的认识经历了一个逐步形成的过程：首先，提出于 1943 年 7 月，标志是王稼祥在延安《解放日报》上发表的《中国共产党与中国民族解放的道路》，王稼祥在这篇文章中首次提及"毛泽东思想"的概念；其次，形成于 1945 年 4 月，标志是刘少奇在中共七大所作的《关于修改党章的报告》中，正式比较系统地阐释了毛泽东思想的科学含义，这些论断充分揭示出毛泽东思想是马克思主义列宁主义与中国实际相结合民族化的结晶；最后，完善于 1981 年 6 月，标志是中共十一届六中全会通过的《关于建国以来党的若干历史问题的决议》（以下简称《决议》）。郑德荣认为，《决议》中的阐述与党的七大时的阐述没有原则的不同，但是却有两处创新之处：增添了毛泽东思想是"被实践证明了的关于中国革命的正确的理论原则和经验总结"；强调毛泽东思想是"集体智慧的结晶"。这就把作为科学概念的毛泽东思想同毛泽东个人晚年的错误区别开来，让我们能够完整准确地掌握和坚持毛泽东思想的科学理论体系。在十一届六中全会的基础上，党的十五大对毛泽东思想的科学含义和评价又有两处创新之处：一是把毛泽东思想置于马克思主义中国化的历史进程中，强调指出它是马克思列宁主义同中国实际相结合产生了第一次飞跃的理论成果；二是把毛泽东思想置于中国特色社会主义实践中，进一步指出毛泽东思想是"被实践证明了的关于中国革命和建设的正确的理论原则和经验总结"①。在上述研究的基础上，郑德荣对《关于建国以来若干历史问题的决议》（以下简称《决议》）进行了文本分析。他认为，《决议》"从宏观上指明了毛泽东思想是马克思列宁主义普遍原理和中国革命具体实践相结合的产物"②。并根据《决议》中的相关内容，对毛泽东思想的科学内涵作出四个方面的概括：一是毛泽东思想同马克思列宁主义的关系。郑德荣认为，从毛泽东的根本思想体系来说，它是属于马克思主义即共产主义思想体系范畴的，而不是独立于马克思主义思想体系之外的与之并列的思想体系。对此，他还特别强调："马克思列宁主义乃是毛泽东思想的理论基础思想渊源……它不是马克思列宁主义的照搬，而是有其自己特点，形成符合中国实际的科学体系。"③ 二是正确回答了毛泽东思想同中国革命实践的关系。郑德荣认为，中国的特殊国情，中国共产党领导的中国革命斗争及其所取得的丰富历史经验，是产生毛泽东思想的物质基础，与此同时，毛泽东思想又是指引中国革命斗争夺取胜利的指南。对此，他还特别强调："中国革命的具体实践与毛泽东思想的形成和发展，两者是认识运动的辩证关系。如果把马列主义当成教条，不与中国实际相结合，就不能成为行动指南。因此，马克思列宁主义必须与中国革命实践相结合，才能成为指导中国革命夺取胜利的思想武器。而毛泽东思想就是这种结合的重大精神成果。"④

---

① 《江泽民文选》第二卷，人民出版社 2006 年版，第 8 页。
② 郑德荣：《毛泽东与马克思主义中国化》，东北师范大学出版社 1997 年版，第 51 页。
③ 郑德荣：《毛泽东与马克思主义中国化》，东北师范大学出版社 1997 年版，第 52 页。
④ 郑德荣：《毛泽东与马克思主义中国化》，东北师范大学出版社 1997 年版，第 52 页。

三是正确回答了毛泽东个人与党的领导集体在毛泽东思想创建和发展中的贡献及其关系。郑德荣认为，作为中国共产党人的马克思主义者，对毛泽东思想的形成和发展都作出了不同程度的贡献，而毛泽东则是杰出代表，毛泽东的科学著作是毛泽东思想的集中体现。对此，他还特别强调："事实上，毛泽东著作的许多篇章是经过党中央有关部门集体讨论、研究后，由毛泽东集中升华而形成文件或报告，有些则是按照毛泽东和党的集体的思想和意志，由有关部门起草，经毛泽东修改定稿的，有的则是由毛泽东和其他领导人分别撰写，最后由毛泽东汇总而成。此外，其他党的领导人的马克思主义著作，也可以作为毛泽东思想的体现，应当把它纳入毛泽东思想体系内，统一加以理解"①。四是把毛泽东思想和毛泽东个人晚年所犯错误的区别。郑德荣认为，毛泽东晚年理论上的严重错误同毛泽东思想是两个不同范畴，有其各自的内涵。这种区别既是科学的，也是完全必要的。对此，他还特别强调："毛泽东是伟大的马克思列宁主义者，是伟大的无产阶级革命家、战略家和理论家，不能由于他晚年在理论上、实践上犯了严重错误，由此怀疑和否定毛泽东思想的科学价值。"②

上述内容中，郑德荣以几篇重要党史文献作为主要研究对象，在对毛泽东思想科学内涵形成发展过程进行梳理的同时，通过分析不同时期的党的历史文献对毛泽东思想科学概念的不同表述，揭示它们之间存在的一脉相承的内在联系。这样的表述方式，既从历史的视角纵向捋清了毛泽东思想科学内涵的发展脉络，对不同党史文献在毛泽东科学内涵形成过程中的作用进行了定位，同时又以《决议》、党的十五大报告等重要党史文献为蓝本，横向实现对毛泽东思想科学内涵的提炼、归纳与解读。

---

① 郑德荣：《毛泽东与马克思主义中国化》，东北师范大学出版社 1997 年版，第 52 页。
② 郑德荣：《毛泽东与马克思主义中国化》，东北师范大学出版社 1997 年版，第 53 页。

二、毛泽东思想的形成轨迹

郑德荣对毛泽东思想体系形成发展过程的考察始于 20 世纪。20 世纪 80 年代，学界对于毛泽东思想的研究尚处在起步阶段，尤其在毛泽东思想的形成发展问题上还存在很多模糊认识。为了正本清源，真正厘清毛泽东思想的发展脉络，为毛泽东思想研究工作顺利开展提供助力，他在十数年间相继发表了《略论农村包围城市道路理论的形成》《毛泽东思想的形成发展与反对教条主义》《毛泽东思想从形成到成熟》《遵义会议是毛泽东思想从形成到成熟的新起点》《抗日战争与毛泽东思想科学体系的形成》《论毛泽东思想的成熟及其在全党指导地位的确立》等多篇文章来对毛泽东思想的历史背景、形成轨迹、构成要件、基本特点等进行分析与阐释。

第一，关于毛泽东思想形成的历史过程。郑德荣将整个过程划分为五个时期：萌芽时期、诞生时期、形成时期、成熟时期、发展时期。萌芽时期。毛泽东思想萌芽于第一次大革命时期，其主要标志是初步提出了新民主主义革命基本思想。代表作《中国社会各阶级分析》《湖南农民运动考察报告》。诞生时期。毛泽东思想诞生于大革命失败到土地革命战争兴起的历史性转变时期，其主要标志是农村包围城市道路理论。代表作《星星之火，可以燎原》《反对本本主义》。形成时期。形成于第五次反"围剿"战争的失败到抗日战争兴起的历史性转变时期，其主要标志是《实践论》《矛盾论》的哲学思想、政治策略思想以及战争和战略问题的提出。代表作《论反对日本帝国主义的策略》《中国革命战争的战略问题》《矛盾论》《实践论》。成熟时期。成熟于抗日战争进入相持阶段到延安整风运动，主要标志是新民主主义革命理论和对中国革命三大法宝的总结。代表作《〈共产党人〉发刊词》《新民主主义论》。发展时期。发展于社会主义革命和建设时期，主要标志是社会主义改造理论、社会主义社会基本矛盾和两类矛盾学说、中国式工业化道路和四个现代化道路。代表作《论十大关系》《正确处理人民内部矛盾》。

　　第二，关于毛泽东思想形成的历史背景、构成要件和基本特点。
首先，关于毛泽东思想形成的历史背景。郑德荣认为，毛泽东思想形
成的历史背景主要由三方面构成。从国情看，毛泽东思想产生的故
乡——中国，不同于马克思主义诞生的故乡西欧和列宁主义诞生的故
乡俄国；从历史背景看，中国共产党诞生和毛泽东思想形成的国际国
内历史背景与马克思、列宁主义诞生时期的历史背景不同；从革命斗
争实践经验看，从大革命失败到土地革命战争的兴起这一历史的转
变，为毛泽东思想的形成提供了实践经验。其次，关于毛泽东思想形
成的历史特点。郑德荣认为，反对教条主义是毛泽东思想形成的一个
重要历史特点。这主要是由三方面因素决定的：毛泽东思想的形成与
马列主义诞生时期的历史背景不同；中国的国情与马列主义诞生的故
乡截然不同；毛泽东思想的本质特征和它的灵魂决定了它的形成发展
必然要与教条主义作斗争。最后，关于毛泽东思想形成的构成要件。
郑德荣认为，毛泽东思想之所以能够形成主要取决于两个基本要件：
中国特殊国情和时代背景；中国共产党带领中国人民的革命斗争。此
外，他还对马克思主义中国化的最初理论成果，即农村包围城市道路
理论进行了深度考察，并提出独到见解。在农村包围城市理论形成的
时间和标志问题上，他在系统梳理了党史学界在这一问题上存在的各
种不同意见后，指出："对于这样一个重大理论问题，应当通过讨论
得出合乎实际的科学结论。"① 关于问题产生的源头，即应厘清两个
基本概念。"工农武装割据"同"农村包围城市道路"是两个不同的
概念，前者是后者的理论基础和重要组成部分，后者则包括比前者更
大的范畴。关于理论形成的前提，即界定理论形成的标准，工作重点
是否放在农村；是否以小块红色政权作为夺取全国政权的基地。基于
以上几个方面的分析，不宜将《中国的红色政权为什么能够存在？》

---

① 　郑德荣：《略论农村包围城市道路理论的形成》，《东北师大学报（哲学社会科学
　　版）》1982 年第 6 期。

中提出的"工农武装割据"思想作为农村包围城市道路理论的形成标志，而《星星之火，可以燎原》才标志着理论的正式形成。

第三，关于毛泽东思想从形成到成熟的历史条件。郑德荣认为："从第五次反'围剿'的失败到抗日战争兴起的历史性转变是毛泽东思想从形成达到成熟的重要历史条件。"[①] 具体来讲：首先，遵义会议是我党的历史上生死攸关的转折点，也是中共第一次独立自主解决中国革命重大问题的开端和毛泽东思想从形成达到成熟的新起点；其次，华北事变后，中华民族矛盾上升为主要矛盾所引起的国内阶级关系的重大变化及中央红军胜利到达陕北这一历史情况的变化及重大成就，使党能适时地确定建立抗日民族统一战线的政策策略及由反蒋抗日、逼蒋抗日到联蒋抗日方针的演变；再次，抗日战争是在国共两党合作为基础的抗日民族统一战线情况下进行的，而在统一战线内部两个党执行了不同的抗战路线使斗争极为错综复杂，中国抗日战争是一个半殖民地半封建的大国如何战胜强大的帝国主义国家的一场十分艰巨的民族反侵略战争；最后，在抗战极端困难的情况下，党和毛泽东抓住了大生产运动和整风运动两个环节。

第四，毛泽东思想形成后的三次较大发展。郑德荣认为："毛泽东思想形成以后，随着中国革命实践发展的历史进程，曾经有过三次较大发展。"[②] 第一次是在经过延安整风运动以后的解放战争时期。"整风运动是一次全党范围的普遍的马克思主义运动，也是一次总结历史经验，全面清算教条主义的运动。"[③] 在整风运动中，"一方面全党同志特别是高级干部认真地学习和总结党的历史；另一方面，对党内长期存在的主观主义特别是王明'左'倾教条主义，进

---

① 郑德荣：《毛泽东思想从形成到成熟》，《东北师大学报（哲学社会科学版）》1985 年第 1 期。

② 郑德荣、何荣棣：《毛泽东思想的形成发展与反对教条主义》，《东北师大学报（哲学社会科学版）》1984 年第 1 期。

③ 郑德荣、何荣棣：《毛泽东思想的形成发展与反对教条主义》，《东北师大学报（哲学社会科学版）》1984 年第 1 期。

行了严肃的清算和批判，这就为毛泽东思想的发展创造了极为重要的条件。"① 第二次是在社会主义改造和全面的社会主义建设开始的时期。这一时期，毛泽东坚持把马列主义与中国革命实际相结合的原则，坚持从中国的国情出发，不拘泥于马列主义的"本本"，不墨守成规或照搬外国现成的经验，创造性地提出了在中国条件下，正确进行生产资料私有制的社会主义改造的道路。

上述内容中，郑德荣围绕着毛泽东思想形成轨迹展开了全方位的阐释。在将毛泽东思想形成的历史过程划分为五个发展阶段的基础上，对毛泽东思想形成的历史背景、构成要件和基本特点，毛泽东思想从形成到成熟的历史条件，毛泽东思想形成后的三次大发展等问题也进行了深刻的分析。这其中既有对历史过程的梳理，又有对历史背景的分析；既有对构成要件的提炼，又有对形成过程中基本特征的揭示；既有对从形成到成熟历史条件的总结，又有对形成后三次大的发展的介绍。可以说，已经基本涵盖了对毛泽东形成轨迹研究的主要方面，并形成了一个相对比较完整的研究体系。

三、毛泽东思想的理论渊源

郑德荣曾多次提及一个治学理念，即对历史及理论问题的研究应"由表及里"逐步深入，既要"知其然"，更要"知其所以然"。具体延伸到毛泽东思想研究上更是如此。他认为，从事毛泽东思想的研究不仅要关注毛泽东思想本身的基础理论，更要对毛泽东思想产生的来源进行深度剖析、挖掘。在《毛泽东思想的渊源》一文中，他以其宏大的理论视野，广博的专业知识从理论基础与思想渊源两个视角对毛泽东思想的渊源进行了鞭辟入里的分析。

第一，马列主义是毛泽东思想的理论基础。郑德荣认为，毛泽东

---

① 郑德荣、何荣棣：《毛泽东思想的形成发展与反对教条主义》，《东北师大学报（哲学社会科学版）》1984 年第 1 期。

思想是马克思主义与中国实际相结合的产物，是中国化了的马克思主义，它的思想渊源既有马列主义的又有中国传统文化的精神，而前者是它的理论基础。在从马列主义形成的理论源头追溯，在阐明马克思主义、列宁主义形成的历史背景、内涵实质及其产生的巨大理论引领作用的基础上，郑德荣在系统梳理了马克思主义传入中国并被中国先进分子所接纳并将无产阶级世界观作为观察国家命运工具过程的同时，重点介绍了毛泽东通过研读马列著作确立无产阶级世界观以及逐步创立毛泽东思想的艰辛历程。他认为，作为马克思主义中国化的伟大旗手与奠基人的毛泽东，一经信仰马克思主义，便如饥似渴地阅读马列主义经典作家原著和马克思主义社会科学名家的著述。并强调毛泽东读马列著作的最大特点是：出于指导中国革命的需要，善于哲学思辨，理论联系实际，学以致用。这一特点集中体现在毛泽东的一系列光辉著作及重要思想理论上。首先，关于《矛盾论》与《实践论》。作为毛泽东思想重要组成部分的哲学思想代表作《实践论》《矛盾论》的写作，是毛泽东在大量阅读、研究马克思主义哲学原著的基础上，又阅读了大量中外哲学家的著作后完成的。这两部著作，运用马克思主义唯物主义认识论和辩证法的基本原理，从哲学高度对两次国内革命战争的胜利与势必曲折发展的历史经验进行了科学总结，深刻揭示了教条主义和经验主义者，尤其是"左"倾教条主义者把理论与实践割裂，把矛盾普遍性与特殊性相混淆，无视特殊性的思想根源，进而把党的路线、方针、政策放在马克思主义哲学视角中加以考察。其次，关于《中国革命战争的战略问题》《论持久战》《抗日游击战争的战略问题》。郑德荣教授认为，以上三篇文章是毛泽东军事思想代表作，是针对党内"左"倾军事路线的错误和军事问题上的争论及抗日战争初期的军事态势，他把辩证唯物主义和历史唯物主义原理运用到军事科学上来，阐述了战争一般规律和特殊规律的关系、主观能动作用和客观实际的关系、战争的攻守、进退、战略的持久和战役的速决的辩证关系，以及"兵民是胜利之本"和人民战争方针等，形成战略战术原则。再次，关于毛泽东的统一战线的理论与策略。郑德荣认为，统一战线的理论与策略是中国共产党团结一切可以团结的同盟者，孤立打击主要敌人的马克思列宁主义的战略策略，是战胜敌人夺取胜利的三大法宝之一。在中国民主革命的进程中，毛泽东依据列宁民族和殖民地理论及《共产主义运动中的"左"派幼稚病》《社会民主党在民主革命中的两个策略》等提出的马克思主义战略策略思想，结合中国革命实际，深刻地分析了中国社会的阶级关系，资产阶级的特点，特别总结这方面的独特经验提出对资产阶级包括大资产阶级在特殊历史条件下一系列的统一战线理论与策略，极大地丰富和发展了马列主义战略策略思想。最后，关于新民主主义革命理论。郑德荣认为，作为毛泽东思想主体部分及其成熟标志的新民主主义革命理论则是依据历史唯物主义观点，综合运用列宁民族和殖民地理论、无产阶级革命和无产阶级专政基本原理，从中国特殊国情出发，总结中国近现代历史经验而创造的关于中国革命的马列主义学说。在通过以上几个方面的举例论证后，郑德荣得出结论："毛泽东思想是马克思列宁主义在中国的运用和发展，就其根本体系来说，并不是独立于马克思主义体系之外或与之并驾齐驱的思想体系，而是属于马克思主义的共产主义思想体系范畴的中国化的马克思主义。"①

　　第二，中国传统文化的精华是毛泽东思想的思想渊源。郑德荣认为："毛泽东思想在马列主义基础上，批判地吸收了中国传统文化的精华部分，包括近代资产阶级民主主义。"② 首先，毛泽东之所以能够成为马克思主义中国化的伟大旗手和奠基人，除了自身具备坚实的马列主义理论基础外，同他广泛涉猎国学典籍，渊博的历史知识以及在马列主义基础上批判地吸收中国传统优秀文化是分不开的。具体体

---

① 郑德荣：《毛泽东与马克思主义中国化》，东北师范大学出版社 1997 年版，第 28 页。

② 郑德荣：《郑德荣文存》第 1 卷，辽宁人民出版社 2006 年版，第 288 页。

现在两个方面：毛泽东从青年时代开始博览群书，除了大量阅读中国古代历史典籍，且对近代维新派、资产阶级革命派的名著也广泛阅览。以史为鉴是毛泽东读史书的马克思主义科学态度。"他以马克思主义观点评价古史，鉴别是非，最善于批评地继承中国传统文化遗产。把中国传统文化中的精华作为接受和宣传马克思主义，使之中国化的精神养料和思想土壤。"① 其次，毛泽东思想在马列主义基础上，批判地吸收了中国文化优秀传统，总结中国独创性经验的伟大成果。《实践论》《矛盾论》（以下简称《两论》）是两篇具有中国特色的马克思主义哲学著作。《两论》自问世以来，对推动马克思主义哲学的中国化、现实化和通俗化，对开展反对教条主义的整风运动，对于完整地形成我党实事求是的思想路线，发挥了重要的理论指导作用。《两论》不仅仅是对马克思主义哲学原理的阐述和中国革命经验的总结，同时，它还是对中国哲学与文化传统的批判继承，是运用马克思主义哲学原理，对中国古代"知行观"和"矛盾观"所做出的批判继承和科学总结。"实事求是"是毛泽东思想的灵魂，也是中国共产党的思想路线。郑德荣认为，"实事求是"不仅是毛泽东运用马克思主义哲学原理对中国革命经验所做出的理论概括和切实体验，而且也是对中国优秀传统文化的批判与继承。他从古代"实事求是"的典故谈起，一直延伸到毛泽东在《改造我们的学习》中对"实事求是"作了马克思主义的解释，使这一命题的内涵与外延发生了变化，把它提到了新的学风和新的思想路线的高度。再次，作为一个伟大的马克思主义者，毛泽东在理论方面的首要贡献，在于创建了使马列主义基本原理与中国革命具体实践相结合的实事求是的学风和思想路线。这种学风与思想路线尤其体现在毛泽东军事思想方面。毛泽东军事思想，是以毛泽东为代表的中国共产党的将帅们，运用历史唯物主义的辩证法，并汲取了中国古代史书和兵法与战例的军事思想的精华，是

---

① 郑德荣：《郑德荣文存》第 1 卷，辽宁人民出版社 2006 年版，第 289 页。

对中国革命战争和战略与战术经验的科学总结。最后，新民主主义理论是同总结了旧民主主义革命失败的经验教训，批判地吸收了孙中山的三民主义学说的积极因素有密切联系的。郑德荣认为，三民主义是属于资产阶级民主主义思想体系的范畴，新民主主义则属于共产主义思想体系范畴。它们是产生于中国近代与现代两个不同历史时代的中国文化思想的精华。从内容上看两者之间既有相同的部分，也有不同的部分。相同点在于：两个主义在中国资产阶级民主革命阶段上的基本纲领。差异性在于：民主革命阶段上一部分纲领的不相同；有无社会主义革命阶段的不同，共产主义于民主革命阶段之外，还有一个社会主义革命阶段，三民主义则只有民主革命阶段，没有社会主义革命阶段；宇宙观的不同，共产主义的宇宙观是辩证唯物主义论和历史唯物论，三民主义的宇宙观则是所谓民生史观；革命差异性的不同，共产主义者理论和实践是一致的，即有革命的彻底性。三民主义者除了那些最忠实于革命和真理的人之外，理论和实践是不一致的，即没有革命的彻底性。"毛泽东阐明了两个主义的异同，区别了孙中山先生的三民主义的精华和糟粕，划清了两个主义的界限，吸取了孙中山先生学说的有益的东西，来发展无产阶级关于中国革命的理论。"①

上述内容中，郑德荣着重从两个方面阐明了毛泽东思想的理论渊源，一是马列主义是毛泽东思想的理论基础，二是中国传统文化的精华是毛泽东思想的思想渊源，并分别围绕着两个方面进行了详细的梳理与分析。毛泽东思想是以毛泽东为代表的中国共产党人集体智慧的结晶，它的形成与发展有着肥沃文化土壤的滋养，其主要养分则来自马列主义与中国传统文化精华。毛泽东作为毛泽东思想的主要创立者，更是在吸收了充足的养分基础上，完成并阐发了一系列的经典著作及思想理论，引导中国革命和建设取得了伟大胜利与辉煌成就。

---

① 郑德荣：《郑德荣文存》第 1 卷，辽宁人民出版社 2006 年版，第 296 页。

第二节　毛泽东思想的科学体系与基本内容

经过长期的研究与思考，郑德荣认为毛泽东思想是一个科学体系，并且对毛泽东思想科学体系的形成过程、基本特征、内容结构等进行了深入而又翔实的研究，尤其是以结构立体分析方法为基础，对构成毛泽东思想科学体系的各组成部分分别进行了思考与阐释。

一、毛泽东思想的科学体系

早在党的十一届三中全会上，邓小平就提出要"完整地准确地理解毛泽东思想"，"毛泽东思想是个体系，是发展了的马克思主义"[①] 的真知灼见。此后，学界围绕这一问题展开相当规模的学术研究工作，并不断取得突破性的进展。但是对于大多数学者而言，在如何理解、看待毛泽东思想的完整性、科学性的问题上仍然存在一定程度的模糊认识。对此，郑德荣认为：毛泽东的著作不是学校里的教科书，不是在书斋里坐而论道的产物，更不是若干篇著作和语录的堆砌。里面的内容大多是毛泽东在领导中国革命斗争的过程中，有阶段性、指向性、针对性地回答一些重大理论或现实问题时发出的指示，作出的报告、讲话、会议总结、书序等，类别繁复，时间跨度大，内容因时、因事各异，体例不一，这样就易导致后人在研读毛泽东的文章和著作时，很难全面把握它的科学体系。在深刻地认识到研究毛泽东思想的科学体系对于全面完整正确地理解和把握毛泽东思想，克服对他教条的、断章取义以及因此而导致的误解、曲解的重大意义后，郑德荣埋首案头，苦心孤诣地对毛泽东思想科学体系的基本结构与特点进行了比较系统、深入的阐释，并提出一系列独到见解。

第一，关于毛泽东思想体系形成的实践基础。郑德荣认为，

---

① 《邓小平文选》第二卷，人民出版社1994年版，第43—44页。

毛泽东思想形成的实践基础由两个方面构成：中国的特殊国情和中国革命的特点。所谓的特殊国情，是指中国共产党领导的中国共产主义运动不是发生于马克思、恩格斯所构想的欧洲资本主义世界，也不是发生在具有浓厚封建残余的俄国资本主义国家，而是在东方落后的半殖民地半封建社会的中国。这个社会的政权性质、经济状态、阶级与资产阶级、生产力水平、社会主要矛盾等，同资本主义社会相比都有自己的特殊情况。"这种特殊并非指任何国家社会都有各自的特点，而是指区别于西方资本主义又不同于完全封建主义社会的一种特殊类型的社会。"① 中国革命的特点，主要指的是中国革命的长期性、复杂性、曲折性、艰巨性。这是整个共产主义运动包括俄国和前东欧社会主义国家各国共产党领导的革命所从未遇到的。中国近代资产阶级革命和共产党领导的革命斗争正反两方面的实践经验。由于中国革命的长期性、复杂性、艰巨性、曲折性，决定了革命的经验广泛性、全面性，有成功的，也有失败的。这种特殊国情和丰富斗争经验，为产生伟大的思想理论提供了实践经验。

第二，体现毛泽东思想科学体系的几个党的历史文献。关于毛泽东思想的科学体系结构，在毛泽东思想的形成过程中及其成熟并被确定为党的指导思想以后，毛泽东本人从未作过阐明和概括。在党的历史上也从没有专门从体系上进行分析和概括的文件，那么我们应以什么为依据对毛泽东思想体系的结构进行划分呢？郑德荣认为，还是应该以一些重要的党史文献作为研究对象。"迄今为止，在党的历史文献中体现毛泽东思想科学体系的主要有三次。"② 第一次是在中共中央扩大的六届七中全会通过的《关于若干历史问题的决议》（以下简称《决议》）。《决议》初步地体现了毛泽东思想的科学体系。具体体现在：《决议》从政治上系统而精辟地阐述了毛泽东关于中国社

① 郑德荣、王占仁：《毛泽东思想纵横观》，人民出版社 2014 年版，第 132 页。
② 郑德荣：《毛泽东思想的科学概念、体系结构及特点》，《求是》1992 年第 9 期。

会性质和革命性质的论断，进一步指出中国革命的基本特点和基本规律，规定了中国革命的长期性与曲折性，能够利用敌人的矛盾，在敌人统治比较薄弱的地区首先建立和保持武装的革命根据地。《决议》从军事上系统地比较全面地概括了毛泽东军事思想。《决议》从组织上，一方面精辟地概括了毛泽东党建思想，并将其提高到思想原则和政治原则的高度，坚持无产阶级的思想领导，另一方面又强调全党要坚持严格的民主集中制原则。第二次是在党的第七次全国代表大会上刘少奇作的修改党章的报告——《论党》。刘少奇在中共七大作的关于修改党章的报告的第二部分即《论党》中，论述了毛泽东思想产生的实践基础和客观条件，并把毛泽东思想概括为以下问题：关于现代世界情况和中国情况的分析；关于新民主主义的理论与政策；关于革命真正的理论与政策；关于解放农民的理论与政策；关于革命统一战线的理论与政策；关于革命根据地的理论与政策；关于建设新民主主义共和国的理论与政策；关于建设党的理论与政策；关于文化的理论与政策；等等。对于《论党》中关于毛泽东思想的相关内容，郑德荣给出了自己的判断与评价：从毛泽东思想的内容和科学体系上看，《论党》显然突破了《关于若干历史问题的决议》对毛泽东思想内容和科学体系上的论述的局限性。"因而它是毛泽东思想研究历史进程中第一次比较完整，系统的对毛泽东思想体系内容的概括。"① 第三次是党的十一届六中全会通过的《关于建国以来党的若干历史问题的决议》② （以下简称《决议》）。《决议》中关于毛泽东思想的内容与《论党》中对毛泽东思想的概括相比增添了新的内容，并归类合并作了调整，是中共历史上迄今为止对毛泽东思想的独创性所作的比较全面、完整、系统的分析和概括。文中，郑德荣通过对体现毛泽东思想体系的几个党史文献的分析，比较完整地梳理了毛泽东思

---

① 郑德荣：《毛泽东思想的科学概念、体系结构及特点》，《求是》1992 年第 9 期。

② 《建国以来党的若干历史问题的决议》中关于毛泽东思想的介绍，请参考 "毛泽东思想的科学内涵"部分的相关内容。

想科学体系的形成过程以及涵盖的主要内容，同时给出了比较客观的评价。

第三，关于毛泽东思想科学体系的内容结构。在如何对具体原理体系的发展过程及历史条件和时限进行分析考察的问题上，郑德荣突破了传统的仅限原理内容的阐述方式。他认为，毛泽东思想科学体系毋庸置疑是客观存在的，但是由于其寓于毛泽东的著作之中，却无固定模式可言。其基本结构大致可以从四个方面进行概括：按照马克思主义科学领域解析，即马克思主义三个组成部分：一是哲学、政治经济学、科学社会主义；二是按照不同战线、各个领域，主要包括：政治思想、政策和策略经济思想、思想政治工作和文化思想、军事思想、党的建设理论、外交思想等；三是按照中国革命基本问题基本理论：关于新民主主义革命的理论、关于社会主义革命和社会主义建设的理论、关于人民军队建设和军事战略的理论、关于政策和策略、关于思想政治工作和文化工作、关于党的建设等；四是进行结构性立体分析。结构立体分析是郑德荣独创的一种分析方法，他认为，对毛泽东思想体系结构的理解，不能仅限于平面结构和不同层次上，而应该上升到结构立体分析上。并用精辟的语言阐述了结构立体分析的定义："所谓结构性立体分析系指各个理论在整个体系中的地位、作用及其相互关系，这是体系的更高层次的分析，立体感，便于人们深刻理解和把握。"[1] 依据这一分析方法，他认为毛泽东思想科学体系可以分为三个层次：理论精髓、主体思想和基本原理。理论精髓就是毛泽东思想活的灵魂，即实事求是、独立自主、群众路线。它们贯穿于主体思想与基本理论的始终。主体思想在不同历史时期有着不同的内容，民主革命时期是新民主主义革命理论，社会主义革命时期是社会主义改造理论，社会主义建设时期是社会主义建设理

---

[1]　郑德荣：《〈毛泽东思想纵横观〉自序》，见郑德荣、王占仁：《毛泽东思想纵横观》，人民出版社2014年版，第4页。

论。主体思想"分别回答了各个历史时期的主题，概念大，范畴广，在毛泽东思想科学体系中有着重要地位"①。基本原理可以从不同的角度进行概括，按照人们通常的逻辑思维习惯大致包括政治策略理论、军事理论、社会主义经济建设理论、文化与科技理论、国际关系与外交思想、民族与宗教理论、阶级与阶级斗争理论、党的建设以及国情观、资本主义观和世界观人生观价值观等方面。

　　第四，关于毛泽东思想科学体系的特点。郑德荣认为，毛泽东思想科学体系具有非常鲜明的特点。具体表现在四个方面：首先，毛泽东思想科学体系具有全面性与完整性的特点。从中国革命的特点看，由于中国的特殊国情、革命特点和党领导革命丰富的经验，决定了毛泽东思想体系内容的全面性、完整性；从毛泽东思想体系的主要内容及其结构看，各条战线、各个领域、马克思主义三个组成部分的各个学科，中国革命一系列基本问题都有创新的理论观点，它集中回答了在半殖民地半封建社会里，如何进行革命，走社会主义道路这一国际共产主义运动史上所未遇到和解决的重大课题，而且各个基本原理融为一体，有机结合构成自己的科学体系。其次，毛泽东思想科学体系具有独创性的特点。"毛泽东思想是马克思列宁主义在中国的运用和发展，是以毛泽东为代表的中国共产党人在长期革命斗争中，根据中国的特殊国情和中国革命独创性经验所作的科学总结，形成一系列符合中国实际的理论原则，构成具有独创性的理论体系。"② 他还专门对毛泽东思想体系独创性特征的成因进行了分析。毛泽东思想体系独创性的特点，是由两方面原因促成的：一方面，毛泽东思想的故乡中国，不同于马克思主义的故乡西欧和列宁主义的故乡俄国；另一方面，中国共产党的诞生和毛泽东思想的形成，同马克思列宁主义诞

①　郑德荣、王占仁：《毛泽东思想纵横观》，人民出版社 2014 年版，第 142 页。
②　郑德荣：《毛泽东思想的科学概念、体系结构及特点》，《求是》1992 年第 9 期。

生的时代背景不同。再次，毛泽东思想体系的实践性与开放性特征。一是毛泽东思想体系具有实践性。"中国革命斗争的实践为毛泽东思想科学体系的形成提供了物质基础。"① 具体来讲，毛泽东的著作及体现毛泽东思想的中国共产党的文献，都是在革命斗争中产生的，既是实践经验的科学总结，又是指导革命斗争的理论武器，并在斗争中不断发展和完善。这些实践斗争是客观的、具体的，不是抽象的、推理的。因此，作为指导实践而发表的著作、制定的文件及其所体现的关于中国革命的理论原则，必须具有鲜明的实践性特点。二是毛泽东思想体系具有开放性。郑德荣认为："毛泽东思想体系不是固定不变的，不是封闭式的而是开放式的。"② 随着中国共产党领导革命与社会主义建设实践的不断发展，斗争经验的不断丰富，毛泽东思想也不断发展，增添新的内容。最后，毛泽东思想体系的多视角、多层次。毛泽东思想的科学体系寓于毛泽东著作中，在结构上既可以按照马克思主义三个组成部分的学科进行概括，也可以按照政治、经济、文化、军事、党建、国际关系与外交等各条战线、各个领域进行概括，还可以按照中国革命基本原理或问题进行概括，或者也可以从其他方面进行概括。因此，不管是按照什么样的思路、逻辑进行概括，都必然会呈现出多视角、多层次的特征。

　　上述内容中，郑德荣认为"毛泽东思想是一个科学的理论体系"，并从四个方面对这一观点进行了论证。其中既有对毛泽东思想科学体系实践基础的分析，又有对体现毛泽东思想科学体系几个党史文献的解读；既有对毛泽东思想科学体系内容结构的剖析，又有对毛泽东思想科学体系特点的总结。可以说，以上四个方面是一个环环相扣、密不可分的整体。它们共同构成了对"毛泽东思想是一个科学的理论体系"的深刻诠释，实现了对毛泽东思想体系的科

---

① 　郑德荣：《毛泽东思想的科学概念、体系结构及特点》，《求是》1992 年第 9 期。

② 　郑德荣：《毛泽东思想的科学概念、体系结构及特点》，《求是》1992 年第 9 期。

学认知与理论升华。

二、毛泽东思想的基本内容

郑德荣在对毛泽东思想科学体系进行整体性研究的基础上，对构成毛泽东思想体系的各组成部分也分别展开了研究。上文中已经介绍了郑德荣对毛泽东思想科学体系基本结构的四种划分方式，为了让下文的逻辑线条更加清晰，同时也是为了避免重复介绍的现象，本部分以第四种划分方式，即结构性立体分析法作为主要研究对象。在郑德荣提出的结构性立体分析方法中，将毛泽东思想科学体系划分为三个层次，分别是理论精髓、主体思想和基本原理。理论精髓就是毛泽东思想活的灵魂；主体思想在不同历史时期有着不同的内容，民主革命时期是新民主主义革命理论，社会主义革命时期是社会主义改造理论，社会主义建设时期是中国式工业化道路和四个现代化思想；基本原理可以从不同的角度进行概括，按照人们通常的逻辑思维习惯大致包括政治策略理论、军事理论、社会主义经济建设理论、文化与科技理论、国际关系与外交思想、民族与宗教理论、阶级与阶级斗争理论、党的建设以及国情观、资本主义观和世界观人生观价值观等方面。郑德荣不仅从宏观上对结构性立体分析方法进行了介绍，而且还对其中的重点内容展开深入、系统的研究，并取得了丰硕理论成果。

（一）毛泽东思想活的灵魂

按照郑德荣提出的结构性立体分析方法，毛泽东思想科学体系的第一个层次是理论精髓，也就是毛泽东思想活的灵魂，即实事求是、独立自主、群众路线。在党的十一届六中全会通过的《关于建国以来党的若干历史问题的决议》中将贯穿于毛泽东思想各个组成部分的立场、观点和方法概括为毛泽东思想活的灵魂。多年来，郑德荣从整体与局部两个视角出发，对其展开了深入的理论研究。

1. 对毛泽东思想活的灵魂的整体性研究

郑德荣认为："毛泽东思想活的灵魂，是'三位一体'的统一有机整体，覆盖并寓于毛泽东思想体系中，有着坚实的马克思主义哲学基础，是中国共产党的基本方法和根本路线，贯穿党90多年奋斗始终，是中国特色社会主义理论体系与毛泽东思想一脉相承的'大动脉'。"① 同时还围绕着这段话所蕴含的几方面内容进行了具体分析。第一，毛泽东思想活的灵魂是一个统一的整体。实事求是、独立自主、群众路线三者相辅相成，辩证统一，缺一不可。实事求是是前提，独立自主是核心，群众路线是保障。第二，毛泽东思想活的灵魂具有深厚的马克思主义哲学基础，是党指导中国革命、建设和改革所遵循的基本原则，是推动马克思主义中国化不断前进的思想动力。具体而言：实事求是集中体现了辩证唯物主义认识论的方法论，是中国共产党根本的思想路线；独立自主则是党的根本政治路线；群众路线则是无产阶级政党践行革命、建设和改革的基本方法和根本工作路线。"这三条根本路线是以毛泽东为代表的中国共产党人运用辩证唯物主义、历史唯物主义，领导中国人民进行解决中国革命和建设实际问题中所凝练形成的。"② 第三，毛泽东思想活的灵魂贯穿于党的奋斗始终。"毛泽东思想活的灵魂，体现出中国共产党人的基本方法论与原则，并在实践中逐渐形成了党的根本思想路线、政治路线与工作路线，贯穿党90多年奋斗始终"，因此，"不管是在中国革命和建设哪个时期，毛泽东思想活的灵魂，都是中国共产党人必须遵循的根本路线"③。具体而言，在民主革命时期和社会主义革命时期分别体现为新民主主义革命总路线、过渡时期总路线；在社会主义建设时期特

---

① 郑德荣：《毛泽东活的灵魂是党的思想方法与根本路线》，《思想教育理论导刊》2015年第8期。

② 郑德荣：《毛泽东活的灵魂是党的思想方法与根本路线》，《思想教育理论导刊》2015年第8期。

③ 郑德荣：《毛泽东活的灵魂是党的思想方法与根本路线》，《思想教育理论导刊》2015年第8期。

别是改革开放新时期，则体现为社会主义初级阶段基本路线。这些基本路线指引下的实践，则相继集中体现为中国特色革命道路和中国特色社会主义道路。第四，毛泽东思想活的灵魂是中国特色社会主义理论体系与毛泽东思想一脉相承的"大动脉"。郑德荣认为："毛泽东思想是中国特色社会主义理论体系的思想渊源，中国特色社会主义体系则是与毛泽东思想一脉相承、与时俱进的新成果。"① 而毛泽东思想与中国特色社会主义理论体系两者之间一脉相承的"脉"可以体现为多方面，而寓于其中的"大动脉"，则是毛泽东思想活的灵魂。具体表现在四个方面。首先，正是因为坚持并运用了毛泽东思想活的灵魂，改革开放新时期才继承了毛泽东关于新中国国体、政体是人民民主专政和人民代表大会制度的论断，在新的历史条件下，发展为党的领导、人民当家作主与依法治国相统一的社会主义民主政治，既坚持科学社会主义关于民主理论的基本原则，又借鉴现代西方文明的优秀成果，同时也根植于中华民族赖以生存和发展的广阔沃土上，最大限度地发展人民民主，调动群众建设社会主义的积极性，集中力量办大事。其次，正是坚持并运用了毛泽东思想活的灵魂，改革开放时期才继承和发展了毛泽东新民主主义的资本主义理论，在新的历史条件下，把毛泽东的坚持社会公有制为主导、五种经济成分并存思想，发展成为公有制为主体、多种经济形式并存的社会主义市场经济体系。再次，正是坚持并运用了毛泽东思想活的灵魂，改革开放新时期才继承和发展了毛泽东"民族的、科学的、大众的"文化建设理论和"百花齐放、百家争鸣""洋为中用、古为今用"等繁荣科学文化事业方针。在新的历史条件下，发展为以马克思主义一元化指导思想引领多样化社会思潮，建设"三个面向"的民族的、科学的、大众的社会主义先进文化。用社会主义核心价值体系引领多样化社会思潮。

---

① 郑德荣：《毛泽东活的灵魂是党的思想方法与根本路线》，《思想教育理论导刊》2015 年第 8 期。

最后，坚持并运用了毛泽东思想活的灵魂，在改革开放新时期坚持马克思主义建党学说与中国特殊国情、党情相结合，继承和发展毛泽东建党思想中"四个统一"① 的特点，正是通过以上四个方面内容的深刻阐述，郑德荣实现了对毛泽东思想活的灵魂与中国特色社会主义理论体系之间"一脉相承"关系的梳理与界定，同时也是对毛泽东思想活的灵魂在改革开放新时期存在的价值与意义予以充分论证与肯定。

2. 毛泽东思想活的灵魂的各个组成部分

郑德荣不仅对毛泽东思想活的灵魂从整体视角进行了分析与解读，还对其各组成部分也分别进行了研究与阐述。第一，实事求是。郑德荣认为，"实事求是，是毛泽东为中国共产党规定的思想路线，也是毛泽东思想的精髓"②。首先，关于实事求是的科学内涵。郑德荣在毛泽东1941 年在《改造我们的学习》一文中对实事求是科学含义所作的揭示基础上，又从理论上做了进一步的阐述和说明。他认为，实事求是本身存在着三个密不可分、依次递进的环节。"实事"，即客观存在着的一切事物，这是毛泽东对马克思主义哲学认识对象的高度概括，它与马克思、恩格斯关于"存在"的观点和列宁关于"物质"的观点是基本一致的；"求"，即我们去研究，这是毛泽东对马克思主义哲学认识论关于认识辩证过程的高度概括；"是"，也就是客观事物的内部联系，即规律性，这是毛泽东对事物客观规律的高度概括。毛泽东对实事求是所作的科学解释，完整而深刻地概括了辩证唯物主义的本质特征，深刻揭示了中国共产党的实事求是的思想路线的科学含义和基本内容。其次，关于实事求是的基本内容。郑德荣认为，实事求是的基本内容应包括三个方面。一是一切从实际出发。"一切从实际出发，就是从客观存在的、不以人的意志为转移的事实出发，它是

① "四个统一"即组织入党与思想入党相统一，党的建设与完成党的中心任务相统一，建设工人阶级先锋队与中华民族先锋队相统一，广泛民主与高度集中相统一。

② 郑德荣：《毛泽东活的灵魂是党的思想方法与根本路线》，《思想教育理论导刊》2015 年第 8 期。

实事求是的最主要的内容和基本的要求，是实事求是的基础和前提。"①
二是理论联系实际。"理论联系实际，就是理论和实际相结合，它是
实事求是的思想路线的基本内容，也是坚持实事求是，达到主观客观
相统一的根本途径。"② 三是实践是检验真理的标准。"是以客观实践
作为检验真理性的标准，还是以书本或主观因素作为检验认识真理性
的标准，这是唯物主义与唯心主义两条思想路线根本对立的又一重要
表现，坚持把实践作为检验真理的标准，也是实事求是思想路线的一
项重要内容。"③ 再次，关于实事求是的价值定位。郑德荣认为，实
事求是是毛泽东思想的精髓，之所以这样说主要取决于以下三个方面
的因素。一是实事求是是马列主义、毛泽东思想的根本观点和根本方
法；二是实事求是是贯穿于毛泽东思想全部内容之中活的灵魂；三是
实事求是是革命和建设胜利的根本保证。最后，关于坚持实事求是的
基本原则。郑德荣认为："历史经验表明，由于种种主、客观因素的
影响，要实现实事求是的基本要求，把实事求是变成自己的世界观和
方法论，并在任何情况下都能自觉地坚持运用，还必须坚持以下几项
原则。"④ 必须坚持解放思想。必须加强党性锻炼，坚持党性原则。

　　第二，独立自主。郑德荣认为："独立自主是马克思主义的一贯原
则，是毛泽东为中国共产党规定的根本政治路线，具有丰富的理论内
涵与哲学基础。"⑤ 首先，独立自主的含义和基本内容。"在中国，独立
自主原则内涵要点概括起来是：独立自主，自力更生，依靠本国力量从
中国实际出发，进行革命和建设，坚持自力更生为主，走自己的路。"⑥

---

① 郑德荣等：《毛泽东思想概论》，东北师范大学出版社 1994 年版，第 278 页。
② 郑德荣等：《毛泽东思想概论》，东北师范大学出版社 1994 年版，第 281 页。
③ 郑德荣等：《毛泽东思想概论》，东北师范大学出版社 1994 年版，第 285 页。
④ 郑德荣等：《毛泽东思想概论》，东北师范大学出版社 1994 年版，第 294 页。
⑤ 郑德荣：《毛泽东活的灵魂是党的思想方法与根本路线》，《思想教育理论导刊》
　　2015 年第 8 期。
⑥ 郑德荣：《毛泽东活的灵魂是党的思想方法与根本路线》，《思想教育理论导刊》
　　2015 年第 8 期。

如果"从更深刻的内涵来看，集中更体现在如何坚持马克思列宁主义，中国革命和建设走什么路、依靠什么力量这一系列基本问题上"①。其次，关于独立自主是马克思主义的一贯原则。"独立自主、自力更生，所以能够成为具有普遍指导意义的马克思主义的基本立场、观点和方法，就是因为它充分体现了马克思主义辩证唯物主义和历史唯物主义的基本精神。"② 最后，关于坚持独立自主原则的方法。在各项工作中自觉地坚持和贯彻独立自主原则，把它作为我们的立足点，是把我们的事业不断推向前进的根本保证。

第三，群众路线。郑德荣认为："群众路线，是历史唯物主义与中国革命建设实践相结合而形成的中国共产党的根本方法论和工作路线。"③ 首先，关于群众路线的含义和基本内容。以毛泽东为代表的中国共产党人依据历史唯物主义关于人民群众是历史创造者的基本原理，在组织群众、带领群众进行革命的实践中，逐步形成了一切为了群众，一切从人民利益出发，全心全意为人民服务的思想，这是党正确对待人民群众的根本立场和观点，是党的群众的根本出发点和立足点，是群众路线的核心内容。其次，关于群众路线的价值定位。群众路线是党的根本作风。我们之所以说群众路线是党的根本作风，"从根本上说，是党能否代表人民群众，同人民群众保持密切联系，并得到人民群众的拥护，从而依靠人民群众的力量去进行革命和建设，而且因为党的优良传统和作风，归根到底都体现了群众路线的基本精神"④。群众路线是党的根本方法。最后，关于坚持和发展群众路线的方法。坚持和发展群众路线的方法包括以下几个方面内容。一是坚持党的群众路线，必须克服主观主义的思想作风和领导方法；二是坚

① 郑德荣：《略论毛泽东的独立自主思想》，《毛泽东思想论坛（长沙）》1995 年第 1 期。

② 郑德荣：《毛泽东思想概论》，东北师范大学出版社 1994 年版，第 539 页。

③ 郑德荣：《毛泽东活的灵魂是党的思想方法与根本路线》，《思想教育理论导刊》2015 年第 8 期。

④ 郑德荣：《毛泽东思想概论》，东北师范大学出版社 1994 年版，第 319 页。

持党的群众路线，必须克服官僚主义作风。三是坚持党的群众路线，必须健全党和国家的民主生活。

上述内容中，郑德荣就毛泽东思想活的灵魂的三个组成部分，即实事求是、独立自主、群众路线分别展开论述，其中，实事求是是党的思想路线，独立自主是党的根本政治路线，群众路线是党的根本方法论和工作路线，它们共同构成了毛泽东思想活的灵魂，是毛泽东思想科学体系不可或缺的重要组成部分。

（二）毛泽东思想科学体系的主体思想

按照郑德荣提出的结构性立体分析方法，毛泽东思想科学体系的第二个层次是主体思想。主体思想在不同历史时期有着不同的内容，民主革命时期是新民主主义革命理论，社会主义革命时期是社会主义改造理论，社会主义建设时期是社会主义建设理论。

1. 新民主主义革命理论

"新民主主义革命理论是马克思主义与中国革命实践相结合第一次历史性飞跃的结晶"，"是毛泽东创造性地运用马克思主义历史唯物主义基本原理、无产阶级革命和无产阶级专政理论及列宁关于民族和殖民地问题的理论，实事求是地分析中国特殊国情，科学地总结近代中国资产阶级革命的历史教训，同时考虑到中国革命的时代背景与国情环境，所创立的中国化的马克思主义的革命学说"。①

第一，关于新民主主义革命理论的形成脉络。郑德荣认为，新民主主义革命理论从萌芽、基本形成到成熟历经三个时期。首先，萌芽时期。从建党初期到大革命失败。这一时期，从中共二大首次明确出党的最低纲领到中共四大前后，党的一些领导人从不同角度论述了工人阶级在民主革命中的领导权问题和农民问题再到五卅运动中毛泽东集党内智慧之大成，比较系统地论述了中国社会各个阶级政治及其在中国革命中的地位，并指出中国革命的非资本主义前途。中国共产党

---

① 郑德荣、王占仁：《毛泽东思想纵横观》，人民出版社 2014 年版，第 147—148 页。

人初步回答了民主革命与社会主义革命的关系问题，明确了无产阶级是否能够取得领导权是新民主主义与旧民主主义的基本区别，新民主主义革命理论的思想与框架已初见端倪。其次，基本形成时期。从毛泽东在《中国的红色政权为什么能够存在》一文中提出"工农武装割据"的思想，到《星星之火，可以燎原》中着重论述了建立农村根据地，建设工农民主政权的必要性和重要性，阐明了小块红色政权与夺取全国胜利的关系，从理论上解决了把党的工作重心放在农村的问题，从而基本形成了农村包围城市、武装夺取全国政权的理论。从根本上解决了无产阶级领导权的问题。标志着新民主主义革命理论基本形成。最后，成熟时期。由于抗日战争错综复杂的斗争形势，迫切要求中国共产党人回答并解决一系列异常严峻的问题，在这一过程中，从毛泽东在《〈共产党人〉发刊词》中首次提出"新民主主义"的科学概念，到《新民主主义论》中以系统完整的形态阐明了新民主主义革命的基本理论，明确提出共产主义于三民主义的相同点和区别，阐明了新民主主义革命路线的政治、经济、文化纲领，以及由新民主主义向社会主义转变等问题，再到在《论联合政府》中进一步阐述了新民主主义国家政权的性质与结构。新民主主义革命理论由逐步系统化而达到成熟。除了以上对新民主主义革命理论的形成轨迹进行梳理外，郑德荣还针对理论界存在歧义的新民主主义理论是何时形成的、它形成的时间和标志是什么等问题作出解答。他认为，"新民主主义革命思想的形成，应该以无产阶级领导权问题的解决为主要标志。"[1] 而无产阶级领导权问题的提出与解决是两个不同的问题，提出不等于解决。因此，只有在 1930 年前后农村包围城市的理论真正形成，无产阶级革命领导问题才真正得到了解决，新民主主义革命基本思想也才正式形成。

第二，关于新民主主义革命理论的科学内涵与基本内容。郑德荣

---

[1]　《郑德荣文存》第一卷，辽宁人民出版社 2006 年版，第 302 页。

认为："新民主主义革命理论对中国革命性质、革命对象、革命动力、革命前途，它与世界革命之间关系以及新中国的国体、政体等一系列基本问题进行了系统的分析，既坚持了马克思列宁主义的基本原理，又根据中国革命实际赋予了新的内涵。"① 具体而言：新民主主义革命理论有狭义与广义两种理解。狭义的新民主主义革命理论包括了中国革命是世界无产阶级社会主义革命的一部分；中国革命必须分两步走，第一步是民主革命，第二步是社会主义革命等内容。广义的新民主主义革命理论包括了关于中国革命的"三大法宝"，关于农村包围城市武装夺取政权的理论等内容。对于广义与狭义内涵的内在联系，郑德荣提出了自己的独到见解，"无论狭义的还是广义的理解，两者总的概括都是无产阶级领导的，以工农联盟为基础的，人民大众的，反对帝国主义、封建主义和官僚资本主义的新民主主义革命"②。

　　第三，关于新民主主义革命理论的理论价值和实践意义。郑德荣认为，新民主主义革命理论最大的理论价值与实践意义在于，它是"马克思主义与中国革命实践相结合的第一次历史性飞跃"③。之所以得出这样的结论，原因在于：首先，在半殖民地半封建的特殊国情下如何开展共产主义运动，没有现成模式，马克思主义经典著作中没有现成的答案，而地主资产阶级以"共产主义不适合中国国情"等似是而非的谬论来攻击共产党领导的中国共产主义运动，否定马克思主义。这就要求中国共产党人必须以马克思主义为指导，从中国实际出发，提出符合中国国情的理论原则，指导中国革命。其次，近代以来中国革命特别是共产党领导的革命斗争，已经积累了丰富的正反两方面的经验，这些经验为新民主主义逐步以革命理论的提出和形成奠定了物质基础和实践基础。最后，以毛泽东为代表的中国共产党人，以高度的革命精神、科学态度和理论勇气，在领导中国革命的实践过程

① 郑德荣、王占仁：《毛泽东思想纵横观》，人民出版社 2014 年版，第 154 页。
② 郑德荣、王占仁：《毛泽东思想纵横观》，人民出版社 2014 年版，第 154 页。
③ 郑德荣、王占仁：《毛泽东思想纵横观》，人民出版社 2014 年版，第 155—156 页。

中，深入实际，深入群众，调查研究，分析国情，逐渐认识到了马克思主义不是教条，而是行动的指南，挽救中国没有现成的药方，而且批评了那种把马克思主义教条化，把共产国际决议和苏联经验神圣化的"唯上""唯书"的本本主义错误倾向，把马克思主义基本原理与中国革命实践相结合，总结中国独创性经验，提出了符合中国国情的理论原则。

上述内容中，郑德荣从形成脉络、科学内涵、基本内容、理论价值和实践意义等多个方面对新民主主义革命理论进行了比较系统全面的研究。新民主主义革命理论是构成毛泽东思想科学体系的重要内容之一，是毛泽东思想科学体系在民主革命时期的具体体现。正是在新民主主义革命理论的引领下，中国革命事业才能够走向成功，取得胜利。

2. 社会主义改造理论

郑德荣认为"中国共产党和毛泽东从中国的国情出发，依据马克思列宁主义关于消灭私有制、建立公有制的基本原理，依据新民主主义革命胜利所创造的向社会主义过渡的政治经济条件，提出并实现了对生产资料私有制的社会主义改造。从理论和实践上解决了在中国这样一个占世界人口 1/4，经济文化十分落后的大国中建立社会主义制度的艰难任务。找到一条适合中国国情的社会主义改造道路，这一独创性理论是对科学社会主义的重大发展。"① 具体而言，郑德荣主要从两个方面对社会主义改造理论进行了研究阐述。

第一，关于过渡时期总路线。所谓"过渡时期总路线"，即要在一个相当长的时期内，逐步实现国家的社会主义工业化，并逐步实现国家对农业、手工业和对资本主义工商业的社会主义改造。郑德荣在对"过渡时期总路线"的理论研究过程中，相继阐述了以下几个方面的内容。首先，关于过渡时期总路线提出的依据。党之所以提出过

---

① 郑德荣等：《毛泽东思想概论》，东北师范大学出版社 1994 年版，第 109 页。

渡时期总路线，主要是基于两方面原因。一是党领导全国人民，巩固和发展在国民经济中占统治地位的国营经济，并开始把资本主义工商业逐步纳入国家资本主义轨道，使经济成分发生很大变化，为生产资料私有制的社会主义改造准备了充分条件；二是私营工商业势力还比较大，与个体农业和手工业还有一定联系，国营经济还不能取得完全的主动权。因此，要搞社会主义工商业，开始大规模地有计划地进行社会主义建设，必须对农业、手工业和资本主义工商业进行全面的社会主义改造。其次，关于过渡时期总路线的特点。党的过渡时期总路线的鲜明特点是："党在过渡时期的总路线要求把社会主义工业化和社会主义改造结合起来，体现了社会主义工业化和社会主义改造同时并举的思想。"① 最后，关于过渡时期总路线的实质。"所谓过渡时期总路线的实质，是指总路线要解决的主要问题是什么。"② 党在过渡时期总路线的提出主要是解决两方面的问题：为了解决生产资料所有制的问题；为了更快地发展生产力，实现国家的工业化、现代化问题。

第二，关于对农业、手工业、资本主义工商业的社会主义改造。对农业、手工业、资本主义工商业的社会主义改造，是社会主义改造理论在实践层面的具体展开。首先，对于农业的社会主义改造。郑德荣主要是从改造的必要性、可能性以及改造理论的内容展开论述的。一是关于农业的社会主义改造的必要性。他认为，我国农业社会改造，不仅有坚实的理论基础，而且是我国历史发展的必然结果，是完成社会主义革命和进行社会主义建设所必需的。二是关于对农业社会主义改造的内容。他认为，党和毛泽东根据马列主义关于农业社会主义改造的原理，从中国农村的实际出发，充分利用民主革命胜利后所取得的政治条件和物质基础，创造性地提出了一整套农业社会主义改

---

① 　郑德荣等：《毛泽东思想概论》，东北师范大学出版社 1994 年版，第 106 页。

② 　郑德荣等：《毛泽东思想概论》，东北师范大学出版社 1994 年版，第 108 页。

造理论。内容包括：实行积极领导，稳步前进的方针；依靠农民的大多数和建立农村无产阶级优势，制定并贯彻了一条正确的阶级政策等。其次，关于对手工业的社会主义改造。郑德荣认为，党对个体手工业的社会主义改造，与对农业的社会主义改造基本相同。具体而言：一是在方针上。全面贯彻"积极领导，稳步前进"的指导方针，对个体手工业者进行耐心的说服教育，通过典型示范和国家帮助，引导他们在资源的基础上联合起来。二是在组织形式上。采取由带有社会主义因素的手工业生产小组，过渡到办社会主义性质的供销合作社，再发展到社会主义性质的生产合作社，逐步改变手工业生产关系的组织形式。三是在方法步骤上。采取从供销合作入手，再组织生产合作，由小到大，由低级到高级，逐步地把手工业的私有制改变为集体所有制的方法步骤。最后，关于对资本主义工商业的社会主义改造。在无产阶级取得政权后，如何对待民族资产阶级，成为中国共产党面临的重大问题。毛泽东和党中央在领导我国实施过渡时期总路线的过程中把马克思主义的科学原理与中国革命实践相结合，实现了对资本主义工商业的改造，成功解决了这一问题。郑德荣指出："我国对资本主义工商业的社会主义改造，是通过多种形式的国家资本主义，采取赎买的方式逐步实行的。"[①] 具体而言，主要包括三个方面：一是用和平的赎买方式改造资本主义工商业。根据马克思主义经典作家的"赎买"思想，而结合我国社会历史实际，我国走出了一条独具特色的对资本主义工商业进行和平赎买的社会主义改造道路。二是从低级到高级的国家资本主义的过渡形式。毛泽东根据马克思和列宁的有关论述，结合我国的实际情况提出要经过国家资本主义，完成对资本主义工商业的社会主义改造。三是把资本主义企业改造与资本家的改造结合起来。改造的方法主要以企业为基地，对资方在职人员和资方代理人采取"包下来"的政策，"量才使用、适当照顾"，既使

---

① 郑德荣等：《毛泽东思想概论》，东北师范大学出版社 1994 年版，第 115 页。

他们人尽其才，各得其所，又使他们在企业内部同工人一起劳动、学习，逐步改造成为自食其力的劳动者。

上述内容中，郑德荣分别从社会主义过渡时期总路线以及对农业、手工业、资本主义工商业的社会主义改造等几个方面对社会主义改造理论进行了分析与阐释。社会主义过渡时期总路线是社会主义改造理论的核心与基石，而对农业、手工业、资本主义工商业的社会主义改造是社会主义改造理论在实践层面的具体展开，它们共同构成了社会主义改造理论的主体部分。

3. 社会主义建设理论

郑德荣认为，社会主义建设理论由社会主义社会基本矛盾和两类矛盾理论、人民民主专政理论以及四个现代化目标和中国式工业化道路思想等若干内容组成。并着重就四个现代化目标和中国式工业化道路思想展开研究与论述。

第一，关于四个现代化目标。关于四个现代化的目标，郑德荣着重从两个方面论述。首先，关于社会主义四个现代化目标的提出。从新中国成立前夕毛泽东正式使用"现代化"的概念，到毛泽东在读《政治经济学（教科书）》的谈话中第一次完整地表述了四个现代化的思想，社会主义四个现代化目标的提出经历了一个逐步形成发展的过程。其次，关于社会主义现代化建设分两步走的战略构想。社会主义社会是一个相当长的历史阶段，建设社会主义现代化强国是极为艰巨的历史任务。为了实现这一任务，党中央和毛泽东明确规定了实现我国现代化战略目标的时间和步骤：从中国的实际出发，先用三个五年计划，即 15 年左右，打个基础，然后再用七个五年计划，即从1953 年起，十个五年计划，也就是到 2000 年，把我国建设成为一个伟大的社会主义现代化强国。

第二，关于中国式工业化道路思想。关于这方面的内容，郑德荣从三个方面进行论述。首先，毛泽东探索中国式工业化发展道路的时代背景。郑德荣教授认为，毛泽东探索中国式工业化发展道路的时代背景主要由国际、国内两个方面构成。一是从国际来看，美国统治集团面对中国共产党领导的新民主主义革命的胜利，并不甘心失败，企图在军事上阻挠中国的统一，同时又出兵朝鲜将战火从鸭绿江烧到中国东北。在严峻的局势下，中国被迫派遣志愿军"抗美援朝，保家卫国"。可见，当时的中国处在帝国主义强加的战争威胁中亟须建立并拓展中国式的工业化道路。二是从国内来看，当时的新中国面临的是一个以轻工业为主、重工业非常薄弱的极其落后的工业基础。如果不尽快建立和发展自己的重工业，就不能形成自己独立、完整的国民经济体系和现代化工业体系。新中国成立初期，中国与苏联及东欧国家之间，就关于中国是否需要搞自己完整的工业体系问题发生了分歧。在这种情况下，党中央和毛泽东更加坚定地认为，新中国在自己的重工业方面能够有所突破，不仅决定了中国能够有效抵御外敌，能否顺利开展社会主义现代化建设，而且更涉及中国能否真正独立于世界之林。其次，中国式工业化道路思想的主体内容。郑德荣认为，纵观党中央和毛泽东有关中国工业化道路的论述，主要包括以下几方面内容：一是调动一切积极因素。根据毛泽东在《论十大关系》中的相关论述，毛泽东所提出的调动一切积极因素有三方面的含义。主要调动占我国人口绝大多数的工人、农民、知识分子的积极性；利用反动势力，争取中间势力，化消极因素为积极因素；在对待国际上各种势力的问题上，一切可以团结的力量都要团结，不中立的可以争取为中立，反对的也可以分化和利用。二是处理好重工业、轻工业、农业的发展关系问题。郑德荣认为："毛泽东以苏鉴戒，总结我国经验，以马克思主义理论勇气和大胆创新精神，解放思想，实事求是，明确提出，我国的经济建设在以重工业为中心的同时，必须充分发展农业和轻工业，提出发展农业和发展工业并举的主张。"① 之所以要以农业为基础，主要是因为我国是世界上人口最多的农业大国，农村人口

① 郑德荣、王占仁：《毛泽东思想纵横观》，人民出版社 2014 年版，第 244 页。

占全国人口的 80% 以上，只有依靠自己的力量发展农业才能解决众多百姓的生存问题。同样，之所以以工业为主导，主要是因为工业是实现社会主义工业化的主体部分，是因为其生产具有创造性、发明性和社会化的特点而成为先进生产力和先进生产方式的代表。与此同时，为了彻底贯彻以农业为基础、以工业为先导的发展国民经济的总方针，毛泽东提出以农、轻、重为序安排国民经济计划。这种安排是以农业为基础、以工业为主导的国民经济发展总方针在工作上的落实和具体体现。最后，中国式工业化道路思想的价值贡献。郑德荣认为："以毛泽东为核心的第一代中央领导集体提出的中国社会主义工业道路的发展战略，是对马列主义社会主义工业化思想的创造性发展，也是对苏联工业化道路传统模式的突破。"①

上述内容中，郑德荣着重就构成社会主义建设理论的两个主要内容：实现四个现代化的目标及中国式工业化道路思想进行分析与阐释。其中实现四个现代化目标是发展方向，中国式工业化道路思想是实践理论依据。正是在四个现代化发展目标的引领下，在中国式工业化道路思想的指导下，中国的社会主义建设事业才取得了举世瞩目的成就，为改革开放的全面启动奠定了物质基石。

（三）毛泽东思想的基本原理

按照郑德荣提出的结构性立体分析方法，毛泽东思想科学体系的第三个层次是基本原理。基本原理可以从不同的角度进行概括，按照人们通常的逻辑思维习惯大致包括政策和策略理论、军事理论、社会主义经济建设理论、文化与科技理论、国际关系与外交思想理论、民族与宗教理论、阶级与阶级斗争理论、党的建设理论以及国情观、资本主义观和世界观人生观价值观等方面。郑德荣对这些方面均进行了比较系统的理论研究。鉴于内容比较繁杂，本部分内容仅就政策和策略理论、党的建设理论、资本主义观、世界观人生观价值观等几个方

---

① 郑德荣、王占仁：《毛泽东思想纵横观》，人民出版社 2014 年版，第 245 页。

面展开介绍与梳理。

1. 政策和策略理论

毛泽东在中国革命、建设的长期实践中，把马克思主义关于政策和策略的基本原理同中国革命的具体实际相结合，制定了适合中国国情的一系列正确的政策和策略。形成了包括"政策和策略是党的生命"论断在内的政策和策略理论，政策和策略理论是毛泽东思想的重要组成部分。郑德荣非常重视对毛泽东政策和策略理论的研究，相继在《毛泽东思想概论》《毛泽东思想科学体系》《毛泽东思想论纲》《毛泽东思想纵横观》等著作中，都对其进行了系统全面的研究与论述。

第一，关于政策和策略的概念。郑德荣对政策和策略的概念进行了定义与说明。他认为，政策和策略是指导无产阶级进行革命和建设的一门科学。"所谓的政策，指的是国家政党为实现一定历史时期的路线和任务而规定的行动准则，一定时期的总任务和总路线（即总政策），决定和制约着各项具体的政策，各项具体政策必须服从和服务于总路线和总政策。所谓的策略，所指的是为实现战略任务所采取的方法和手段，是由战略任务所规定的行动路线、斗争方式和斗争口号，它是战略的一部分，是服从和服务于战略的。由此可见，策略较之于政策的范围更广。"[①]

第二，关于政策和策略理论的发展历程及主体内容。郑德荣根据毛泽东政策和策略的相关内容，将其发展形成过程划分为三个阶段。第一阶段，从五四运动到革命时期是毛泽东政策与策略思想体系的萌芽时期。在这一时期毛泽东相继发表了《中国农民中各阶级的分析及其对革命的态度》《中国社会各阶级的分析》《农民革命与农民运动》《湖南农民运动考察报告》等著作，集中当时党内的正确主张，

---

① 郑德荣、田克勤：《毛泽东思想科学体系论》，吉林人民出版社1997年版，第350页。

提出了正确处理各阶级关系的基本政策和策略。第二阶段，从土地革命战争时期到抗日战争时期是毛泽东政策和策略思想的形成时期。郑德荣认为："在这期间，随着中国人民革命斗争的发展，以毛泽东为代表的中国共产党人从中国革命具体实际出发，制定了一系列正确的路线方针，正确地解决了中国革命的政策和策略问题，标志着毛泽东政策和策略思想的形成。"[1] 第三阶段，解放战争时期和新中国成立以后，毛泽东政策和策略思想体系继续得到发展。解放战争时期，以毛泽东为代表的中国共产党人，根据客观形势的变化和发展，采取了一系列正确的政策和策略，领导人民打败了蒋介石，建立了新中国。新中国成立后，又根据新民主主义革命所创造的向社会主义过渡的政治经济条件，采取了社会主义共和国和社会主义改造同时并举的方针，实行逐步改造私有制的一系列政策，从理论和实践上完成了在中国这样经济文化落后的农业大国如何建立社会主义制度的艰巨任务，并引导全国人民走上全面建设社会主义的道路。

第三，关于政策与策略理论的基本结构。郑德荣认为，毛泽东政策与策略理论所涉及的方面特别广泛，内容极为丰富。其理论体系的基本结构包括：关于政策和策略的重要地位和作用；关于对敌斗争的政策和策略的理论以及关于统一战线的政策和策略等。具体而言，首先，关于政策和策略的重要地位和作用理论。郑德荣认为，毛泽东关于政策和策略的重要地位和作用，从内容结构上看，主要包括对政策和策略的认识、制定和执行三个层次。其次，关于对敌斗争的政策和策略的理论。郑德荣认为："在长期的对敌斗争中，毛泽东运用历史唯物主义的思想武器，提出了许多重要的政策和策略思想，形成了具有中国特色的革命理论。"[2]

---

[1]　郑德荣、田克勤：《毛泽东思想科学体系论》，吉林人民出版社 1997 年版，第 352 页。

[2]　郑德荣、田克勤：《毛泽东思想科学体系论》，吉林人民出版社 1997 年版，第 367 页。

　　第四，关于政策和策略理论的理论价值和历史地位。郑德荣在对政策和策略理论的基础概念、发展轨迹、主体结构等一系列问题作出阐发的基础上，又从三个方面对政策和策略理论的理论价值和历史地位进行了总结与定位。首先，表现在纲领和政策、战略和策略的辩证关系以及制定和实行正确的政策和策略对无产阶级政党的重要意义方面。毛泽东在这方面的贡献在于，在将马列主义战略和策略理论与中国革命的具体实践相结合的伟大斗争中，不仅制定了一整套关于中国革命的正确的政策和策略，丰富了政策和策略的内容，而且将政策和策略的极端重要性提到了一个新的高度。其次，表现在制定政策和策略的出发点和着眼点方面。毛泽东在这方面的贡献在于，提倡要实行理论与实践相结合、领导与群众相结合，要遵循实事求是的思想路线和群众路线的工作方法，强调要在广泛地进行调查研究的基础上，才能制定出正确的政策和策略。最后，表现在实行政策时要善于把原则的坚定性和政策的灵活性相结合的思想方面。毛泽东在这方面的贡献在于，虽然在马克思、恩格斯和列宁等著述中已提出了把原则性与灵活性相结合的观点，但是把它作为在执行政策和策略中的一个基本指导方针，则是由毛泽东首先提出的。

　　上述内容中，郑德荣从基本概念、发展历程和主体内容、基本结构、理论价值和历史地位等几个方面，对毛泽东的政策和策略理论进行了比较全面的分析与解读。毛泽东同志曾指出，政策与策略是党的生命。这也是基于中国革命正反两方面经验而得出的历史性结论。而毛泽东的政策与策略理论正是我们党制定和实施正确的政策与策略的主要理论依据。郑德荣的研究成果对于揭示毛泽东的政策与策略理论的核心思想和基本内容，不断深化对毛泽东思想的理论研究具有借鉴、参考价值。

2. 党的建设理论

　　毛泽东建党思想是毛泽东思想科学体系的重要组成部分，是马克思列宁关于党的学说同中国共产党建设实践相结合的产物。"它既坚持了马克思列宁主义的基本精神，又适应中国特殊的社会历史条件，还融汇了中国共产党的实践经验，是对马克思列宁主义党的学说的重大发展。"① 郑德荣对于毛泽东党建理论的研究始于 20 世纪 80 年代，是国内比较早涉及党建理论研究领域的学者之一。在长达几十年的研究历程中，他在《毛泽东思想纵横观》《毛泽东思想科学体系论》《毛泽东思想论纲》《"四个统一"——毛泽东党建理论的突出特点》《毛泽东与马列主义党建理论中国化》等著作、文章中从各个方面、不同视角对毛泽东党建思想进行了比较系统、完整且深入的思考、研究与论述。

第一，关于毛泽东与马列主义党建理论中国化。郑德荣通过对无产阶级党建理论形成过程的梳理，提出毛泽东党建理论与马列主义党建理论之间存在着不可分割的"血脉"渊源。并将毛泽东对马列主义党建理论中国化的贡献归结为三个方面：首先，思想建党的中国化，为中国共产党永葆先进性，实现思想上政治上组织上的团结统一奠定了坚实基础。郑德荣在对马克思、恩格斯、列宁关于思想建党相关论述进行介绍与分析的基础上，揭示了马列关于思想建党的基本精神，即"无产阶级政党必须高度重视思想建设，通过'灌输'马列主义科学理论去武装无产阶级，进而克服各种非无产阶级思想，真正在思想上组织上巩固起来"②。与此同时，他还深刻阐释了毛泽东将马列主义思想建党理论中国化的四个特点：深入调查研究中国实际，一切从中国国情和党情实际出发，确立思想建党放在首位；运用马克思主义思想教育，确立无产阶级思想领导；普及学习马列理论，提高党的马克思主义理论水平和实践能力；与"势"俱进，坚持不懈地加强思想建设，同时发展创新方式方法。其次，民主集中制组织原则的中国化，为中国共产党发挥凝聚力、战斗力提供组织保证。郑德荣

---

① 郑德荣、王占仁：《毛泽东思想纵横观》，人民出版社 2014 年版，第 187—188 页。
② 郑德荣、黄伟：《毛泽东与马列主义党建理论中国化》，《毛泽东思想研究》2012 年第 1 期。

认为，广泛民主和高度集中相统一的民主集中制是马克思主义政党组织建设的根本原则，是把党建设成有凝聚力、战斗力的组织堡垒的重要保证。他在对马克思、恩格斯、列宁关于思想建党相关论述进行梳理与分析的基础上，揭示了马列关于思想建党的基本精神，即"以民主集中制为根本组织原则，坚持民主和集中相结合并把二者有机统一起来，根据不同历史条件和具体形势对二者灵活地合理侧重"。① 与此同时，郑德荣还深刻阐释了毛泽东推动马列主义民主集中制思想中国化的三个特点：一是民主和自由是巩固民主集中制、发挥党的凝聚力、战斗力的重要保证；二是集中和党的纪律是巩固民主集中制、维护党的团结统一的有力武器；三是民主集中制是民主与集中的辩证统一体。最后，作风建设的中国化，为扩大阶级基础和群众基础、贯彻落实党的路线方针政策提供根本保证。郑德荣认为，毛泽东把马列主义作风建设实现与中国的革命实践相结合，形成了以"理论联系实际，密切联系群众，批评与自我批评"为代表的独具中国特色的作风建设理论。与此同时，郑德荣还指出，毛泽东实现马克思主义党建理论中国化的关键在于如何"化"的问题，而"化"的关键在于三点：坚持马列主义建党原则；结合国情党情世情；与"势"俱进探索创新。

第二，关于毛泽东党建理论的形成和发展过程。郑德荣认为："毛泽东党建理论体系的形成和发展，同毛泽东思想整个体系的形成和发展，基本上是一致的。它经历了萌芽，初步形成，完整形成，继续发展几个重要历史阶段。"② 首先，萌芽阶段。这一阶段促成毛泽东党建理论萌芽的历史背景有三个方面：一是辛亥革命的失败，使中国的先进分子认识到，资产阶级领导的、以建立资产阶级共和国为目的的道路已经走不通，要解决中国问题，就要探索新的出路；二

---

① 郑德荣、黄伟：《毛泽东与马列主义党建理论中国化》，《毛泽东思想研究》2012年第1期。

② 郑德荣：《毛泽东思想科学体系论》，吉林人民出版社1997年版，第382页。

是俄国十月社会主义革命的胜利，马克思主义在中国的传播，为解决
中国的问题提供了新的思想武器；三是中国工人阶级作为独立的政治
力量登上历史舞台以后，显示了巨大的威力，从而使中国的先进分子
认识到在中国建立无产阶级政党，不仅是必要的，而且是可能的。
毛泽东党建理论在萌芽阶段具体表现在四个方面：一是认识到党的理
论基础是唯物史观；二是认识到中国共产党的性质是无产阶级先锋
队；三是认识到党的组织要实行民主集中制；四是认识到党的纲领是
领导无产阶级的阶级斗争。其次，初步形成阶段。这一阶段促成
毛泽东党建理论形成的历史背景有两个方面：一是在 20 世纪 20 年代
后期和 30 年代初期，在国际共产主义运动中和中国共产党内盛行着
把共产国际决议和苏联经验神圣化，把马克思主义教条化的倾向；二
是大革命失败后，中国共产党独立领导中国革命，并把党的工作主体
和工作重心逐步由城市转入农村，实行"工农武装割据"，开创农村
包围城市的斗争实践，中国革命实现了从北伐战争的失败到土地革命
的兴起的第一次历史性转变。毛泽东党建理论在形成阶段具体表现在
四个方面，一是论述了加强党的建设的重要性，强调必须把党的思想
建设放在党的建设的首位；二是对党的组织建设给予了充分的重视；
三是教育党员用马克思列宁主义的方法去作政治形势的分析和阶级力
量的估量，加强对党员正确路线的教育，提高他们的政治水平；四是
强调要在党内开展正确的批评与自我批评。再次，完整形成阶段。这
一阶段促成毛泽东党建理论完整形成的历史背景有三方面：一是中国
共产党在民主革命时期的两次胜利、两次失败的正反两方面的丰富经
验，为毛泽东建党思想的完整形成奠定了基础；二是遵义会议确立了
毛泽东的领导地位，把党的路线转移到马克思主义轨道上来，并初步
形成了以毛泽东为核心的党的领导集体；三是延安整风使全党的马列
主义理论水平普遍提高，掌握了把马列主义普遍原理与中国革命实际
相结合的思想路线，并本着这个原则去解决中国革命过程中出现的问
题，使毛泽东建党思想能够得到广泛的发展和运用。毛泽东党建理论

在完整形成阶段具体表现在七个方面，一是从哲学的高度系统地批判了党内教条主义和经验主义，全面阐述了党的辩证唯物主义思想路线；二是明确了中国共产党建党的基本点；三是提出了武装斗争、统一战线、党的建设是党在民主革命中战胜敌人的三大法宝；四是提出了党的建设过程同党的政治路线相联系的观点；五是通过延安整风，全党一致认识到无产阶级思想与农民小资产阶级思想的矛盾是党内存在的最本质的矛盾；六是把理论联系实际，密切联系群众，批评与自我批评概括为党的三大作风；七是针对历史上党内斗争存在着的"残酷斗争，无情打击"的错误做法，提出了"惩前毖后，治病救人"的方针。最后，继续发展阶段。这一阶段促成毛泽东党建理论继续发展的历史背景有两方面：一是随着抗日战争、解放战争的胜利，鉴于中国共产党即将成为执政党，对党建理论的客观需要；二是生产资料私有制的社会主义改造基本完成之后，历史条件的变化，对党建理论的客观需要。毛泽东党建理论在继续发展阶段具体表现在三个方面：一是指出政策和策略是党的生命，是党一切实际行动的出发点和归宿；二是制定了保证集体领导，防止个人包办的重要制度，详细阐明了领导方法和党委会的工作方法；三是针对党内存在的成分不纯和作风不纯的问题，提出要在党内坚持批评与自我批评，揭发各地组织内的离开党的路线的错误思想等。郑德荣对于毛泽东党建理论形成发展阶段的划分，是建立在对毛泽东党建理论系统全面研究，特别是党的经典文献分析、阐释基础之上的，是迄今为止在这一研究领域最为客观、科学的划分方式之一。为后来毛泽东党建理论研究的深入与拓展指明了方向，奠定了基石。

第三，关于毛泽东党建理论的结构及内容。郑德荣将毛泽东党建理论的结构划分为毛泽东及其他党的领导人对中国建党条件特殊性的认识，对建党原则、方针、路线的认识，以及对党的建设经验的概括和总结三个部分，并对每部分内容分别进行了梳理与概括。首先，关于中国共产党建设的基本特点。郑德荣认为："中国共产党在长期的艰苦斗争的无数次曲折磨炼中，在如何对待马克思列宁主义的普遍原理、如何解决党内存在的各种非无产阶级思想、如何处理和资产阶级的又联合又斗争的关系、如何处理武装斗争等问题中，逐渐形成了自己的基本特点，这些特点构成了中国共产党自身建设的独特道路。"①与此同时，郑德荣还对新时期党的建设的特点进行了初步概括：党处于执政党的地位；党处于和平的环境；党处于社会主义初级阶段，面临改革开放和发展社会主义市场经济的新形势。其次，关于对党的建设的原则、方针、路线的系统阐述。郑德荣认为，中国共产党在长期革命过程中，创造性地运用马列主义建党学说，在党的建设的诸方面形成了具有中国特色的党建原则、方针、路线。它们主要包括以下几个方面：一是把党的思想建设放在首位；二是经常性地进行党的政治路线、党的纲领和政策的教育；三是坚持民主集中制原则；四是把党的作风建设作为党建的一项内容。最后，对党的建设经验的概括和总结。中国共产党在长期建党实践中积累了丰富经验，这些经验很多具有高度创新，是中国共产党人把马列主义同中国革命实践相结合的产物。郑德荣从加强马克思主义的思想教育；加强党的路线、方针、政策的教育；加强民主集中制的教育；正确开展两条路线的斗争；自觉地整顿党风等方面对这些经验进行了概括性的提炼和总结。

第四，关于毛泽东党建理论的突出特点。郑德荣认为："毛泽东党建理论从理论和实践上明确回答了在中国特殊国情下'建设什么样的党、怎样建设党'这一根本性、全局性、前瞻性的历史课题，成功地解决了在半殖民地半封建社会里如何把以农民为主体的中国共产党建设成为工人阶级先锋队性质的马克思主义政党的时代难题。"②并将毛泽东建党理论的突出特点概括为"四个统一"③。

---

① 郑德荣等：《毛泽东思想科学体系论》，吉林人民出版社 1997 年版，第 389 页。
② 郑德荣：《"四个统一"——毛泽东党建理论的突出特点》，《党的文献》2011 年第 1 期。
③ 对"四个统一"的具体内容前文已进行了介绍，这里不做赘述。

第五，关于毛泽东建党理论的理论价值与实践意义。郑德荣认为："毛泽东党建理论博大精深，内涵丰富，思想深邃是对马列主义党建学说的创造性发展，是马列主义党建学说与中国特殊国情党情相结合的创新性理论成果"①。并分别从理论价值、实践意义两个方面对这一问题进行了阐述。首先，关于毛泽东建党理论的理论价值。毛泽东党建理论的理论价值在于创造性地丰富和发展了马列主义党建学说，并为新时期党建理论的发展和创造奠定了坚实基础。其次，关于毛泽东党建理论的实践意义。毛泽东党建理论的理论价值在于成功地缔造了一个马克思主义执政党，使党的建设成为我们党领导人民夺取新民主主义革命胜利并长期执政的主要法宝。

上述内容中，郑德荣从毛泽东与马列主义党建理论中国化，毛泽东党建理论的形成和发展过程，毛泽东党建理论的结构及内容，毛泽东党建理论的突出特点以及毛泽东建党理论的理论价值与实践意义等五个方面对毛泽东的党建理论展开了系统的研究。其中，既有对毛泽东党建理论的形成与发展、结构与内容、理论价值与实践意义等基础理论问题的解答，也有对毛泽东党建理论与马列主义党建理论的关系，毛泽东党建理论的突出特点等前沿理论的分析与阐释。尤其是关于毛泽东党建理论突出特点"四个统一"的归纳与总结，不仅展现了毛泽东党建理论的独特优势，而且还揭示了内在的科学性与合理性，为深化毛泽东党建理论的研究提供了非常难得的理论参考范本。

3. 毛泽东的资本主义观

毛泽东的资本主义观是构成毛泽东思想科学体系的重要组成部分，是毛泽东对国际国内资本主义问题的思考和探索及在此基础上取得的一系列理论和实践成果。21世纪初，郑德荣将毛泽东思想理论研究进一步向纵深拓展，开启了对毛泽东资本主义观的研究工作。纵观郑德荣对毛泽东资本主义观的研究轨迹，经历了一个从局部到整体

---

① 　郑德荣、王占仁：《毛泽东思想纵横观》，人民出版社2014年版，第203页。

逐步丰富、拓展的过程。

第一，对毛泽东"新民主主义的资本主义"思想的研究。在2000年郑德荣发表了《毛泽东"新民主主义的资本主义"思想述略》一文，文中从三个部分对毛泽东"新民主主义的资本主义"思想进行了论证。首先，关于毛泽东对"新民主主义的资本主义"的基本论断。郑德荣认为，要研究毛泽东的"新民主主义的资本主义"思想必须要清楚什么是"新民主主义的资本主义"。综合毛泽东的相关论述，"所谓的新民主主义的资本主义，不是泛指中国的一切资本主义经济，不包括官僚资本主义经济，而是特指由上层小资产阶级和中等资产阶级所代表的资本主义经济，即民族资本主义经济；也不是泛指任何时期的资本主义经济，而是特指新民主主义国家制度或政权下的资本主义经济。"① 这一概念可以从两个方面加以理解：一是在新民主主义革命胜利后的一个长时期内，应当允许资本主义经济存在和发展，不能急于消灭资本主义。二是新民主主义政权下的资本主义并非西方资本主义国家的自由资本主义，它的发展必须受到限制，既不能"操纵国民生计"，又不能破坏国计民生。其次，关于毛泽东新民主主义的资本主义思想形成的理论渊源和实践基础。郑德荣认为："毛泽东关于新民主主义的资本主义思想是在借鉴俄国十月革命后'新经济政策'的成功经验，批判地吸收孙中山新三民主义思想，总结土地革命时期党对待资本主义问题上的'左'倾错误的教训的基础上逐步形成的。"② 这一论述可以从三方面理解。一是俄国十月革命后的"新经济政策"为毛泽东新民主主义的资本主义思想提供了可资借鉴的成功范例；二是孙中山新三民主义的"民生主义"思想为毛泽东新民主主义的资本主义思想提供了重要思想资料；三是土地

---

① 郑德荣、柳国庆：《毛泽东"新民主主义的资本"思想述略》，《党的文献》2000年第1期。

② 郑德荣、柳国庆：《毛泽东"新民主主义的资本"思想述略》，《党的文献》2000年第1期。

革命战争时期，党内在对待资本主义问题上犯的"左"倾错误为毛泽东新民主主义的资本主义思想提供了重要的历史经验教训。最后，关于对毛泽东新民主主义的资本主义思想的几点思考。在对毛泽东新民主主义的资本主义思想的基本内容、理论渊源和实践基础阐释的同时，郑德荣还就此问题提出自己的看法：新民主主义的资本主义思想作为新民主主义理论的重要组成部分，符合历史唯物主义，是对马克思恩格斯关于跨越资本主义"卡夫丁峡谷"思想的继承和发展。具体而言，新民主主义革命的三大经济纲领之"保护民族工商业"，即允许私人资本主义经济的存在和发展；私人资本主义经济也是新民主主义社会五种经济成分之一，它的存在和发展是建立新民主主义社会的客观要求。由此可见，"新民主主义的资本主义思想是符合马克思主义历史唯物主义的基本原理的"①。现阶段允许私营经济存在和发展是毛泽东新民主主义的资本主义思想在新的历史条件下的继承和发展。

第二，对毛泽东资本主义观的研究。郑德荣对于毛泽东资本主义观的研究主要由两个部分组成。首先，关于毛泽东的资本主义观的理论依据。郑德荣认为，马克思主义的经典作家的许多关于资本主义的精彩论述，对毛泽东的资本主义观的形成、发展和创新具有重要的思想启发。具体而言，马克思主义经典作家关于资本主义的论述主要包括以下几个方面：一是关于资本主义的历史地位和进步性。二是关于社会主义代替资本主义是一个"扬弃"的过程。其次，关于毛泽东的资本主义观的思想内涵。郑德荣认为："党的第一代领导核心毛泽东在中国革命和建设的艰难实践中，创造性地运用马克思主义资本主义的理论，从中国特殊国情出发，深刻地认识和分析中国资本主义的属性、特点及其在中国社会发展中的地位、作用，形成了一系列

————————

① 郑德荣、柳国庆：《毛泽东"新民主主义的资本"思想述略》，《党的文献》2000年第1期。

富有创见性的思想观点，制定了一系列对策，积累了丰富经验，构成了开创中国特色的革命和建设道路，推进中国现代化历史进程的一个重要的不容忽视的理论。"① 具体而言：这一理论的思想内涵由以下几个方面构成：一是既准确估计世界资本主义的发展趋势，又注意区别对待不同类型的资本主义；二是既历史地分析官僚资产阶级，又正确地认识民族资产阶级；三是既允许资本主义的存在和发展，又主张对资本主义必须有所限制；四是既重视资本主义工商业的社会主义改造，又要使"资本主义绝种，小生产也绝种"；五是既在国内"可以消灭了资本主义，又搞资本主义"，又重视发展与资本主义国家之间的经济交往。

上述内容中，郑德荣从两个方面展开了对毛泽东资本主义观的研究。第一个方面关于毛泽东的"新民主主义的资本主义"；第二个方面是关于毛泽东资本主义观的其他研究成果。这里值得重点关注的是《毛泽东"新民主主义的资本主义"思想述略》是学术界第一篇比较系统阐释毛泽东"新民主主义的资本主义"思想的理论文章，其中不仅有对毛泽东"新民主主义的资本主义"基本理论的阐释，而且在研究过程中还提出了对几个关键问题的思考和看法，为继续深入挖掘这一问题开辟了道路，指明了方向。

4. 毛泽东的世界观、人生观、价值观

毛泽东的世界观、人生观、价值观是一个完整的科学体系，是毛泽东思想的重要组成部分，是我们党和中华民族的宝贵精神财富。毛泽东关于世界观、人生观、价值观的论述集中体现在《为人民服务》《纪念白求恩》《愚公移山》等经典著作中。郑德荣对于毛泽东世界观、人生观、价值观的研究也是立足于以上著作的基础上，加以阐释、分析、梳理和解读。具体而言，他对于毛泽东的世界观、人生观、价值观的研究内容主要从三个方面系统展开。

---

① 郑德荣：《毛泽东思想新论》，东北师范大学出版社 2006 年版，第 178 页。

第一，对毛泽东世界观、人生观、价值观形成的历史考察。郑德荣认为，从形成的历史轨迹来看，"毛泽东的世界观是由唯心主义转变的世界观；毛泽东的人生观是由实现自我到积极向上奋斗的人生观的转化；毛泽东的价值观是为了革命事业可以抛弃一切，甚至生命的价值观"①。郑德荣将毛泽东世界观、人生观、价值观的形成过程分为三个时期。首先，中国共产党成立前。这一时期，毛泽东的世界观、人生观、价值观主要是二元论的，是唯物论与唯心论的混合。五四运动后，毛泽东开始逐步接触并接受马克思主义。其次，革命战争年代。这一时期，毛泽东揭示和强调的无产阶级的科学的世界观人生观价值观是为共产主义事业而奋斗。提倡自我牺牲精神，全心全意为人民服务的精神和发扬艰苦奋斗的精神。最后，和平建设时期。这一时期，在如何结合新时期的实际需要，继承和发扬共产党人在革命时期形成的优良道德传统，运用新的道德楷模教育人民的问题上，毛泽东总结以往的成功经验，结合社会主义建设的实际需要，及时提出向雷锋、王杰、焦裕禄等人学习，提出农业学大寨、工业学大庆、人民解放军学习南京路上好八连等模范团体。毛泽东还多次强调集体主义，他认为当个人利益与集体利益发生冲突时，要顾全大局，把国家的利益和集体的利益看作高于自己的利益，应当牺牲个人利益服从集体利益。

第二，关于毛泽东的世界观、人生观、价值观的主体内容。郑德荣对毛泽东的世界观、人生观、价值观分别进行了分析与阐述。首先，关于毛泽东的世界观。郑德荣认为，毛泽东的世界观是由辩证唯物主义和历史唯物主义两部分构成。辩证唯物主义。毛泽东在马克思主义辩证唯物主义认识论的基础上，撰写了《实践论》《矛盾论》等著作，为我们党的辩证唯物主义的思想路线奠定了理论基础。在

① 郑德荣、刘慧：《毛泽东的世界观人生观价值观的历史考察》，《东北师大学报（哲学社会科学版）》2008 年第 2 期。

《实践论》中，系统阐述了知行统一观，实践是认识的基础和检验认识的真理性的标准，认识的两个阶段及其相互关系，认识运动循环往复地向前发展等，丰富和发展了辩证唯物主义的认识论。毛泽东在把马克思主义普遍真理同中国具体实际相结合的过程中，对历史唯物主义作了很多重要阐发。在民主革命时期，阐发的主要是关于社会革命即新民主主义革命的理论。在社会主义时期，突出贡献是创造性地提出关于社会主义基本矛盾和两类矛盾的理论。而贯穿这两个时期的则是关于党的群众路线的方法和理论。其次，关于毛泽东的人生观。郑德荣认为，毛泽东的人生观是全心全意为人民服务。并阐述了相关理由，"纵观毛泽东的所有奋斗都是完全彻底为人民的利益的，没有一点私心，没有一点索取，他把自己的一生奉献给了多灾多难的中华民族。因此，他的人生观就是全心全意为人民服务"①。最后，关于毛泽东的价值观。郑德荣认为，毛泽东的价值观是人民利益高于一切。他指出，纵观毛泽东的全部著作和讲话，价值概念并不多见，生前也从未写出价值学的专著，但是在他的思想体系中，却蕴含着一套完整而又独特的价值观。其中最核心的是人民为本，人民至上的思想。毛泽东根据我国具体国情，在长期实践中找到了人民群众这一最现实的革命力量和价值主体。并强调，人民群众既是创造物质价值的主体，也是精神财富的创造者。

第三，关于毛泽东的世界观、人生观、价值观的历史地位和当代价值。郑德荣认为："毛泽东的'三观'是以马克思主义的'三观'为理论基础，吸取了中华优秀传统文化并对无数革命英雄人物精神境界的高度集中概括，是马克思主义'三观'理论的中国化成果，是培育中国共产党人和广大人民群众的强大精神支柱。"② 具体而言，毛泽东"三观"精神在不同时期的价值在于：战争年代，毛泽东

① 郑德荣：《毛泽东思想新论》，东北师范大学出版社 2006 年版，第 315 页。
② 郑德荣：《毛泽东思想新论》，东北师范大学出版社 2006 年版，第 329 页。

"三观"滋养了几代共产党人和无数的青年学生；建国以后，毛泽东的"三观"哺育了共产党人和无数的进步青年；改革开放以来，毛泽东的"三观"对共产党人和青年学生起到了启示和教育的作用。

上述内容中，郑德荣不仅从历史考察、基本内容、价值意义等三个方面对毛泽东的世界观、人生观、价值观展开研究，而且还在此基础上对毛泽东的荣辱观所涵盖的内容进行了概括与总结。可以说，对毛泽东荣辱观的研究与毛泽东世界观、人生观、价值观的研究是一个密不可分的整体。世界观、人生观、价值观是前提和基础，荣辱观是对世界观、人生观、价值观的具体展开与诠释。

第三节　毛泽东思想的历史地位与当代价值

毛泽东思想作为党的指导思想，其历史地位与当代价值已经毋庸置疑。但21世纪以来，随着经济的快速发展，国内外形势的变化，社会上对毛泽东思想的认识发生了一些变化，尤其是对新世纪、新时期如何继续坚持和发展毛泽东思想产生了一些歧义与模糊认识。为此，郑德荣先生在综合过去研究成果的基础上，结合现实对毛泽东思想的历史地位和当代价值进行了全新概括和论述。

一、毛泽东思想的历史地位与当代价值

善于发现、归纳、掌握和运用马列主义、毛泽东思想等科学思想理论体系的核心要旨与精髓，并用继承和发展的眼光观察、思考并深层阐释它们对中国特色社会主义事业发展的指导作用是郑德荣多年来一直坚持采用的理论思维模式。在历史的车轮驶入21世纪后，如何正确地看待毛泽东思想，科学地认识和评价毛泽东思想在发展中国特色主义进程中的历史地位与当代价值是当前广大干部群众最为关心的热点问题之一。为此，郑德荣先后撰写并发表了《中国特色社会主义理论体系的思想先导——兼论毛泽东思想当代价值》《毛泽东思想的理论

地位与当代价值》《毛泽东思想的历史地位与当代价值新论》等文章。在这些文章中，他以深厚的理论底蕴为基石，结合现今的世情、国情、党情，站在新的历史起点上对毛泽东思想的历史地位与当代价值进行了探讨与论证，并提出一系列独到而又精辟的见解。

　　第一，关于毛泽东思想的历史地位与理论功能。郑德荣认为，毛泽东思想的历史地位可以从两个方面来理解。首先，从毛泽东思想在马克思主义中国化历史进程中的地位来把握。从理论层面来看，毛泽东思想是马克思主义与中国实际相结合产生第一次历史性飞跃的理论成果。对这一结论可以从三个方面进行理解与把握：一是正确理解毛泽东思想的科学内涵。郑德荣认为，从党的文献来看，对于毛泽东思想科学内涵的阐述比较严谨的有三次，其中最为完整、深刻的是党的十五大在十一届六中全会基础上对毛泽东思想科学内涵进行了重新阐释①。二是正确理解什么是马克思主义中国化。根据毛泽东字里行间的叙述和历史经验来看，人民在理解马克思主义中国化的内涵上取得共识的主要有两点：坚持马克思主义的基本原理，运用马克思主义的立场、观点、方法树立正确的马克思主义观，反对教条主义；坚持马克思主义与中国实际相结合。三是正确理解历史性飞跃。"按哲学观点，飞跃性指量变到质变的突变过程。历史性飞跃是把哲学的概念运用到社会科学领域，在理论上有重大突破性跃进，用以表述毛泽东思想，更彰显出它伟大里程碑式的历史地位和恒久意义"②。郑德荣认为，马克思主义与中国实际相结合的第一次历史性飞跃的起点是农村包围城市理论，在这之前虽有结合，但不能说是飞跃。而标志第一次历史性飞跃的完成则是新民主主义理论的形成，此后都是马克思主义中国化实现第一次飞跃后继续丰富和发展的问题。其次，从

① 关于郑德荣对毛泽东思想科学内涵的相关研究成果在本章第一节已经进行了介绍，这里不做重复性叙述。
② 郑德荣：《毛泽东思想的历史地位与当代价值》，《马克思主义与现实》2010 年第6 期。

毛泽东思想在指导中国革命和建设实践中的历史功绩来定位。郑德荣认为："从毛泽东思想在指导中国革命和建设实际中的历史功绩这一实践层面来说，它是中国共产党的指导思想和中国人民宝贵的精神财富。"① 之所以说毛泽东思想是中国共产党的指导思想和人民宝贵的精神财富，源于它是中国革命和建设史上最适合中国实际的具有开拓性、奠基性的中国化的马克思主义，也是被中国革命和建设实践所检验并被巨大成就所证明的正确理论原则，是中国共产党的指导思想。

第二，关于毛泽东思想的当代价值与实践效果。在如何看待、评价毛泽东思想的时代价值与实践效果的问题上，郑德荣认为，毛泽东思想是"中国特色社会主义理论体系的思想渊源和中国特色社会主义建设的思想先导"。具体而言，应该着重从三个视角进行观察与探讨。首先，毛泽东思想与中国特色社会主义理论体系关系②。其次，如何定位新时期毛泽东思想的时代价值。针对认为毛泽东思想已经过时的言论，郑德荣指出，毛泽东思想形成于革命战争年代，在当时特殊的历史背景下得出的一些具体见解、观点、主张确实在今天或许已经过时了，但是我们不能因此无视甚至否定其灵魂思想的恒久价值和普遍意义。他以两个视角来阐述自己的观点：一是从时代的视角。郑德荣认为，用时代的视角来进行研究是毛泽东思想由于时空方位的变化而必然存在的发展过程。毛泽东思想是中国化的马克思主义，与时俱进的理论品质决定它能够在新时期指导新的实践，并在指导实践的过程中得到检验和发展。因此，我们要学会运用马克思列宁主义、毛泽东思想的立场、观点和方法，去解决现代化建设中所遇到的新问题。人类的社会实践发展是不断向前发展的，对待毛泽东思想也不能一成不变，要站在当今时代的高度，立足于我国社会主义改革和现代化建设实践的前沿，进一步挖掘毛泽东思想宝库。二是从大众的视

① 郑德荣：《毛泽东思想的历史地位与当代价值》，《马克思主义与现实》2010 年第 6 期。

② 详见本章第四节。

角。郑德荣认为，用大众的视角研究毛泽东思想首先要具备三性，即有紧密适应人民大众需要，解决当前大众紧迫问题的适用性；有"中国气派"和"中国风格"的民族性；运用大众话语和形式丰富多彩的通俗性。毛泽东思想本质上就是人民大众的理论，因此，大众的视角要求把立足点放在服务人民大众上。"两个视角"观点的提出对于在新时代背景下继续深化、拓展对毛泽东思想的理论研究具有一定的参考价值。最后，如何看待毛泽东思想对中国国际地位的提高及对当代世界政治格局产生的深远影响。在这一问题上，郑德荣着重从两个方面进行了阐述。一是从毛泽东思想对中国国际地位的提高这一视角来观察。在毛泽东思想的引领下，新中国成立和社会主义制度的确立，结束了近代百年屈辱历史，为中国重新迈进世界大国的国际地位奠定了坚实根基。二是从毛泽东思想对当代世界政治格局产生的影响视角来看。在毛泽东思想的引领下，中国在急剧变动的世界格局中实现了从赢得国家独立到在世界中赢得重要战略地位的历史性飞跃，成为遏制霸权主义、强权政治的主要力量，并且找到了一个与国家利益相符合的战略定位，即中国属于第三世界。

　　上述内容中，郑德荣围绕着毛泽东思想的历史地位与当代价值展开了丝丝入扣的分析与鞭辟入里的探讨。毛泽东思想的历史地位与当代价值是一个常讲常新的热点问题，处在不同的时代背景下，不同研究领域的学者对这一问题会产生不同的看法，郑德荣在一系列学术理论成果中系统地阐述了自己的观点和看法，其中很多论点都是他长期积累与思考后的心血结晶，不仅从发展层面实现了科学性与创新性的统一，而且从理论层面实现了前沿性与基础性的统一。

二、毛泽东的重大历史贡献

　　毛泽东是站在 20 世纪中国时代潮流前列的伟人，是新中国的主要缔造者，在新民主主义革命与社会主义革命、建设的历程中，在毛泽东的领导下，中国共产党率领全国各族人民经过长时期浴血奋战和艰苦奋斗开辟出由半殖民地半封建社会经过短暂的新民主主义到社会主义的中国特色革命道路，中国社会成功跨越"卡夫丁峡谷"，华夏神州发生了翻天覆地的变化。郑德荣在《毛泽东对中国社会三次历史性跨越的重大贡献》《毛泽东对中国社会经济历史跨越的重大贡献》《毛泽东与中国发展道路》《"大跃进"期间毛泽东对社会主义经济建设的探索与总结》等文章中，对毛泽东为中国社会所作出的重大贡献进行了梳理、归纳与概括。

第一，关于毛泽东对中国社会三次历史性跨越的贡献。郑德荣以中国三次历史性跨越为主线，对毛泽东在这一过程中为中国经济社会发展作出的贡献进行了总结。所谓的中国社会三次历史性跨越分别是：上层建筑从剥削阶级统治到人民当家作主；经济基础由半殖民地半封建经短暂的新民主主义到社会主义；产业结构从半殖民地半封建的畸形经济到主权国家的经济独立。具体而言，毛泽东在以上中国社会三次历史性跨越的过程中作出的贡献体现在：首先，在第一次历史性跨越中毛泽东的贡献在于：在大革命失败后，毛泽东提出"枪杆子出政权"的思想，率领秋收起义部队登上井冈山，创建了井冈山革命根据地。面对国民党对根据地的进攻"围剿"，毛泽东制定了正确的战略战术，相继取得四次反"围剿"的胜利，创造了以少胜多、以弱胜强的奇迹。在长征途中，遵义会议结束了王明"左"倾路线的统治，确立了毛泽东的领导地位，形成了以毛泽东为核心的党的第一代马克思主义中央领导集体。在抗日战争中，在毛泽东思想的引领下，中国共产党积极倡导建立了以国共合作为基础的抗日民族统一战线。中国共产党实行全面抗战路线和持久战的战略方针，迅速开辟了大量的敌后抗日根据地，有力地配合了国民党正面战争的对日作战，逐步成为抗日的中流砥柱。在此期间，毛泽东运用马列主义基本原理结合中国实际明确提出了中国革命分"两步走"的重要论断，创立了新民主主义理论，指明了经新民主主义到社会主义的中国特色革命道路。抗日战争胜利后，在毛泽东思想的正确领导下，经过人民解放战争迅速打败国民党反动派，推翻了长期压在人民身上的三座大山，建立了新中国，实现了民族独立和人民解放。新中国的成立，标志着人民民主专政代替了大地主大资产阶级专政，人民当家作主代替了剥削阶级集团统治，从此半殖民地半封建旧中国人民群众受奴役剥削的时代彻底消失，中国进入一个全新的时代。"这是站在历史潮头的毛泽东领导中国共产党率领全国人民长期奋战实现的 20 世纪中国社会第一次历史性跨越。"① 其次，在第二次历史性跨越中毛泽东的贡献在于：在新中国成立之初，以毛泽东为领导核心的党中央迅速实现全党工作重心的转移，从革命战争转到恢复经济工作。采取一系列有效措施，仅用了三年时间，使我国国民经济全面恢复并达到战前最高水平。在此期间，毛泽东运用列宁过渡时期理论从中国实际出发，适时地提出党在过渡时期总路线，实施社会主义工业化和生产资料私有制改造并举，并相继提出农业、手工业的社会主义改造理论、社会主义工商业的社会主义改造理论。三大改造的完成，标志着生产资料私有制的消灭和社会主义制度的确立。社会主义制度的正式确立，使中国跨越了资本主义的"卡夫丁峡谷"，使我们党创造性地完成了由新民主主义到社会主义的过渡，实现了中国历史上最伟大最深刻的社会变革。"这是继新中国成立之后，在毛泽东领导下和毛泽东思想指引下，实现的 20 世纪中国社会的第二次历史性跨越。"② 最后，在第三次历史性跨越中毛泽东的贡献在于：在社会主义制度正式确立后，以毛泽东为核心的第一代中央领导集体，为探索中国式的工业化道路进行了艰辛的尝试，迈出了历史性的第一步。"一五"计划的实施和胜利完成初步彰显了社会主义工业化建设的伟大成就，为建立独立的比较完整的工业体系和国民经济体系奠定了基础。在 20 世纪 60 年代

① 郑德荣、牟蕾：《毛泽东对中国社会三次历史性跨越的重大贡献》，《社会科学战线》2013 年第 12 期。
② 郑德荣、牟蕾：《毛泽东对中国社会三次历史性跨越的重大贡献》，《社会科学战线》2013 年第 12 期。

初，面对着"大跃进"、人民公社化的重大失误，毛泽东在总结社会主义建设正反两方面经验教训的基础上，明确提出以农业为基础，以工业为主导的重要思想。经过艰苦的努力，1978 年同新中国成立时相比，中国已经建立起门类比较齐全、布局趋向合理的独立的比较完整的工业体系和国民经济体系。至此，半殖民地半封建经济痕迹彻底消除，新中国摆脱了贫穷和落后，取得了旧中国几千年都没能取得的进步。"这是在毛泽东领导下和毛泽东思想指引下，实现的 20 世纪中国社会第三次历史性跨越。"[①]

第二，关于毛泽东对建立独立的比较完整的工业体系与国民经济体系的贡献。郑德荣在全面回顾、总结毛泽东对于中国三次历史性跨越历史贡献的基础上，以独立的比较完整的国民经济体系的建立为研究视角，针对社会上有些人借肯定改革开放的业绩而否定前 30 年毛泽东对中国经济社会历史性跨越作出的重大贡献这一错误思想倾向，撰文对毛泽东在这一方面的贡献进行了归纳与阐释。首先，关于建立独立的比较完整的国民经济体系思想的形成轨迹。郑德荣认为："建立独立的比较完整的工业体系和国民经济体系的思想是在毛泽东为核心的党中央探索中国社会主义建设历程中形成的。"[②] 在新中国成立之初，以毛泽东为核心的党中央为打好建设社会主义的基础，迅速实现全党工作中心的转移，从革命战争转到国民经济恢复工作，采取了一系列有效措施。国民经济的逐步恢复和"一五"计划实施的大量实践给予以毛泽东为代表的中国共产党人丰富的历史经验和现实启迪，感性认识逐渐上升为理性认识。在党的八大，首次明确提出建立独立完整的工业体系的目标要求和论断。此后，以毛泽东为核心的第一代中央领导在探索创新中不断完善建立独立的比较完整的工业体

---

① 郑德荣、牟蕾：毛泽东对中国社会三次历史性跨越的重大贡献，《社会科学战线》2013 年第 12 期。

② 郑德荣：《毛泽东对中国社会经济历史性跨越的重大贡献——独立的比较完整的国民经济体系的建立》，《毛泽东邓小平理论研究》2013 年第 10 期。

系和国民经济体系的思想。1963 年 9 月，毛泽东在修改《关于工业发展问题（初稿）》时，从历史的角度进一步阐明了建立独立的比较完整的工业体系和国民经济体系，建设社会主义工业化和现代化强国的极端重要性。随后，党中央对独立的比较完整的工业体系和国民经济体系的内容和概念进行了多次的丰富和发展。可以说，"从党的八大首次提出建立一个独立的工业体系，经过不断完善发展，包括从只提出工业体系到国民经济体系一并提出，再到目标完成的时限，建立独立的比较完整的工业体系和国民经济体系思想的形成经历了这样一个历史轨迹"[1]。其次，关于建立独立的比较完整的国民经济体系的价值意义。郑德荣认为："以毛泽东为核心的党中央第一代领导集体极大地改变了旧中国遗留下来的畸形的经济局面，1978 年同新中国成立时相比，中国已经初步建立起门类比较齐全、布局取向合理的工业生产体系和国民经济体系，还形成了巩固的国防体系。"[2] 具体而言，其价值体现在以下几个方面：一是独立的比较完整的工业体系和国民经济体系的建立，是以毛泽东为核心的第一代领导探索中国社会主义建设的道路取得的集中成果，它彻底消除了旧中国半殖民地半封建社会畸形经济的遗迹，是新民主主义革命取得胜利，建立独立主权国家，政治上独立之后经济上独立的必然路径和重要标志，是 20 世纪中国社会经济历史性的跨越和中华民族由沉沦到崛起的立足点。二是独立的比较完整的工业体系和国民经济体系的建立，既是在毛泽东领导下中国共产党通过人民民主专政政权发挥社会主义制度优越性，依靠全国各族人民实施计划经济取得的巨大的成果，同时也是巩固新生政权和社会主义制度、巩固党的执政地位的物质基础。三是独立的比较完整的工业体系和国民经济体系的建立，是新中国由落后的农业国

---

① 郑德荣：《毛泽东对中国社会经济历史性跨越的重大贡献——独立的比较完整的国民经济体系的建立》，《毛泽东邓小平理论研究》2013 年第 10 期。
② 郑德荣：《毛泽东对中国社会经济历史性跨越的重大贡献——独立的比较完整的国民经济体系的建立》，《毛泽东邓小平理论研究》2013 年第 10 期。

向社会主义工业国迈开实质性步伐的第一步，同时也为我国社会主义发展进步和开辟中国特色社会主义道路奠定了物质技术基础和理论文化基础。最后，郑德荣对如何评价毛泽东探索社会主义建设中的功过问题阐述了自己的看法。"正确认识和评价毛泽东探索中国社会主义建设中的功过是非，认识到他尽管在这个阶段犯了错误，但毕竟建立了独立的比较完整的工业体系和国民经济体系的基本历史事实，这是正确认识两个30年的关键。我们必须以历史唯物主义和唯物辩证法的观点，以历史事实为依据，对这段历史作出实事求是的公正的历史评价。"①

上述内容中，郑德荣围绕着多个方面对毛泽东对中国社会的重大历史贡献进行了归纳与概括。如，关于毛泽东对中国社会三次历史性跨越的贡献就是以中国三次历史性跨越为研究对象，从中梳理并阐释了毛泽东在跨越过程中对中国社会发展作出的重大贡献，从宏观层面实现了对毛泽东的重大历史贡献的巡礼。如，关于毛泽东对建立独立的比较完整的工业体系与国民经济体系的贡献就是以建立独立的比较完整的工业体系与国民经济体系为研究对象，从中梳理并阐释了毛泽东在社会主义革命、建设中作出的重大贡献，形象、具体地将毛泽东的历史贡献展现出来。

第四节　毛泽东思想与中国特色社会主义理论体系的关系

郑德荣对毛泽东思想与中国特色社会主义理论体系之间关系的研究是从整体与局部两个方面着手进行研究的，所谓的整体上的研究就是以宏观的视角对毛泽东思想与中国特色社会主义理论体系二者之间的内在联系进行剖析与解读。这方面的研究成果集中体现在《论

---

① 郑德荣：《毛泽东对中国社会经济历史性跨越的重大贡献——独立的比较完整的国民经济体系的建立》，《毛泽东邓小平理论研究》2013年第10期。

毛泽东思想与中国特色社会主义理论体系的关系》《中国特色社会主义理论体系的思想先导——兼论毛泽东思想的当代价值》《第二次历史性飞跃是毛泽东思想科学体系的新发展》《毛泽东思想纵横观》等著作和文章中。所谓局部的研究就是以微观的视角对毛泽东思想与邓小平理论之间的关系进行分析与考察。这方面的研究成果主要体现在《毛泽东思想继承与发展的历史丰碑》《试析新民主主义与中国特色社会主义的必然联系》《毛泽东的社会主义观与中国特色社会主义理论》《毛泽东思想科学体系论》等著作、文章中。当然，不管是从整体还是局部观察，虽然研究的着眼点有所不同，内容上也存在一定的差异，但是从思想脉络来看都被涵盖在同一个理论体系内。

一、毛泽东思想与中国特色社会主义理论体系

党的十七大首次提出中国特色社会主义理论体系的科学命题，这一理论体系的建立"既顺应了人民的理论期待，又反映了时代的理论需要，是马克思主义中国化发展史上的一个创举，是对党的思想理论建设的一个重大贡献"①。但是，由于党的十七大并没有将毛泽东思想归入中国特色社会主义理论体系范畴，一时间各种言论、观点莫衷一是，有人以此为依据认为，毛泽东思想已被逐渐淡化、边缘化，甚至还有人借机抛出了毛泽东思想"过时论"。为了格其非心、端本正源，郑德荣撰文对二者之间的关系进行了精辟的分析和阐释。

第一，毛泽东思想与中国特色社会主义理论体系之间的区别。郑德荣认为毛泽东思想与中国特色社会主义理论体系之间最大的区别在于："形成的历史背景不同，面临的历史任务不同，需要解决的根本问题也不同。"② 具体而言：首先，作为第一次历史性飞跃理论的

① 郑德荣、姜淑兰：《论毛泽东思想与中国特色社会主义理论体系的关系》，《思想理论教育导刊》2008 年第 8 期。
② 郑德荣、姜淑兰：《论毛泽东思想与中国特色社会主义理论体系的关系》，《思想理论教育导刊》2008 年第 8 期。

毛泽东思想，其主体思想是新民主主义理论，核心是关于中国革命分"两步走"思想。它形成于新民主主义革命时期，面临的根本问题是政权和革命道路问题，主要回答了在半殖民地半封建社会进行什么性质的革命，怎样革命，革命的步骤和前途是什么的根本问题。其次，作为第二次历史性飞跃理论成果的中国特色社会主义思想理论体系，它形成于改革开放和社会主义建设时期，面临的历史任务是如何实现国家繁荣富强、人民共同富裕和现代化，解决的根本问题是巩固和完善社会主义制度，实现社会主义现代化道路的问题，主要回答了什么是社会主义、怎样建设社会主义等一系列重大理论和实践问题。构成中国特色社会主义理论体系的各大组成部分是在改革开放不同阶段的新鲜经验，探索和回答不同阶段遇到的新矛盾、新问题的过程中，针对上述三个基本问题，紧紧围绕中国特色社会主义这一主题方向，从不同视角，各有侧重地进行了解答。

第二，毛泽东思想与中国特色社会主义理论体系二者间的联系。中国特色社会主义理论体系"是同马列主义、毛泽东思想既一脉相承又与时俱进的科学体系"①。前者是后者的思想渊源和理论先导，后者是对前者的继承与发展，它们都不是孤立存在的。首先，从基础理论层面来看。郑德荣认为，毛泽东的世界观和方法论、一系列基本理论是中国特色社会主义理论体系的思想渊源。一是关于毛泽东思想的世界观与方法论。"毛泽东科学的马克思主义观是实现马克思主义与中国实际相结合第一次历史性飞跃的基本前提和保证，是中国特色社会主义理论体系形成和中国特色社会主义建设的世界观和科学方法论。"② 毛泽东的世界观与方法论体现在五个方面：群众路线；实事求是的思想路线；调查研究思想；人生观、价值观；矛盾分析方法。

---

① 郑德荣、梁继超：《中国特色社会主义理论体系的思想先导——兼论毛泽东思想的当代价值》，《毛泽东思想研究》2008 年第 5 期。

② 郑德荣：《毛泽东思想的历史地位与当代价值新论》，《马克思主义研究》2013 年第 5 期。

二是关于毛泽东思想的一系列基本理论。郑德荣认为，从毛泽东思想的基本理论来看主要体现在四个方面：新中国的国体和政体；发展文化的方针；党的建设理论；外交方针和国际战略。三是关于探索社会主义建设中的理论成果和总结的经验。郑德荣认为，从探索社会主义建设中的理论成果和总结的经验来看主要体现在四个方面：中国式工业化道路和四个现代化思想；综合平衡和统筹兼顾；发展商品经济的思想；资本主义观。其次，从社会实践层面来看。郑德荣认为，毛泽东探索社会主义建设中的积极理论成果是中国特色社会主义建设的思想先导。可以从以下三个方面理解：一是毛泽东思想中关于社会主义建设规律探索的积极成果是中国特色社会主义理论体系的思想先导。20 世纪 50 年代中后期毛泽东提出以苏为鉴，开始探索中国自己的社会主义建设道路，并明确指出要把马列主义基本原理同中国具体实际"进行第二次结合"，且提出一系列具有创造性的重要思想。二是毛泽东思想中一些基本理论为中国特色社会主义理论体系奠定了思想基础。"毛泽东思想是马克思主义同中国实际相结合的历史起点，它在理论与实践的诸多方面首开先河，给中国未来的发展做出初步定位，为中国未来的发展奠定了坚实的、科学的思想基础，成为中国特色社会主义理论体系诞生的逻辑起点和思想渊源"。① 三是中国特色社会主义理论体系中的党建理论是同毛泽东关于党的建设的理论一脉相承，与时俱进的理论成果。毛泽东思想为中国特色社会主义理论体系奠定了科学的方法论原则。

　　上述内容中，郑德荣围绕着毛泽东思想与中国特色社会主义理论体系之间的关系着重分析与阐释了二者之间的区别与联系。首先，从产生的历史背景、担负的历史任务、需要解决的根本问题等方面剖析了两者之间的主要区别；其次，从基础理论、社会实践两个方面论

---

① 郑德荣、姜淑兰：《论毛泽东思想与中国特色社会主义理论体系的关系》，《思想理论教育导刊》2008 年第 8 期。

证了"毛泽东的世界观和方法论、一系列基本理论和探索社会主义建设中的积极理论成果是中国特色社会主义理论体系的思想渊源和中国特色社会主义建设的思想先导"这一核心观点。时至今日，作为马克思主义中国化第二次历史性飞跃的理论成果，中国特色社会主义理论体系仍然在不断地丰富拓展中。郑德荣关于毛泽东思想与中国特色社会主义理论体系之间关系的论述对于我们正确认识二者之间的关系、深入推进马克思主义中国化的历史进程具有非常重要的理论价值。

二、毛泽东思想与邓小平理论

从探究第二次历史性飞跃与毛泽东思想之间的关系，到阐发毛泽东社会主义观与中国特色的社会主义理论的关系，再到深度剖析毛泽东思想与邓小平理论之间的关系，郑德荣对毛泽东思想与邓小平理论关系的研究经历了一个随着时代向前发展，理论逐步完善而与时俱进的过程。

第一，第二次历史性飞跃与毛泽东思想之间的关系。[①]

第二，毛泽东社会主义观与中国特色的社会主义理论之间的关系。20世纪80年代末90年代初，苏东剧变，世界社会主义运动陷入低潮，国内外各种反动势力蠢蠢欲动，他们利用各种手段对中国特色社会主义制度和理论进行歪曲和抨击。在这样的时代背景下，郑德荣撰文对毛泽东社会主义观与中国特色社会主义理论之间的关系进行了梳理与分析，在揭示了二者之间一脉相承内在联系的同时，也阐明了中国特色社会主义理论的科学性与合理性，彰显了中国特色社会主义政治制度的独特优势。

首先，毛泽东社会主义观是中国特色社会主义基本理论和基本实践的起跳点。郑德荣认为，毛泽东社会主义观的主体内容包括以下几

---

① 这部分内容已在第一章第二节中进行了比较全面的介绍，故不做大篇幅赘述。

个方面：彻底消灭私有制，实行单一的社会主义公有制，包括社会主义全民所有制和具体所有制两种；以解决无产阶级与资产阶级之间的阶级斗争为动力，不断消除社会主义社会的腐蚀剂；在社会主义的一定时期，应利用和有计划地发展社会主义商品生产，以此来团结几亿农民；政府实行高度的民主集中制，全面干预、调节和处理社会生活；人民当家作主，主要的政治体现是实行人民民主专政（实质上是无产阶级专政）和人民代表大会制度。以上观点说明，毛泽东社会主义观的主旨精神与科学社会主义理论是基本一致的，其中包含着符合中国实际的有益探索。其次，中国特色社会主义理论是对毛泽东社会主义观的合理吸收和科学扬弃。郑德荣认为："中国特色社会主义理论形成的条件很多，但从比较重要的一个侧面来说，它也是对毛泽东的社会主义观进行合理吸收和科学扬弃的结果。"① 具体而言，一是合理吸收毛泽东的社会主义观中的有益探索和正确部分，开始了建设有中国特色社会主义的基本理论和实践探索，并使之最终形成体系；二是在邓小平的积极倡导下，中国共产党在新的历史时期，恢复并发扬光大了毛泽东曾经一再提倡并很好贯彻，但晚年并没有坚持的实事求是，一切从实际出发，理论联系实际的原则，使党的十一届三中全会坚决地批判了"两个凡是"的错误方针，高度评价了关于真理标准问题的讨论，确定了新的指导方针，端正了党的辩证唯物主义的思想路线；三是建设有中国特色的社会主义的理论基础，是毛泽东关于社会主义社会矛盾学说；四是对毛泽东社会主义观中的错误加以否定，成为中国特色的社会主义理论提出与升华的一个有力的促动。再次，中国特色社会主义理论极大的继承、完善和发展了毛泽东社会主义观。郑德荣认为，"中国特色的社会主义理论，在对毛泽东本人的社会主义观进行合理吸收和科学扬弃的同时，极大地继承和发展了

---

① 郑德荣：《毛泽东的社会主义观与中国特色的社会主义理论》，《毛泽东思想论坛（长沙）》1991 年第 4 期。

毛泽东思想。"① 具体而言：中国特色社会主义理论，坚持了作为毛泽东思想活的灵魂的实事求是、群众路线、独立自主这些基本立场、观点和方法。它以更好的认识基点和更广阔的历史视角，出色地解决了毛泽东思想中没有得到圆满解决的中国社会主义如何沿着正确轨道发展的许多重大的基本理论的问题。中国特色社会主义理论，作为在这个领域里的一个相对独立的思想体系来说，它对毛泽东思想的科学体系，并不仅仅是一个简单的归属问题，而是具有突破性的发展，是马克思主义与中国实际相结合的新的历史性飞跃。最后，关于论证毛泽东社会主义观与中国特色社会主义理论之间关系的理论价值和现实意义。一是可以避免借否定毛泽东社会主义观来否定中国走特色社会主义道路的历史必然性，从而给予资产阶级自由化思潮泛滥以可乘之机；二是可以通过对历史过程连续性的考察，给予中国特色社会主义理论以深厚的根基，将它置于更加现实的基础上，并说明是符合中国社会主义发展规律的；三是能够使中国特色社会主义理论具有更加充实的生命活力，对内可以凝聚全国各族人民的意志，对外可以抵制西方资本主义国家和平演变战略的实施，使中国的社会主义现代化建设，能够在纷繁复杂的国际形势下，排除各种干扰，沿着正确方向不断前进。

第三，毛泽东思想与邓小平理论之间的关系。党的十五大将建设有中国特色社会主义的理论正式命名为邓小平理论，并将邓小平理论载入党章，与马克思列宁主义、毛泽东思想一起被确立为党的指导思想和行动指南。此后，郑德荣也正式展开了对毛泽东思想与邓小平理论的比较研究工作。对于二者之间的关系，他从共同点与个性化差异两个方面进行论证。首先，关于二者的共同点。郑德荣认为："毛泽东思想、邓小平理论同属于马克思主义即共产主义思想体系，都是马克思主义与中国实际相结合历史性飞跃的伟大理论成果，是中

---

① 郑德荣：《毛泽东的社会主义观与中国特色的社会主义理论》，《毛泽东思想论坛（长沙）》1991 年第 4 期。

国革命和建设实践的科学总结和集体智慧的结晶。"① 具体而言，毛泽东思想、邓小平理论同属于马克思主义思想体系，前者是后者的思想来源和理论基础，后者是对前者的继承和发展。在开放的马克思主义思想体系中，把坚持和发展马克思主义结合起来，实现马克思主义与中国实际相结合的历史性飞跃，这是毛泽东、邓小平理论的共同特点。毛泽东思想、邓小平理论都反对教条主义，坚持从中国特殊国情出发。从中国的特殊国情出发，走自己的路，是毛泽东思想、邓小平理论的共同基础。毛泽东思想、邓小平理论都是总结实践经验的结果，都体现了集体的智慧。毛泽东和邓小平都善于总结正反两方面的经验教训，都十分重视人民群众的首创精神，并善于总结群众的独创经验，从群众中来到群众中去。其次，关于二者之间的个性化差异。郑德荣认为："毛泽东思想、邓小平理论既然是两次历史性飞跃的伟大成果，是两个各自完整的理论体系，两者之间就必然存在着不同的特点。"② 一是从理论内容看，毛泽东思想、邓小平理论二者面临和解决的历史课题不同，理论体系的侧重点不同。毛泽东思想形成于无产阶级领导中国人民进行反帝、反封建的新民主主义革命时期，它面临的历史课题是如何把马克思主义与半殖民地、半封建的中国革命实际结合起来，抉择无产阶级领导中国人民夺取政权、建立人民民主专政进而建立社会主义制度的最佳途径。因此，毛泽东思想的主体内容是如何进行政治斗争和军事斗争。邓小平理论形成于和平与发展的社会主义建设时期，它所面临的历史课题是如何冲破条条框框的束缚，在一个经济落后、生产力不发达的国家如何实现社会主义现代化。因此，邓小平理论的核心是回答什么是社会主义、怎样建设社会主义的问题，经济思想内容占其著作的绝大部分。二是从理论特征

---

① 郑德荣、刘世华：《毛泽东思想与邓小平理论比较研究》，《中共天津市委党校学报》1999 年第 1 期。

② 郑德荣、刘世华：《毛泽东思想与邓小平理论比较研究》，《中共天津市委党校学报》1999 年第 1 期。

看。毛泽东思想传统文化气息更浓重。毛泽东的理论基础是马克思列宁主义，同时，在马列主义的指导下，还吸收了中国传统文化的精华部分，包括近代资产阶级民主主义。邓小平理论时代的特色更鲜明。邓小平理论是马克思主义与中国实际和时代特征相结合的历史性飞跃的伟大成果，它在当代世界社会主义运动由低谷转向复兴的过程中，回答了"什么是社会主义、如何建设社会主义"的理论，是在世界探索发展中国家现代化道路的大背景下，回答怎样建设有中国特色社会主义的理论。与此同时，郑德荣又进一步指出：毛泽东思想、邓小平理论二者之间不同的理论特征，源于两种理论不同的主体内容，不同的历史环境和创立者不同的文化基础。毛泽东思想立足于国内的政治斗争和军事斗争，这些内容更易于从历史典籍中借鉴，受到启发。邓小平理论是在全球经济一体化形势下形成的，解决中国的发展问题，经济建设问题必须面向世界，把中国的发展和世界的发展联系起来。处在和平与发展的时代，广泛接触世界、了解世界已有了可能，这就必然使邓小平理论更具有时代精神和特征。三是从理论风格来看。毛泽东思想的载体多长篇论文，旁征博引，大气磅礴，邓小平理论的载体多简短谈话，语言平实，贴近生活，好懂易记。

　　上述内容中，郑德荣比较全面系统地梳理、阐述了毛泽东思想与邓小平理论之间的关系。从党的十三大首次提出"两次历史性飞跃"，进而论证了毛泽东思想与"两次历史性飞跃"之间的关系；到20世纪80年代末到90年代初提出"中国特色社会主义理论"，进而论证了毛泽东思想与中国特色社会主义理论之间的关系；再到党的十五大正式将邓小平理论确立为党的指导思想，进而论证了毛泽东思想与邓小平理论之间的关系，这是一个与时俱进，不断丰富发展的理论研究过程。在这一过程中，既有整体、宏观的论证，又有具体、微观上的分析；既有以动态的历史的视角对同一问题在不同的时代背景与理论主题下循序渐进式的梳理与诠释，又有以静态的现实的视角在立足于当前的时代背景与理论主题下足履实地式的论证与分析。

第三章　关于中国特色社会主义研究

郑德荣对中国特色社会主义的研究始于 20 世纪 80 年代，纵观他多年的研究历程与科研成果，主要是围绕理论与实践两个视角展开研究。从理论上，以中国特色社会主义理论体系为主要研究对象，从整体上对中国特色社会主义理论体系展开研究；对中国特色社会主义理论体系的各组成部分分别进行研究。从实践上，以中国特色社会主义道路为主要研究对象，主要从科学内涵、基本特征、时代价值、发展历程等多方面展开研究，尤其是对中国特色社会主义道路的基本特征更是有着独到的见解。此外，对中国特色革命道路的研究也是郑德荣持续多年重点关注、研究的内容。

第一节　中国特色社会主义理论体系

郑德荣对中国特色社会主义理论体系的研究是从整体与局部两个方向进行的。分别是：对中国特色社会主义理论体系的整体研究；对中国特色社会主义理论体系各组成部分之间内在关联性的研究。在研究过程中，郑德荣既注重从整体上观察中国特色社会主义理论体系，尤其是对中国特色社会主义理论体系的结构内容进行了深刻的剖析与阐释；同时更注重对中国特色社会主义理论体系的各组成部分进行研究。可以说，这样的研究模式或方法既突出了中国特色社会主义理论体系的整体性、统一性，内在逻辑性，又突出了中国特色社会主义理论体系各组成部分的理论引领性、创新性与实践推动性、发展性。

一、中国特色社会主义理论体系的整体研究

中国特色社会主义理论体系是马克思主义与中国实际相结合第二次历史性飞跃的重大理论成果，是党的十七大对十一届三中全会以来理论创新成果的科学总结，是新时期马克思主义中国化历史进程中的丰碑。它是对党的基本理论、基本路线、基本纲领、基本经验在理论形态上的坚持、丰富和发展，反映出中国共产党对执政规律、社会主义建设规律、人类社会发展规律的深刻认识和准确把握。郑德荣对中国特色社会主义理论体系的整体性研究集中体现在两个主要方面：一是对中国特色社会主义理论体系逻辑结构剖析；二是对中国特色社会主义理论体系几个重大问题的思考。

第一，对中国特色社会主义理论体系逻辑结构剖析。郑德荣认为，中国特色社会主义理论体系博大精深、思想深邃。围绕其展开的研究是一个较深层次的理论问题。"中国特色社会主义理论体系不是邓小平理论、'三个代表'重要思想、科学发展观等重大战略思想的简单叠加，它是由一系列有着内在逻辑性的基本观点、基本理论构建成的科学体系。"① 在他看来，这个理论体系包括了 14 个基本理论：社会主义本质论、初级阶段论、时代论、党的基本路线、改革开放论、经济论、政治论、文化论、社会论、国际战略论、军队国防论、和平统一论、党建论、党的基本路线。并在此基础上将这些理论进行了逻辑结构分析，根据各个基本理论论点在整个体系内部的地位、作用以及相互内在的逻辑关系进行归类。即，将 14 个基本理论分为理论基石、

---

① 郑德荣：《中国特色社会主义理论体系逻辑结构剖析》，《思想理论教育导刊》2010 年第 12 期。

基本内容、理论核心、灵魂体系 4 个层次。并强调："这样会给人以立体感，便于深刻理解把握其丰富内涵和精神实质。"[1] 首先，中国特色社会主义理论体系的理论基石。"社会主义本质论、初级阶段论、时代论共同构成中国特色社会主义理论体系的基本部分。"[2] 三者是统一的有机整体，在中国特色社会主义建设事业中发挥着不可替代的作用。其次，中国特色社会主义理论体系的基本内容。"中国特色社会主义理论体系的基本内容包括改革开放论、经济论、文化论、社会论、国际战略论、军队国防论、和平统一论、党建论等。它们实际上都是以理论基石为立论前提和基础"。这样的论述既说明了基本内容所涵盖的范围，同时也阐明了基本内容与理论基石之间的关系。再次，中国特色社会主义理论体系的理论核心。"中国特色社会主义理论体系由一系列基本理论、基本观点构成，其理论核心应该是党的基本路线。……基本路线是社会主义本质的内在要求和鲜明体现，也是以初级阶段为客观依据，同时也是现时代的内在要求。"[3] 这样的论述既对基本路线进行了理论定位，同时也说明了基本路线与理论基石之间的关系。最后，贯穿中国特色社会主义理论体系的灵魂。"党的思想路线是构建中国特色社会主义理论体系和发展中国特色社会主义的方法论，是贯穿中国特色社会主义理论体系的一个基本理论，同时，它也是整个体系的灵魂。它是能够认识和提出其他基本理论的思想武器，辐射贯穿于这个体系的理论基石、基本内容、理论核心之中。党的思想路线与中国特色社会主义理论体系的理论基石、基本路线、基本观点不是并列的关系，而是贯穿于中国特色社会主义理论体系形成的全过程，是建设和发展中国特色社会主义理论体系的方法论

---

[1] 郑德荣：《中国特色社会主义理论体系逻辑结构剖析》，《思想理论教育导刊》2010 年第 12 期。

[2] 郑德荣：《中国特色社会主义理论体系逻辑结构剖析》，《思想理论教育导刊》2010 年第 12 期。

[3] 郑德荣：《中国特色社会主义理论体系逻辑结构剖析》，《思想理论教育导刊》2010 年第 12 期。

和科学指南。"① 这样的论述既是对党的思想路线，乃至于整个理论体系重要作用的揭示，也阐明了党的基本路线与理论基石、基本观点之间的内在联系。

第二，对中国特色社会主义理论体系几个重大问题的思考。为了能够更加深入、系统地推动中国特色社会主义理论体系的研究工作，郑德荣撰文就几个在学界尚存在争议或不同看法的重大理论问题进行了梳理、阐述，并有理有据、旗帜鲜明地亮出自己的观点。首先，关于中国特色社会主义理论体系的起始时间。郑德荣列举了学界关于这一问题存在的几种不同观点，并在对这几种观点分别进行了分析、评价的基础上，提出了自己的观点和看法。一是以 1956 年毛泽东领导下的社会主义改造完成（或以毛泽东发表《论十大关系》和《关于正确处理人民内部矛盾的问题》）为起始标志。此种说法的立论依据主要是基于毛泽东探索社会主义建设的理论与实践意义，也就是人们习惯性表述的中国特色社会主义"始于毛、成于邓"。对此，郑德荣认为："'始于毛'是指社会主义建设的探索始于毛泽东，应当理解为探索在中国落后的农业大国里怎么建设社会主义、走中国式工业化道路的起始时间始于毛泽东，这是符合历史实际的。'成于邓'指的是'中国特色社会主义道路'的成功开辟归功于邓小平为第二代中央领导集体。'始于毛、成于邓'的'始'是指探索的开始（侧重于实践层面），而并不是说中国特色社会主义理论体系和中国特色社会主义建设道路开始于毛泽东。不管是从理论层面还是从实践层面来说，探索的起始和理论体系的开始、道路的起始是有着明显区别的，其区别的根本点在于是否从根本上突破以计划经济为基本特征的苏联传统模式。因此，不能把探索社会主义等同于中国特色社会主义理论体系和中国特色社会主义道路的逻辑

① 郑德荣：《中国特色社会主义理论体系逻辑结构剖析》，《思想理论教育导刊》2010 年第 12 期。

起点和历史起点。"① 二是以 1975 年邓小平主持中央日常工作期间
提出各方面都要整顿的思想为起始标志。此种说法的立论依据是基于
1975 年 邓 小 平 提 出 整 顿 思 想 的 历 史 意 义。对 此，郑 德 荣 认 为：
"邓小平提出的全面整顿的思想具有试图突破以计划经济为特征的苏
联传统模式的意愿，不过还没有从根本上突破，所以不宜以此作为中
国特色社会主义理论体系起始的标志。"② 三是以 1978 年党的十一届
三中全会为起始标志。立论依据主要是基于党的十一届三中全会实现
伟大转折的历史意义。郑德荣认为，党的十一届三中全会召开后，
"党领导的社会主义事业开始走上生机勃发的发展轨道，实现了建国
以来党的历史上的伟大转折，具有重大而深远的历史意义。因此，以
此作为中国特色社会主义理论体系起始的观点是符合实际的，不过还
不够严谨完整"③。在比较客观地分析了以上三种观点后，郑德荣阐
明了自己的观点，他认为："中国特色社会主义理论体系的起始时间
应该从党的十一届三中全会到十二大。"④ 得出这一结论的依据在于，
"判断体系起始时间的标准应该在于是否在理论和实践上从根本突破
了以计划经济为基本特征的苏联模式"⑤。在这里，郑德荣显然将中
国特色社会主义理论体系的起始时间看作是一个动态的过程来进行观
察，而这个过程就是以十一届三中全会为起点，以十二大提出"走
中国特色社会主义"命题为起始的标志。虽说是一家之言，但他的
这种论断及依据无疑是符合理论发展逻辑与历史发展规律的，为我们

① 郑德荣：《中国特色社会主义理论体系研究中几个值得探讨的问题》，《科学社会
　　主义》2011 年第 1 期。
② 郑德荣：《中国特色社会主义理论体系研究中几个值得探讨的问题》，《科学社会
　　主义》2011 年第 1 期。
③ 郑德荣：《中国特色社会主义理论体系研究中几个值得探讨的问题》，《科学社会
　　主义》2011 年第 1 期。
④ 郑德荣：《中国特色社会主义理论体系研究中几个值得探讨的问题》，《科学社会
　　主义》2011 年第 1 期。
⑤ 郑德荣：《中国特色社会主义理论体系研究中几个值得探讨的问题》，《科学社会
　　主义》2011 年第 1 期。

继续研究中国特色社会主义理论体系的相关问题开辟了一条崭新的
思路。

其次，关于中国特色社会主义理论体系是否包含毛泽东社会主义
建设理论。对于中国特色社会主义理论体系与毛泽东思想之间的关
系，以及前者是否包含后者的问题已经在学界基本达成共识。但是，
在中国特色社会主义理论体系包不包含毛泽东社会主义建设理论这一
问题上仍存在着一定的分歧和疑惑。对此，郑德荣认为："中国特色
社会主义理论体系不应该包含毛泽东社会主义建设理论。"① 之所以
得出这一结论，理由有二：毛泽东社会主义建设理论为中国特色社会
主义理论体系的提出做出了重要的积累和铺垫，前者是后者的思想先
导，后者与前者有着一脉相承又与时俱进的内在联系。两者的区别在
于是否突破以计划经济为基本特征的苏联模式。"毛泽东理论体系博
大精深，所有的基本理论和基本观点都是毛泽东思想不可分割的有机
组成部分。毛泽东社会主义建设理论是被实践检验正确的理论原则和
经验总结，属于毛泽东思想科学体系。因此不能从毛泽东思想中割裂
开来而置于中国特色社会主义理论体系的理论范畴之中。"②

最后，关于中国特色社会主义理论体系命题的提出是否标志着马
克思主义中国化第二次历史性飞跃的完结。对于马克思主义中国化第
二次历史性飞跃的起始时间学界已经基本达成共识，但是对完成时间
仍存在不同的看法，其中主流观点认为第二次飞跃完结的标志应该到
本世纪中叶实现现代化，中国特色社会主义理论体系命题的提出不是
完结的标志，它还处在继续飞跃的过程中。对此，郑德荣认为："中
国特色社会主义理论体系的提出应该标志着马克思主义中国化第二次
历史性飞跃的完结，不能把理论上的第二次历史性飞跃的完成与实践

---

① 郑德荣：《中国特色社会主义理论体系研究中几个值得探讨的问题》，《科学社会
　主义》2011 年第 1 期。

② 郑德荣：《中国特色社会主义理论体系研究中几个值得探讨的问题》，《科学社会
　主义》2011 年第 1 期。

上实现现代化在时限上完全等同起来。"① 之所以得出这一结论理由在于：从马克思主义中国化的发展脉络来看。在马克思主义中国化的历史进程中，先后形成两大理论体系，实现了两次历史性飞跃。第一次历史性飞跃的成果是毛泽东思想，这次飞跃起始的标志是农村包围城市道路理论的形成，在这之前虽有结合，但不能说是飞跃。而标志着第一次历史性飞跃的完结则是新民主主义理论的形成即毛泽东思想在各方面展开而达到成熟，而这时新民主主义革命尚未取得胜利。此后的解放战争时期和新中国成立后的理论成果都是马克思主义在中国实现第一次飞跃后的继续丰富和发展。第二次历史性飞跃的理论成果是中国特色社会主义理论体系。这次飞跃起始于党的十一届三中全会到十二大。标志是"把马列主义与中国实际相结合，走自己的路，建设有中国特色社会主义"崭新论断的提出。经过社会主义本质论、初级阶段论、改革开放理论、社会主义市场经济理论等几个标志性理论的创立，逐步形成了邓小平理论，又经"三个代表"重要思想、科学发展观等重大战略思想的提出，直到十七大提出中国特色社会主义理论体系的崭新命题。这一崭新命题的提出标志着马克思主义与中国实际相结合第二次历史性飞跃的完结。

上述内容中，郑德荣从全局视角对中国特色社会主义理论体系展开深入的剖析和阐述。对中国特色社会主义理论体系逻辑结构的剖析。不仅将中国特色社会主义理论体系所涵盖的内容分为 14 个基本理论，又将这些基本理论划分为理论基石、基本内容、理论核心、体系灵魂 4 个层次，并对它们在中国特色社会主义理论体系中发挥的作用进行了定位；对中国特色社会主义理论体系的几个重大问题释疑。尤其是在对中国特色社会主义理论体系的起始时间以及中国特色社会主义理论体系是否包含毛泽东社会主义建设理论这样的重大理论现实

---

① 郑德荣：《中国特色社会主义理论体系研究中几个值得探讨的问题》，《科学社会主义》2011 年第 1 期。

问题上，在分析了当前理论界不同观点的同时，经过系统的论证，提出了自己的独到见解。此外，在梳理、回顾上述内容时，我们可以看出郑德荣对于中国特色社会主义理论体系逻辑结构剖析采用了平面结构与立体结构两种划分方式，其中立体结构的 4 个层次是建立在平面结构 14 个基本理论基础上的，对于这样一种划分方式我们有种似曾相识的感觉，其实这就是对毛泽东思想科学体系结构性立体分析方法基础上的拓展与延伸。是立足于新的历史时期，对于中国特色社会主义理论体系逻辑结构的一次再思考、再解读，是郑德荣在研究马克思主义中国化过程中与时俱进学术风格的鲜明体现。

二、中国特色社会主义理论体系的各组成部分研究

除了从整体上对中国特色社会主义理论体系进行研究，郑德荣还尤为注重对体系的各组成部分展开具体研究，而且这一研究过程从邓小平理论到习近平新时代中国特色社会主义思想从未止歇，而是随着马克思主义中国化的历史进程而逐步向前推进。

（一）邓小平理论研究

1978 年，党的十一届三中全会召开，改革开放的春风吹遍神州大地，学术研究焕发盎然生机。众多学者以饱满的热情投入到中共党史学科的建设与发展中，为推动党的理论研究与宣传工作奉献着自己的一份力量，郑德荣就是其中的佼佼者和代表人物。郑德荣是国内最早涉及邓小平理论研究的学者之一，从党的十二大的"建设具有中国特色社会主义理论"为起点，到党的十五大后对邓小平理论的系统研究，他对邓小平理论的探究几十年如一日从未间断，为深化和拓展邓小平理论研究作出重要贡献。郑德荣关于邓小平理论的研究是多层次、多方面、多视角的，不仅有对基本理论的精辟阐释，还有对具体案例的深刻分析，不仅有对历史探索的追溯与反思，还有对现实问题的关注与思考。

1. 关于邓小平对传统社会主义观的重大突破

如何建设、巩固和发展社会主义是各国马克思主义者多年来力求探索、突破的一个重大课题。马克思和恩格斯通过对当时资产阶级社会经济、政治、文化状况的透视和剖析，提出了对未来共产主义社会的一系列推测和设想，从而揭示了资本主义社会从发生、发展到衰落的必然客观规律，充分反映了人们对未来社会的向往与憧憬。但是由于历史局限性，马克思、恩格斯所设想的社会主义是建立在高度发达的资本主义基础上的，这就导致经济文化落后的国家在走上社会主义道路后，在如何巩固、建设、发展社会主义的问题上遇到很多现实问题。在中国的社会主义现代化实践中，毛泽东曾尝试对社会主义建设道路进行艰辛探索但却因种种原因走了弯路，遭受挫折。邓小平开启了中国改革开放的序幕，并解决了困扰社会主义国家多年的一系列难题，实现了对传统社会主义观的重大突破，形成了建设有中国特色社会主义理论。郑德荣认为，邓小平主要从四个方面实现了对传统社会主义观的突破。

第一，关于社会主义发展阶段问题。党的十一届三中全会后，邓小平深刻总结国际国内社会主义建设实践的经验教训，重新审视了以往马克思主义者对社会主义社会发展阶段问题的认识，作出了中国是社会主义，但还处于不发达的初级阶段的论断。邓小平社会主义初级阶段论，第一次准确地界定了经济文化落后国家走上社会主义道路后的历史方位，突破了传统社会主义认识的局限性，把理想社会主义与现实社会主义二者统一起来，克服了几十年来一致未能克服的超越历史发展阶段的"左"倾急性病，找到了经社会主义初级阶段到达发达社会主义的现实道路。

第二，关于社会主义发展动力问题。邓小平在毛泽东社会主义基本矛盾学说的基础上，又进行了具体研究与深入思考，并认识到阻碍社会主义生产力发展的不是社会主义生产关系和上层建筑基本制度本身，而是作为生产关系和上层建筑具体表现的经济体制和政治体制。

在社会主义制度下，这些体制还存在严重弊端，阻碍了生产力的发展。在这里，邓小平第一次把社会主义基本制度和具体体制区分开来，把社会主义社会的基本矛盾归结为生产力与具体体制之间的矛盾，从而找到了束缚生产力发展的症结。与此同时，邓小平还把作为社会主义发展动力的改革提到了要继续解放生产力的革命的高度。认为在社会主义条件下，通过改革继续解放生产力，这是中国的第二次革命，社会主义制度担负着发展生产力和解放生产力的双重任务。这就突破了马克思主义经典作家认为社会主义只有发展生产力，不存在继续解放生产力的观点。

第三，关于社会主义与市场经济问题。邓小平的社会主义市场经济论明确提出了经济文化落后的国家走上社会主义道路后商品经济发展不可逾越，计划和市场本身并没有社会制度属性，都是资源配置的一种方式，二者互相渗透等重大理论与实践的问题。在科学社会主义发展史上，首次突破了将计划经济与市场经济对立起来的传统观念。

第四，关于社会主义本质的问题。邓小平社会主义本质论充分反映了社会主义固有属性，体现出社会主义的优越性及生产力与生产关系的一致性，揭示出社会主义的根本任务和根本目的，突出强调生产力在社会主义诸多要素中的首要意义，"厘清了不符合时代发展进步的模糊观点和错误认识，突破了人们对科学社会主义教条化理解的藩篱"①。使人们终于搞清楚了什么是社会主义这一重大现实理论问题。

2. 关于社会主义初级阶段论

社会主义初级阶段理论作为当代马克思主义的重要组成部分，既构成了邓小平理论的基石，同时又是建设中国特色社会主义的首要问题。对于这一重大理论问题，郑德荣主要从以下几个方面展开研究。

第一，社会主义初级阶段理论的由来和依据。郑德荣认为，社

---

① 郑德荣、彭波：《从"破冰再行"到"乘风破浪"——邓小平南方谈话　奠定全面深化改革的理论基础》，《东北师大学报（哲学社会科学版）》2015 年第 1 期。

会主义初级阶段理论提出的客观依据主要源于三个方面。首先，从中国现实国情来看。中国的社会主义是由半殖民地、半封建社会脱胎不久，经由短暂的新民主主义过渡而来的，因而就其生产力和经济文化水平来说仍是一个比较落后的发展中国家。其次，从人类文明发展进程来看。生产商品化、社会化、工业化、现代化是任何社会属性都要遵循的社会经济发展客观规律，而要完成这个历史进程，至少也要一百年，这是一个相当长的历史阶段。最后，从历史遗留问题来看。我国社会主义改造后期，由于操之过急，工作过粗，过渡过快，没能充分发挥社会主义制度的优越性，没有充分利用资本主义积极因素，致使在一个时期内国民经济发展缓慢，生活物资短缺，人民未能摆脱贫困，留下历史后遗症，拖延了社会主义初级阶段的行进步伐。

第二，社会主义初级阶段的科学内涵与基本特征。郑德荣在党的十三大、十五大对社会主义初级阶段科学概念明确定义的基础上对其内涵进行了更深层次的理论阐释。他认为，社会主义初级阶段不是社会主义加初级阶段，而是既相互区别，又紧密联系，有机构成一个特定内涵的科学新概念。"它不是泛指任何国家进入社会主义社会都会经历的起始阶段，而是特指我国在生产力落后、商品经济不发达的条件下建设社会主义必然要经历的特定历史阶段。"① 关于社会主义初级阶段的基本特征。郑德荣将其归纳为以下几方面。首先，我国所处的历史方位：初级阶段的社会主义；其次，我国的所有制结构：公有制为主体，多种所有制经济共同发展；再次，社会发展进程：转轨中的社会主义；最后，未来行进目标：奔向现代化的社会主义。关于社会主义初级阶段的主要任务，郑德荣认为应包括以下几项：逐步摆脱不发达状态，基本实现社会主义现代化；建设物质文明的同时努力建设精神文明的阶段；逐步缩小同世界先进国家的水平差距，实现中华

---

① 郑德荣:《社会主义初级阶段论》，山东人民出版社1999年版，第88页。

民族伟大复兴的历史阶段。

第三，社会主义初级阶段理论的理论价值与实践意义。郑德荣认为，社会主义初级阶段理论的理论价值和实践意义主要体现在："社会主义初级阶段理论是马克思主义关于社会主义发展阶段的新概念，丰富和发展了马克思主义；社会主义初级阶段理论是中国共产党制定和执行正确路线、方针、政策的基本依据；社会主义初级阶段理论是排除'左'、右干扰，夺取我国改革开放和现代化建设胜利的思想武器；社会主义初级阶段理论是形成社会主义本质论的直接动因并充分体现社会主义本质；社会主义初级阶段理论反映社会主义根本任务的客观基础和基本要求，反映当前中国社会的主要矛盾，并决定社会主义根本任务的基本内容；社会主义初级阶段理论是正确运用社会主义改革动力理论指导当代中国社会主义改革实践的基本前提和认识基础；社会主义初级阶段理论体现了社会主义市场经济理论的客观基础；社会主义初级阶段理论是体现了'一国两制'理论的重要依据。"[1]

3. 关于邓小平的发展观

"发展才是硬道理"是邓小平同志在南方谈话时提出的著名论断，其中不仅蕴含了丰富的社会主义建设历史经验，还凝聚着深邃的马克思主义政治智慧，推动了改革开放和现代化事业的迅猛发展。郑德荣在对这一论断深刻剖析的基础上，得出"'发展才是硬道理'的真谛在于深刻地揭示了社会主义建设的本质和规律"[2] 的独创性观点，并对这一观点进行充分论证。

第一，发展生产力是社会主义的本质，是解决我国社会主要矛盾的必然要求。"发展之所以是硬道理，从根本讲，就是因为发展特别是生产力的发展是体现社会主义的本质要求和解决我国社会主要矛盾

---

[1]　郑德荣：《国情·道路·现代化》，吉林文史出版社 2001 年版，第 201—202 页。

[2]　郑德荣：《邓小平"发展才是硬道理"的真谛探析》，《河北师范大学学报（哲学社会科学版）》2004 年第 4 期。

的中心环节。"① 郑德荣认为，坚持从发展特别是社会生产力发展的角度理解和把握社会主义本质属性，是马克思主义的一项基本原理。在《共产党宣言》中，马克思主义经典作家坚持把发展生产力作为社会主义社会的基础和根本任务，准确地把握住了社会主义社会本质的必然要求，才使社会主义建立在科学的基础上。在中国的改革开放实践中，邓小平深刻地领会和把握了马克思主义的基本原理和科学社会主义的精髓，始终把发展，特别是社会生产力的发展，视为社会主义本质和根本任务。正是始终坚持马克思主义的生产力原则，坚持把发展生产力视为社会主义的本质性规定，邓小平才提出了社会主义本质论，从而全面准确地揭示了社会主义的内在属性，科学地解答了"什么是社会主义"这个长期困扰人们的历史难题。

第二，发展是党的先进性和社会主义制度优越性的集中体现。郑德荣认为，党的先进性是党的生命线，是党赖以生存和发展的根本依据，是党得到广大人民信任和拥护的根本条件，是我们党执政的基石。从历史上看，衡量一个政党是否具有先进性，最根本的标准就是看这个政党是否能够通过自己的理论和实践及路线、方针、政策，引领广大人民群众推动社会发展，特别是推动社会生产力的发展。邓小平关于发展是硬道理的思想，不仅充分揭示了社会主义现代化建设的本质和规律，同时也揭示了中国共产党执政的根本规律。社会主义建设规律和党的执政规律是内在一致、高度统一的。抓住了发展这个硬道理，就能够很好地实现社会主义建设事业和巩固党的执政地位的有机统一，也就从根本上把握住了广大人民的利益和愿望。社会主义制度之所以比资本主义制度及其他一些旧制度优越，最主要的就是因为社会主义制度能够为社会生产力的发展提供更合理更先进的生产关系，使社会生产力摆脱一切陈旧的生产关系和上层建筑的束缚，实

① 郑德荣、陈前：《发展是硬道理——邓小平对社会主义现代化建设本质和规律的深刻揭示》，《高校理论战线》2004 年第 9 期。

现快速的发展，进而实现社会的全面发展和进步，最终实现共同富裕。

第三，发展是解决中国社会主义建设和改革中一切矛盾的关键。社会主义建设和改革事业是一个具有相当艰巨性和复杂性的长期历史过程，在前进过程中，总是会遇到各种各样的新问题、新矛盾。要解决这些矛盾和问题，一方面需要我们针对具体情况，采取具体措施，一个问题、一个问题地认真对待，妥善处理，力争把问题和矛盾及时地加以研究和解决。另一方面，我们要从根本上解决前进中出现的深层次问题，要成功地应对各种困难和挑战，最关键的还得靠发展，特别是靠经济的发展，离开了发展这个关键举措，没有强大的综合国力作为基础和后盾，我们就无法真正有效地解决前进中遇到的复杂问题和严重挑战。发展之所以是解决前进中遇到的一切新问题的关键，主要就在于只有发展才能为解决新问题提供坚实的物质技术基础，才能使我们在解决问题时拥有主动权，才能在解决问题和应对挑战时得到广大人民的力量支撑。

第四，"发展才是硬道理"是科学发展观的理论基础。科学发展观的重要特征是统筹、协调、可持续发展，其本质和核心是以人为本。它与邓小平发展才是硬道理的思想既一脉相承，又与时俱进。具体而言：首先，发展是硬道理思想强调以经济建设为中心，以社会发展的战略、发展步骤以及经济增长指标为主要标志。其次，发展是硬道理，系指以经济建设为中心的经济社会的全面发展。再次，邓小平讲发展，主张按社会发展规律、价值规律和经济规律办事，认为发展必须理顺各种经济关系，才能保持经济社会持续、稳定、协调发展。最后，邓小平发展是硬道理的思想，强调在发展基础上，不断改善人民的物质文化生活的需求，强调发展要惠及几十亿人民利益，发展的目的是要最终实现人民的共同富裕。

4. 关于邓小平的爱国主义思想

"爱国主义是中华民族的优良传统，它是维系民族团结、自强不息的强大精神支柱。弘扬爱国主义思想，赋予时代精神，是邓小平留给后人的宝贵精神财富。"① 郑德荣对于邓小平爱国主义的研究主要是围绕着邓小平爱国主义思想的特征而展开的。他认为，邓小平主张的弘扬爱国主义传统有着多方面的具体内涵，主要包括以下四个方面。

第一，弘扬爱国主义传统，必须与促进社会主义现代化建设相结合。在列举了邓小平相关论述后，郑德荣指出："反对霸权主义和强权政治，增加中国在国际舞台上的说话分量；缩短我国在经济、科技方面同发达国家之间的差距，争取在国际竞争中的有利地位；实现包括香港、澳门和台湾在内的'一国两制'的和平统一大业；回击某些人怀疑和否定社会主义的言论，增强中华民族的凝聚力，都有赖于我们加快经济建设步伐，促使社会生产力、综合国力和人民生活水平不断登上新台阶，'发展是硬道理'。"②

第二，弘扬爱国主义传统，必须与加强社会主义精神文明建设相结合。爱国主义是中华民族强大的精神支柱，也是社会主义思想道德的一项基本内容。树立正确的爱国主义荣辱观则是弘扬爱国主义传统，加强社会主义思想道德建设极其重要的任务。邓小平在党的十二大开幕词中明确提出，中国人民"以热爱祖国，奉献全部力量建设社会主义祖国为最大光荣，以损害社会主义祖国利益、尊严和荣誉为最大耻辱"③。这就是要求每一个中华人民共和国公民，发扬自尊、自信、自强的民族精神和自力更生、艰苦奋斗的优良传统，立志献身于保卫和建设社会主义祖国的伟大事业之中。

第三，弘扬爱国主义，必须与祖国统一、维护民族团结相结合。在民族统一的问题上，邓小平尊重历史和现实，提出"一国两制"的构想。这个科学构想，既坚持"一国"的原则，捍卫我国的神圣

① 郑德荣：《邓小平爱国主义思想的特征》，《吉林日报》1997 年 7 月 1 日。
② 郑德荣：《邓小平爱国主义思想的特征》，《吉林日报》1997 年 7 月 1 日。
③ 《十二大以来重要文献选编》（上），人民出版社 1986 年版，第 3 页。

主权；又立足"两制"的现实。与此同时，邓小平还号召中华儿女，为"争取整个中华民族的大团结"，为实现统一祖国，振兴中华的目标而奋斗。

第四，弘扬爱国主义传统，必须与增强民族自尊心、自信心相结合。"民族自尊心、自信心和自豪感是爱国主义精神的集中体现，是国家独立和发展的思想基础。"① 邓小平反复多次重申，捍卫祖国的独立主权，是爱国主义的首要问题，在处理国际事务中，一定要始终将国家主权和安全、民族利益放在第一位。

虽然由于篇幅所限，郑德荣在文章中并没有能够全面地对自己的观点展开论述，但是他归纳出的关于邓小平爱国主义思想的诸多特征，是符合历史唯物主义与辩证唯物主义的，是在总结历史规律的基础上提出的，是邓小平爱国主义思想的精髓所在，这些特征对于今天爱国主义观念的弘扬与培育是有益的。

5. 关于邓小平"走自己的路"思想动因

郑德荣关于邓小平"走自己的路"思想动因的研究成果，是在新的时代背景下对邓小平提出的"把马克思主义的普遍真理同我国的具体实际结合起来，走自己的道路，建设有中国特色的社会主义"② 的再研究、再思考。与此同时，他阐明了选择这一命题的理由："研究邓小平'走自己的路'思想动因，能够更加明确中国特色社会主义道路的思想由来，增强道路、理论、制度三个自信，有利于从新的视角研究邓小平理论，为中国特色社会主义理论创新提供新的经验。"③ 具体而言，郑德荣主要从三个方面对这一问题展开论述。

第一，"走自己的路"体现邓小平对我国探索与发展社会主义历史经验教训深刻总结的凝练。新中国成立后，我国在社会主义探索与

①　郑德荣：《邓小平爱国主义思想的特征》，《吉林日报》1997 年 7 月 1 日。
②　《邓小平文选》第三卷，人民出版社 1993 年版，第 3 页。
③　郑德荣：《邓小平"走自己的路"思想动因探析》，《光明日报》2014 年 11 月 19 日。

建设进程中，曾一度搬用苏联模式，但在探索实践中，苏联模式弊端逐步凸显。改革开放后，针对新中国成立前三十年的经验教训，邓小平对发展社会主义的两点基本要求已有明确认识："发展社会主义，一要消灭劳动生产率低的现状，实现生产力高度发达；二要摆脱普遍贫穷的状态，实现人民的共同富裕。"① 与此同时，邓小平回顾中国革命的历史，认为新民主主义革命和社会主义革命之所以能够取得伟大成功，归结起来，就是在毛泽东思想指引下，走自己的路，开创出中国特色革命道路。这一历史经验，无疑启发了邓小平，在社会主义建设中，我们同样应该"走自己的路"，实现社会主义现代化。

第二，"走自己的路"体现邓小平对社会主义基本原理的深刻理解和对国情的准确把握。新中国成立后，我国对于社会主义的认识一度固守于公有制、按需分配、计划经济等特征上，阻碍了生产力的发展。改革开放后，邓小平总结我国探索社会主义的经验教训，深刻理解科学社会主义基本原理，准确把握马列主义与时俱进的属性，提出了社会主义本质论。社会主义本质论，提出强调了生产力在社会主义诸要素中的首要意义，强调共同富裕是社会主义发展的最终目的。邓小平提出社会主义本质论，意在破除长期以来人们对社会主义的僵化认识，强调科学社会主义是指导社会主义发展的理论武器，不能教条对待，要结合实际运用并加以发展。此外，在如何结合实际，创造性地运用和发展科学社会主义基本原理的问题上。邓小平认为，必须正确把握我国基本国情，把握历史方位，并把两者结合起来，提出了社会主义初级阶段论。社会主义初级阶段论，是对我国社会现阶段基本国情和所处历史方位作出的科学论断，是完全符合我国社会的历史与现状的，是对马列主义、毛泽东思想的继承和发展。

第三，"走自己的路"充分体现出邓小平对于世界形势的正确

---

① 郑德荣：《邓小平"走自己的路"思想动因探析》，《光明日报》2014 年 11 月 19 日。

认识以及对时代特征的准确把握。十一届三中全会前后，邓小平相继到多国考察，通过考察不仅让他深刻认识到我国同世界先进水平的差距，深感加快中国现代化建设的紧迫性。同时也深化了邓小平对世界形势的认知以及对时代特征的把握，初步形成了通过改革开放促进中国与世界共同发展、互利共赢的战略大思想。这就成为邓小平主张实行对外开放基本国策，走有中国特色社会主义道路的思想动因之一。基于以上三方面的动因，郑德荣将其与毛泽东思想活的灵魂相联系，进而实现了理论上的凝练与提升。他指出："将上述三点思想动因进行理论升华，提出'走自己的路'的时代命题，这是一个思想认识上的飞跃。……正是由于邓小平对毛泽东思想活的灵魂的揭示与灵活运用，强调解放思想、实事求是，独立自主地思考与实践，尊重群众首创精神，以世界视阈把握时代特征，才能破除人们长期以来对科学社会主义基本原理的思想桎梏，才能坚持和创造性地运用科学社会主义原理，从中国实际出发，揭示中国社会主义建设规律，才能总结中国革命独创性经验和社会主义探索建设历史教训，确立改革开放基本国策，提出'走自己的路'这一重大世纪命题。"①

　　上述内容中，郑德荣围绕着五个方面对邓小平理论展开研究。以继承和发展的视角，系统论证了邓小平对传统社会主义观的突破，实现了对邓小平社会主义观的梳理与阐释。立足于中国的现实国情与时代背景，对社会主义初级阶段论进行了比较系统的研究与论述，实现了对中国特色社会主义所处历史方位的解读。围绕着邓小平提出的"发展才是硬道理"的著名论断，对邓小平发展观的主体内容、核心思想、地位作用、时代价值进行了分析与归纳。通过对"四个结合"的论述，不仅提炼出了邓小平爱国主义思想的核

---

① 郑德荣：《邓小平"走自己的路"思想动因探析》，《光明日报》2014 年 11 月 19 日。

心内容，而且分析了其对当前加强爱国主义传统教育的现实启示作用。通过对邓小平"走自己的路"的思想动因的分析，实现了对开辟中国特色社会主义道路的思想溯源。郑德荣对邓小平理论研究的主要内容，不仅集中展现了他对邓小平理论研究的丰硕成果，而且还为在新时期、新时代持续推进邓小平理论研究提供了重要理论参考依据。

（二）"三个代表"重要思想研究

郑德荣在研究"三个代表"重要思想的过程中，不断拓宽研究思路，跳出固有、传统的理论研究框架模式，在《中国共产党关于新民主主义革命发展战略与"三个代表"重要思想》《中国现代化历程与"三个代表"》《"三个代表"重要思想的深厚理论底蕴》《"三个代表"重要思想在马克思主义中国化进程中的历史地位》《面向21世纪中国化的马克思主义——"三个代表"重要思想》等文章中，将"三个代表"的思想纳入近代中国社会历史发展进程，在对中国共产党领导民主革命进程，中国社会主义建设进程的宏观视阈中进行全面审视、精准定位与深刻剖析的同时，对"三个代表"重要思想在马克思主义中国化进程中的历史地位、理论价值与实践意义进行了全面梳理与高度概括。

1. 新民主主义革命发展战略与"三个代表"思想

郑德荣认为，"'三个代表'的思想集中体现在中国革命道路和中国特色社会主义建设道路上，体现在为实现这一道路而制定的不同时期的发展战略上，即体现在新民主主义革命总路线，过渡时期总路线和社会主义初级阶段基本路线上"①。具体而言，他从三个视角对这一观点进行了分析、阐释。

第一，近代中国社会的两大历史任务与"三个代表"的思想。

---

① 郑德荣、王晶：《中国共产党关于新民主主义革命发展战略与"三个代表"的思想》，《长春市委党校学报》2001 年第 4 期。

郑德荣认为，中国共产党之所以能够以民主革命的形式引领中华民族找寻到一条正确的发展道路，制定出行之有效的发展战略，深层次原因在于中国共产党通过正确分析中国国情，并解决中国社会的两大主要矛盾入手，揭示出近代中国革命的两大历史任务。在民主革命的历史进程中，作为"三个代表"的中国共产党之所以暂时放弃发展生产力，而选择了通过暴力革命推翻旧的国家政权，建立人民当家作主的新生政权，其主要原因在于旧中国主权沦丧，人民饱受帝国列强与封建地主阶级的压迫与剥削，在这种情况下要实现工业化、现代化的发展目标是不可能的，更谈不上国家的繁荣富强。因此，只有在推翻旧政权的基础上建立一个能够代表最广大人民根本利益的新政权；在文化上创造一个代表先进文化发展方向的新民主主义文化；进而建立社会主义经济制度，进行大规模社会主义现代化建设，为不断解放和发展生产力创造条件。"在这样的历史条件下，作为'三个代表'的中国共产党采取的是符合实际的新民主主义发展道路。"①

第二，土地革命与"三个代表"的思想。郑德荣认为："新民主主义革命的基本内容是土地革命，而土地革命又是与解放和发展生产力密切联系在一起的。"② 具体而言，土地革命是新民主主义革命的重要组成部分，同时进行土地革命是以解放和发展生产力为目的和出发点的。旧中国的封建土地所有制极其落后、不合理，这种落后的土地制度严重阻碍了生产力的发展。因此，只有先进行土地革命，没收封建地主的土地，分配给广大的农民，彻底消灭封建土地剥削关系，才能充分地解放农村生产力，调动农民的革命积极性，组成无坚不摧的革命队伍，推翻封建统治阶级，完成新民主主义革命任务。土地革

① 郑德荣、王晶：《中国共产党关于新民主主义革命发展战略与"三个代表"思想》，《长春市委党校学报》2001 年第 4 期。
② 郑德荣、王晶：《中国共产党关于新民主主义革命发展战略与"三个代表"思想》，《长春市委党校学报》2001 年第 4 期。

命的伟大实践证明："中国共产党革命之初就把解放和发展社会生产力作为自己的根本任务，并根据生产力发展的要求去变革旧的生产关系，废除两千多年的封建土地私有制，极大地解放和发展了农村生产力，维护了中国最广大人民的根本利益"。

第三，伟大的社会发展实践与伟大的理论。郑德荣认为，伟大理论引领伟大社会发展实践。中国共产党之所以能够制定出科学的革命发展战略，要归功于理论与实践的完美互动。在中国革命的历史进程中，始终注重从本国特殊国情出发，从社会实践中总结独创性革命经验，尊重群众实践，善于集中集体智慧。正是因为这样，才能够创立毛泽东思想、邓小平理论与"三个代表"重要思想并科学制定党在不同历史时期的路线方针和政策，成功开辟中国特色革命道路与中国特色社会主义道路。

2. 中国现代化历程与"三个代表"

研究现代化理论具有重大的现实意义与应用价值，郑德荣作为中共党史学家，对现代化理论的研究主要是以深化党史的视角展开。研究中国现代化历程与"三个代表"的关系就是其中的典型范例。他认为，从近代开始为了让中国走上现代化道路，一代代国人前赴后继，在"三个代表"的中国共产党的领导下相继实现了 20 世纪中国两次历史性巨变，开创出了两条中国特色道路，不断解放和发展生产力，把中国社会主义现代化事业持续向前推进。首先，他阐述了自己对现代化的理解："现代化是人类社会文明长期发展的必然趋势和结果，是人类长期以来梦寐以求的理想与目标。现代化运动的终极目的是将人类社会从传统形态中升华、超越、解放出来，达到更加发达、繁荣、完善的境界。它不仅仅指一个社会单纯经济的科技的革命，而且涉及社会发展诸层面的复杂历史变迁，关系到社会结构、人口素质、政治秩序、文化环境、意识形态等方面的整体性变革。因此，现代化是一个艰巨的全方面的系统工程。这一工程的实现，客观要求必须在一个拥有独立主权的民主国家的政治框架下进行，这是一个国家

能够实现现代化的最基本条件。"① 在中国，近现代中国逐步沦为半
殖民地半封建国家，经济落后，生产力水平低下，政治上没有独立与
民主。面临着求得民族独立和人民解放与实现国家繁荣富强和人民富
裕两大历史任务，前一任务是解决上层建筑和生产关系的问题，后一
任务是解决生产力问题。前一任务是为后一任务扫清障碍，创造必要
条件。所以说，中国要达成实现现代化的理想和奋斗目标就必须首先
解决民族独立、人民解放问题和国家政权问题。中国共产党创立后，
以毛泽东为核心的中国共产党第一代中央领导集体以马克思主义的理
论勇气和科学精神，在对中国特殊国情进行缜密分析的基础上，提
出了从新民主主义到社会主义的现代化发展论，以实现中国传统社
会向现代社会的伟大变革。其实现路径也就是中国特色的革命道
路。建国以后，以毛泽东为核心的中国共产党第一代领导集体为了
中华民族的强盛，致力于对中国现代化道路的探索，不仅开辟出了
一条社会主义革命道路，而且形成了一套符合中国实际的现代化思
想，为进一步探索中国社会主义现代化道路指明了前进方向。党的
十一届三中全会以后，以邓小平为代表的中国共产党人为满足广大
人民群众要求发展先进生产力和先进文化的强烈愿望，从广大人民
群众的根本利益出发，把马克思主义普遍原理与中国实际和时代特
征相结合，正确认识和处理了关于社会主义现代化建设的一系列带
有全局性的关键问题，终于探索出了一条具有中国特色的社会主义
现代化建设道路。

3. 关于"三个代表"重要思想在马克思主义中国化进程中的历史
地位

郑德荣在《"三个代表"重要思想在马克思主义中国化进程中的
历史地位》《党在指导思想上新的历史丰碑》《"三个代表"重要思
想的深厚理论底蕴》等文章中，对"三个代表"重要思想在马克思

---

① 郑德荣、李洪河：《中国现代化历程与"三个代表"》，《新长征》2001 年第 6 期。

主义中国化进程中的历史地位进行了深入的阐释。他认为，"三个代表"重要思想"是马克思主义中国化的又一次历史性飞跃，为马克思主义中国化的历史进程树起了一座新的里程碑"①。

第一，"三个代表"重要思想回答了新世纪党的建设面临的两大课题——提高领导水平和执政水平，增强拒腐防变和抵御风险的能力，为当代世界社会主义国家解决了一个难题。新世纪新形势对党的建设提出新要求，党的建设面临提高领导水平和执政水平，增强拒腐防变和抵御风险的能力。为了解决新问题，应对新变化，解决好党的建设两大历史性课题，江泽民提出"三个代表"重要思想。"三个代表"就是当代中国共产党人的执政观、领导观和解决两大历史课题的根本指导思想。其中始终代表中国先进生产力的发展要求，大力推进社会主义现代化，是解决两大历史性课题的物质基础；始终代表先进文化的发展方向，整合价值取向与道德观念，把党的思想理论建设与先进文化的发展内蕴统一起来，促进社会主义精神文明建设，是解决重大历史性课题的方向和保证；始终代表最广大人民的根本利益，坚持全心全意为人民服务的宗旨和党的群众路线，是解决两大历史性课题的根本出发点和最终归宿。

第二，"三个代表"重要思想具有深厚的理论底蕴，它是社会主义本质在党的建设上的必然要求，是对党的性质、宗旨认识的深化与拓展，是人类社会发展规律、社会主义建设规律、执政党建设规律在党的建设上的客观反映和高度凝练，是唯物史观在党的建设上的集中体现。具体而言，首先，"三个代表"重要思想是社会主义本质与党的建设的必然要求的统一。"三个代表"重要思想是基于对社会主义本质的认识，从中国特殊国情出发，应对国内外、党内外面临的重重考验与挑战提出的。按照社会主义本质要求，中国共产党作为执政党

① 郑德荣：《"三个代表"重要思想在马克思主义中国化进程中的历史地位》，《东北师大学报（哲学社会科学版）》2004 年第 1 期。

只有代表中国先进生产力的要求，才能不断解决体制、机制上的弊端与桎梏，推动生产力的发展；只有代表先进文化的发展方向，才能为完善社会主义制度，推动社会发展进步提供精神动力和智力支持；只有代表最广大人民的根本利益，才能不断提高人民的物质生活水平，调动人民建设社会主义的积极性，赢得他们的信赖与拥护，获得不竭的前行动力。"把'三个代表'重要思想与社会主义本质结合起来，认清两者的必然联系，有助于我们从深层次上理解'三个代表'重要思想的科学内涵及其深厚的理论底蕴。"① 其次，"三个代表"重要思想是对党的性质、宗旨的深化和拓展。"党的性质，宗旨不是抽象的口号，它贯穿于党的纲领路线的始终，体现在党的行动的全过程"。在这一过程中，保持党永不变色的核心问题是保持党的先进性。只有保持先进性，才能保证创造力和凝聚力、战斗力，具有旺盛的生命力。要保持党的先进性、坚持党的宗旨，必须把握时代脉搏，把党的纲领路线方针政策和行动置于中国先进生产力的发展中，置于先进文化的前进中去考察，党的一切工作必须以最广大人民的根本利益为出发点和归宿。归根到底，要保持党的先进性、坚持党的宗旨，就要不断推动生产力发展和社会全面进步，全面建设小康社会，奔向共同富裕。这是中国共产党区别于资产阶级政党的根本标志。再次，"三个代表"重要思想是"三个规律"在党建上的集中反映和高度概括。"规律是事物内在本质的必然联系，是不以人的意志为转移的客观必然性。人们只有认识它、运用它，才能获得意志自由，由必然王国进到自由王国。执政党要掌好权、用好权，巩固执政地位，完成历史使命，必须认识和运用执政规律。"② 民主革命时期，中国共产党人，认识了中国特殊国情，运用中国近代社会发展特殊规律，通过暴

① 郑德荣：《"三个代表"重要思想的深厚理论底蕴》，《高校理论战线》2003 年第4 期。
② 郑德荣：《"三个代表"重要思想的深厚理论底蕴》，《高校理论战线》2003 年第4 期。

力革命的形式逐步掌握近代中国社会特殊规律，制定了中国革命发展战略，开创了中国历史新纪元；社会主义建设时期，中国共产党对如何进行社会主义现代化建设进行了艰辛探索，逐步认识到中国社会主义建设规律；改革开放后，经过几十年的改革实践，不断深化对共产党执政规律、社会主义建设规律、人类社会发展规律的认识的同时，不断吸取人类发展最新经验、成果，提出了"三个代表"重要思想。"'三个代表'重要思想正是在深刻认识'三个规律'的基础上提出并确定为党长期的指导思想的，它是'三个规律'在党的建设上的集中反映和高度概括。"① 最后，"三个代表"重要思想是唯物史观在党的建设上的集中体现。郑德荣认为："马克思主义唯物史观是无产阶级的科学世界观……是'三个代表'重要思想的坚实理论基础。"② 唯物史观认为生产力与生产关系的矛盾是社会的主要矛盾，"三个代表"重要思想把代表中国先进生产力的发展要求放在首位，是对唯物史观在党的建设上的集中体现；唯物史观认为社会意识决定社会存在，"三个代表"重要思想正是基于唯物史观的基本原理提出中国共产党要代表先进文化的前进方向，为社会经济发展提供智力支持；唯物史观认为历史活动是群众事业，群众决定历史的走向，"三个代表"重要思想提出要代表最广大人民的根本利益，正是这一唯物史观在党建上的集中体现。

第三，"三个代表"重要思想是马克思主义中国化历史性飞跃的最新成果和马克思主义党建学说的重要理论创新。郑德荣认为："中国共产党是在共产国际指导下按照列宁党建理论建立起来的马克思主义政党。中国共产党领导中国革命、建设和改革，以马克思主义为指导的真谛在于运用中国化的马克思主义。这是由马克思主义与时俱进

---

① 郑德荣：《"三个代表"重要思想的深厚理论底蕴》，《高校理论战线》2003年第4期。

② 郑德荣：《"三个代表"重要思想的深厚理论底蕴》，《高校理论战线》2003年第4期。

的理论品格和中国社会特殊国情所决定了的。因此，运用马克思主义基本原理同中国具体实际相结合的理论成果即中国化的马克思主义指导我们的实践，不断地进行理论创新，是党的思想理论建设的永恒主题。"① 具体而言，马克思主义基本原理同中国具体实际相结合的历史进程中曾产生两次历史性飞跃、两种伟大理论成果：毛泽东思想和邓小平理论。在毛泽东思想旗帜的指引下，走中国特色的革命道路，开创中国历史新纪元，实现了中国社会的历史性跨越。在邓小平理论旗帜的指引下，解除困惑，实现了历史性的伟大转折，开创了有中国特色的社会主义道路，坚持"一个中心、两个基本点"的基本路线，在市场经济条件下发展经济，由贫困达到小康，中国社会再一次实现了历史性的跨越。江泽民提出的"三个代表"重要思想继承和发展了列宁、毛泽东、邓小平关于党的建设理论。不仅突破了长期以来党建基本上是就思想、组织、作风方面进行党的建设的范围，而是从外延上、从宏观上、从根本上、从更高层面上，全方位地回答了建设一个什么样的党，怎样建设党这样一个根本问题；而且赋予党的性质以时代精神，丰富了它的内涵。

4. 关于党的理论创新

郑德荣认为："创新是一个民族的灵魂，是一个国家兴旺发达的不竭动力。"② 具体而言，中国共产党在改革开放的伟大历史进程中，始终坚持"四个统一"实现了党的指导思想的与时俱进。

第一，坚持马克思主义基本原理与坚定不移地走自己的路相统一。前者是理论前提和方向保证，后者是前者在中国的具体运用、发展、实践的伟大成果。之所以要坚持马克思主义基本原理，是因为马克思主义是无产阶级的世界观和方法论，是指导无产阶级和被压迫民族解放的思想武器，它不是教条而是行动的指南，它只有与实际相结

---

① 郑德荣：《"三个代表"重要思想在马克思主义中国化进程中的历史地位》，《东北师大学报（哲学社会科学版）》2004 年第 1 期。

② 郑德荣：《理论创新的光辉典范》，《新长征》2002 年第 1 期。

合才能显示出蓬勃的生机与活力。马克思主义指导中国革命的真谛在于运用中国化的马克思主义，这就是马克思主义与中国实际相结合的两次历史性巨变的伟大成果——毛泽东思想、邓小平理论。"坚定不移地走自己的路"，就是在这两个理论直接指导下的伟大实践。与此同时，郑德荣还对"坚定不移地走自己的路"的内涵进行了阐释。他认为："所谓'坚定不移地走自己的路'，就是坚定不移地走有中国特色的革命道路和有中国特色的社会主义建设道路。前者系指在落后的半殖民地半封建社会里，如何开展共产主义运动，夺取政权，进而过渡到社会主义社会的革命道路，即以农村包围城市。"①

第二，坚持"三个代表"的要求与坚持党的理论、纲领、路线相统一。"马克思主义理论、路线、纲领是不同时期'三个代表'思想的集中体现，也是衡量我们党是不是'三个代表'的党的重要标志。而'三个代表'是党的先进性的重要体现，它要求党的理论、纲领、路线必须符合'三个代表'的要求。"②

第三，坚持党的先进性与增强党的阶级基础，扩大党的群众基础相统一。党的先进性是党能够领导群众进行革命、建设和改革的根本前提，是永葆党的青春与活力的重要保障；党的阶级基础、群众基础是永葆党的先进性的力量之源和成功之本。只要能够始终坚持和贯彻"三个代表"的要求，就能够坚持党的工人阶级先锋队性质，始终保持党的先进性，同时根据经济发展和社会进步的实际，不断增强党的阶级基础和扩大党的群众基础，不断提高党的社会影响力，把坚持和发展、继承和创新有机结合起来，这是我们在新的历史条件下正确认识和坚持党的先进性的根本指导方针。

第四，坚持社会的全面发展与坚持人的全面发展相统一。"这是马克思主义关于建设社会主义新社会的本质要求。"③ 推进人的全面

---

① 郑德荣：《理论创新的光辉典范》，《新长征》2002 年第 1 期。
② 郑德荣：《理论创新的光辉典范》，《新长征》2002 年第 1 期。
③ 郑德荣：《理论创新的光辉典范》，《新长征》2002 年第 1 期。

发展，同推进经济社会的全面发展互为前提和基础。社会主义制度的建立为实现人的全面发展提供了广阔的前景，人的全面发展必然会促进经济社会的全面发展。

第五，坚持党的最高纲领和实践现阶段基本纲领相统一。党的最高纲领是实现共产主义，而我国社会主义初级阶段的基本纲领是共产主义远大目标在现阶段的具体实践目标。

上述内容中，郑德荣从四个方面展开了对"三个代表"重要思想的理论研究。通过对新民主主义革命发展战略与"三个代表"重要思想之间内在关联性的阐述，将"三个代表"重要思想与近代中国革命发展历程、发展战略融为一体，从历史维度实现了对"三个代表"重要思想的追溯与定位。以中国特色道路为研究对象，在回顾中国近现代追寻现代化历程的基础上，阐明了近代中国实现现代化的路径和方向，厘清了始终坚持"三个代表"的中国共产党与中国现代化之间的必然联系，同时也深刻揭示了中国现代化发展规律。比较系统地论证了"三个代表"重要思想在马克思主义中国化进程中的作用与价值，完成了对"三个代表"重要思想的历史定位。通过对中国共产党实现理论创新"五个统一"的归纳与阐释，揭示了党的理论创新的内涵实质与基本经验。

（三）科学发展观研究

郑德荣非常重视对科学发展观的理论研究工作。从党的十六大始他先后撰写了《科学发展观与全面建设小康社会关系的理性思考》《开拓中国特色社会主义更为广阔的发展前景》《深刻理解和把握中国特色社会主义道路的基本问题》《科学发展观的时代价值与实践意义新探》等文章，这些文章基于宏观与微观两个维度对科学发展观进行了考察。宏观专注于对科学发展观与全面建设小康社会，科学发展观与邓小平发展观关系的梳理与探究，科学发展观与中国特色社会主义道路的关系；微观则聚焦于对科学发展观的时代价值与实践意义的深入剖析。

1. 科学发展观与全面建设小康社会的关系

"科学发展观和全面建设小康社会是社会主义制度优越性的鲜明体现，是社会主义本质的时代辉映。"① 对此，郑德荣主要从三个方面阐明了自己的观点。

第一，科学发展观与全面建设小康社会从不同视角突出而又鲜明地体现出社会主义制度的优越性，它们是社会主义本质的内在要求和鲜明体现。在这个问题上，郑德荣从两个方面进行了具体阐释。一方面，社会主义本质是科学发展观的逻辑起点，科学发展观是社会主义本质的内在要求和鲜明体现。郑德荣认为，要充分发挥社会主义制度优势，凸显社会主义本质必须从传统、片面的发展理念中解放出来，树立崭新且符合时代特点的发展观。科学发展观的提出是建立在对以往社会主义建设经验教训基础上的；是针对社会转型期、矛盾多发期时代特点提出的；是对国外先进经验的借鉴和总结；是符合中国社会发展规律的真理性认识。另一方面，全面建设小康社会是社会主义本质的内在要求和鲜明体现。郑德荣认为，全面建设小康社会是中国实现现代化的必经历史阶段，只有实现以增强发展的协调性和全面性及维护社会公平正义，使发展成果惠及全体人民为重要有机组成部分的全面建设小康社会目标的新要求，促进经济持续、稳定、快速的增长，人民生活水平得到大幅度的提高，过上富裕、殷实的小康生活，才能够充分体现社会主义制度的优越性，进而充分体现社会主义本质，持续巩固和发展社会主义。

第二，科学发展观是全面建设小康社会的必然要求和根本指针。郑德荣主要从三个方面对这一问题进行了阐释。一是科学发展观为全面建设小康社会提供了根本指针。他认为，科学发展观是马克思主义关于发展的世界观和方法论的集中体现，它蕴含着丰富的马克思主义

---

① 郑德荣：《科学发展观与全面建设小康社会关系的理性思考》，《毛泽东邓小平理论研究》2010 年第 4 期。

哲学底蕴，强调发展是执政兴国的第一要务，以经济建设为中心的同时要着力加强政治、文化和社会建设，这一思想"是马克思主义社会基本矛盾理论在当代中国的具体运用，为全面建设小康社会提供了科学的世界观、方法论"①。二是科学发展观为全面建设小康社会指明了目标宗旨和价值取向。他认为，科学发展观充分体现了历史唯物主义的人民史观的基本原则，它明确以人为本，明确了靠谁发展与为谁发展的问题，充分体现出历史唯物主义的基本原理，是对马克思主义关于"人的自由而全面发展"的社会价值理想的当代运用和发展。三是科学发展观为全面建设小康社会提供了科学的方法论准则。他认为，科学发展观的基本要求和根本方法体现了辩证唯物主义普遍联系的基本观点，是对辩证唯物主义关于事物普遍联系原理的创造性运用。

第三，全面建设小康社会是深入贯彻落实科学发展观的伟大实践，同时它又为科学发展观提供新鲜经验。郑德荣认为，科学的理论具有实践引领性，这是理论的本质属性与必然要求，科学发展观的伟大实践目前主要体现为进行小康社会的全面建设，实现全面建设小康社会的宏伟目标。具体体现在思想与实践两个方面。从思想上看，要树立科学发展观，转变发展观念；要树立"一个中心、两个基本点"统一于发展社会主义伟大实践的思想观念；要树立转变经济发展方式，完善社会主义市场经济体制的观念。从实践上看，开展学习实践科学发展观活动；加强社会建设，改善民生，促进社会和谐；要高度重视"三农"问题；深入实施区域发展总体战略，推进区域协调发展；加强生态文明建设，促进人与自然和谐相处。

2. 科学发展观与中国特色社会主义道路的关系

在新世纪、新阶段中国特色社会主义道路发展呈现出一系列阶段

---

① 郑德荣：《科学发展观与全面建设小康社会关系的理性思考》，《毛泽东邓小平理论研究》2010 年第 4 期。

性特征，暴露出一些深层次的问题和矛盾，要持续推进中国特色社会主义道路向纵深发展，必须要树立和落实科学发展观，自觉走科学发展道路，深入贯彻和落实科学发展观。对此，郑德荣主要从三个方面阐明了自己的观点。

第一，深入贯彻落实科学发展观，实现经济又好又快的发展，必须要转变经济发展方式。郑德荣认为，转变经济发展方式是实现经济又好又快发展的必然要求和基础，其关键是实现"三个转变"：首先，实现经济增长由主要依靠投资、出口拉动向依靠消费、投资、出口协调拉动转变；其次，实现经济增长由主要依靠第二产业带动向依靠第三产业协同带动转变；最后，实现经济增长由主要依靠增加物质资源消耗向主要依靠科技进步、劳动者素质提高、管理创新转变。

第二，深入贯彻落实科学发展观，必须提高自主创新能力。郑德荣认为，改革开放以来，我国科技创新能力不断提升，科技发展水平和技术构成发生重大变化，但是在激烈的国际竞争形势下，我国自主创新能力仍有待进一步提升。因此，加快自主创新的步伐不仅是增强我国综合国力的迫切需要，也是从国际竞争中从根本上保障国家经济安全的迫切需要。

第三，深入贯彻落实科学发展观，实现经济又好又快发展，必须走生产发展、生活富裕、生态良好的文明发展道路。郑德荣认为，在经济高速发展的同时，资源短缺、环境恶化的问题愈益显著，因此加强生态文明建设是科学发展观的必然要求，强调："生态文明建设体现出了人与自然、人与人以及经济社会协调发展，是协调人与自然关系的落脚点和最终结果。"①

3. 科学发展观是对邓小平发展理论的继承和创新

科学发展观的重要特征是统筹、协调、可持续发展，其本质和核

---

① 郑德荣、姜淑兰：《深刻理解和把握中国特色社会主义道路的几个基本问题》，《毛泽东思想研究》2009 年第 2 期。

心是以人为本，它与邓小平发展观既是一脉相承，又与时俱进。"发展才是硬道理"是科学发展观的理论基础，科学发展观丰富、发展和完善了发展才是硬道理思想，实现了对发展才是硬道理思想的拓展深化和理论升华。对此，郑德荣主要从四个方面阐明了自己的观点。

第一，邓小平"发展才是硬道理"是以经济建设为中心，以经济增长指标为主要标志，强调坚持基本路线，关键是以经济建设为中心不动摇。科学发展观以发展为第一要务，而经济建设又是发展的中心，强调可持续发展是以经济增长为前提，因此经济增长是科学发展观中应有之义。

第二，邓小平"发展才是硬道理"是以经济建设为中心的社会全方位发展，邓小平在注重经济增长的同时，始终强调物质文明与经济文明要"两手抓"，两手都要硬。科学发展观把经济社会的全面发展延伸到了人与自然的协调发展，以及人的全面发展，进一步拓展了全面发展的思想内涵与实质内容。

第三，邓小平"发展才是硬道理"主张发展不能盲目进行，一定要遵循社会发展规律、价值规律和经济规律稳步推进，只有稳扎稳打有步骤地理顺各种经济关系、社会关系，才能实现经济持续、稳定、协调的全面发展。科学发展观的主要特征是"五个统筹"，强调通过统筹兼顾促成经济社会的协调发展，进而实现持续发展，这是对邓小平发展观的全面深化和重要发展。

第四，邓小平"发展才是硬道理"，注重强调在稳步发展的基础上，不断改善人民群众的生活水平，满足人民对于物质文化的需求，并且还强调发展要均衡要维护最广大人民的切身利益，党和国家的工作，都要以服务人民为出发点和落脚点。科学发展观明确提出核心是以人为本，进而把邓小平发展观中蕴含的以人民高不高兴、满不满意、答不答应为中心的人本思想升华到了一个新的高度和境界。

4. 科学发展观的时代价值与实践意义

科学发展观，是中国共产党对社会主义市场经济条件下经济社会发展规律在认识上的重要升华，是中国共产党执政理念的一个飞跃，具有重大的时代价值与实践意义。对此，郑德荣主要从三个方面集中阐明了自己的观点。

第一，指导思想的与时俱进是无产阶级政党走向成熟的重要标志，是保持党的先进性和创造力，不断提高党的领导水平和执政水平的决定性因素。郑德荣认为，从建党之初，中国共产党就是一个以马克思主义理论为基石的党，在遵循马克思主义基本理论的同时，几代中国共产党人将马克思主义理论与中国革命、建设、改革实践的发展历程结合起来，实现了马克思主义中国化。正是有了毛泽东思想的科学引领，才能实现新民主主义革命的胜利，确立了社会主义制度，开始了对社会主义建设的初步探索；正是有了邓小平理论的科学引领，才能实现了伟大历史转折，开辟出了一条中国特色社会主义道路；正是因为有了"三个代表"重要思想的科学引领，才能从容应对纷繁复杂的国内外环境，将中国特色社会主义推向新世纪、新阶段；正是有了科学发展观的科学引领，才能在改革进入攻坚期、深水区时，攻坚克难、勇往直前，不断将中国特色社会主义推向前进。

第二，科学发展观是社会主义本质的内在需求与集中体现，是对社会主义建设规律认识的深化与升华，开辟了当代马克思主义发展新境界，是党必须长期坚持的指导思想。首先，科学发展观系统地回答了实现什么样的发展，怎样发展的重大问题。郑德荣认为，发展是人类社会永恒不变的主题，是社会文明延续的必然趋势，但是在现代社会随着科技的进步一系列由发展引发的问题逐渐凸显，并制约了生产力的发展，如何突破发展桎梏，破解发展难题成为人类面临的重大问题。党的十六大至十八大期间，以胡锦涛同志为总书记的党中央以马克思主义世界观与方法论为指导，在总结中国发展经验的同时，借鉴国外发展经验教训，紧紧抓住了"发展"这个核心问题，提出科学发展观，并在积极贯彻和落实科学发展观重大战略部署的过程中拓展发展空间、完善发展布局、提升发展经济。其次，科学发展观是社会主义本质的内在属性与必然要求。邓小平提出的社会主义本质论从根本上回答了什么是社会主义，怎样建设社会主义，同时为科学地回答实现什么样的发展，怎样发展奠定了坚实理论基础。解放和发展生产力是"发展"的前提基础，"发展"是解放和发展生产力的必然结果，只有科学发展才能不断地解放和发展生产力。实现共同富裕是"以人为本"的核心价值取向，"以人为本"是实现共同富裕必须具备的发展理念，为实现共同富裕提供了前提保障。最后，科学发展观是对社会主义发展建设规律的深化和升华。郑德荣认为，规律是客观事物之间存在的必然联系，是客观存在的，但是要掌握规律，使规律为我所用就必须要在实践中不断地总结经验教训。"中国共产党90多年理论创新的历史就是一部认识、总结、掌握规律的历史。"[1] 科学发展观从提出到确立为党的指导思想的过程，表明我们党对规律的认识与掌握又达到了新水平、新境界。

第三，科学发展观是实现中国现代化建设事业攻坚克难、协调发展的助推器，是实现人的全面发展的前提和基础，是实现社会主义现代化目标的指针和保障。首先，科学发展观是社会主义建设总体推进的指针。郑德荣认为，从社会主义现代化发展进程的纵向观察，科学发展是解决突出问题和主要矛盾的关键，要深入推进改革开放就必须以科学发展观为统领。从社会主义现代化发展进程的横向看，中国特色社会主义是"五位一体"的总体布局，必须用科学发展观统领全局协调推进。其次，科学发展观是提升党建科学化水平的有力保障。郑德荣认为，新世纪以来，世情、国情、党情都发生了翻天覆地的巨变，为党的建设提出崭新的课题，为了应对考验，防范风险，要全面提升党的建设科学化水平，实现党的建设总体布局全面推进，必须要用科学发展观来全面协调统筹，必须要在全党范围内树立科学发展理念，只有用科学发展观武装全党，才能时刻保持党的先进性与纯洁

---

① 《郑德荣文存》第五卷，吉林人民出版社2015年版，第280页。

性，才能把党建设成为以人为本的服务型政党。最后，科学发展观是实现人的全面发展的必然要求。郑德荣认为："人的全面发展的实现需要以科学发展观为指导，科学发展观的最终目标则是实现人的全面发展。"① 科学发展观为人的全面发展提供现实可能性，人的全面发展必须在"以人为本"的社会环境中才可能成为现实。人的全面发展是科学发展观的最终目标，"以人为本"是对经济社会发展目标的精准定位，从而克服了传统发展观中过分依赖于物的现象，把科学发展理念建立在对人本位的终极关怀上，进而实现了人的发展与社会发展进步的良性互动。

上述内容中，郑德荣着重从四个方向对科学发展观展开分析与研究。以全新的视角对科学发展观与全面建设小康社会之间的内在关联性进行了深入的探讨，并得出了科学的论断；对科学发展观与中国特色社会主义道路之间的必然联系进行了分析和探讨；对科学发展观与邓小平"发展才是硬道理"之间的继承与发展关系进行了剖析与解读；对科学发展观的时代价值与实践意义进行了揭示与定位。郑德荣关于科学发展观的研究成果从数量与内容上来看，相对于邓小平理论与"三个代表"重要思想较少也较为分散。但是其中阐发的一些观点，如对科学发展观与全面建设小康社会之间关系的梳理以及对科学发展观的时代价值与实践意义揭示等，无疑在当时具有相当的理论前沿性与创新性，即便是在进入新时代的今天仍然具有一定的理论研究价值。

第二节　中国道路

郑德荣教授关于中国道路的研究是从两个方向展开的：中国特色革命道路；中国特色社会主义道路。之所以要将中国特色革命道路作

———————

① 《郑德荣文存》第五卷，吉林人民出版社 2015 年版，第 283 页。

为重点内容进行介绍，一方面在于中国特色革命道路与中国特色社会主义道路之间一脉相承、不可分割的必然历史逻辑；另一方面在于郑德荣对于中国特色革命道路的研究在 20 世纪 80 年代已经启动，并完成了大量相关理论成果，可以说他对于中国特色社会主义道路的研究是建立在对中国特色革命道路研究基础之上的，是对中国特色革命道路研究在新时期、新时代的丰富、延伸与拓展，是郑德荣从事中国道路理论研究的精华所在。

一、中国特色革命道路

中国特色革命道路是中国革命经验的基本总结，是中国社会发展规律的深刻揭示，是新民主主义理论认识上的升华与诠释，是中国特色社会主义道路的历史由来。在《全面准确理解中国特色革命道路》《中国特色革命道路论析——兼谈新民主主义理论的历史地位》《毛泽东与中国发展道路》《新民主主义理论纵横观》《毛泽东思想纵横观》等文章、著作中，围绕着中国特色社会主义道路的科学内涵与思想精髓，中国特色革命道路的历史进程与指导思想，中国特色社会主义道路的理论价值，中国特色革命道路与中国特色社会主义道路之间的联系和区别等问题展开了论述，并阐明了自己的理论观点，同时也为后来全面系统地研究中国特色社会主义道路奠定了坚实基础。

（一）中国特色革命道路的科学内涵与思想精髓

什么是中国特色革命道路，怎样对其科学内涵进行理解和阐释？如何提炼出中国特色革命道路的思想精髓？是郑德荣在研究中国特色革命道路的过程中首先阐释并回答的问题。也是深入研究中国特色革命道路的前提和基础。

1. 中国特色革命道路的科学内涵

对于什么是中国特色革命道路郑德荣有着自己独到的见解。他认为，所谓的中国特色革命道路"主要是区别于无产阶级通过社会主义革命、议会斗争、城市武装起义，直接从资产阶级手里夺取政权，建立社会主义社会这种革命模式和社会发展模式。它不同于西方旧式的资产阶级革命，而是新式的资产阶级民主革命，是以社会主义、共产主义为最终奋斗目标的新民主主义革命，然后对生产资料私有制进行社会主义改造，由新民主主义社会进入社会主义社会"①。在这里，郑德荣对于中国特色革命道路的理解可以分为两个层次。对中国特色革命道路与传统意义上的无产阶级武装革命及西方旧式资产阶级革命之间的区别进行了说明；对中国特色革命道路的奋斗目标、发展历程进行了梳理与概括。通过以上精辟的论述，寥寥数语就将中国特色革命道路的科学内涵分析得十分透彻。与此同时，郑德荣还从理论与实践两个维度对中国特色革命道路的内涵进行深入的挖掘与阐述。

第一，从理论上看。毛泽东虽然没有明确作出过"中国特色革命道路"的相关表述，但是关于这方面的思想却非常丰富。毛泽东从国际视野观察中国革命，指出中国革命是世界无产阶级革命的重要组成部分，革命必须分两步走，第一步是民主主义革命，第二步是社会主义革命，前者是后者的必要准备，后者是前者的必然趋势。此外，毛泽东还阐明了新民主主义革命具有两重任务：替资本主义扫清道路；替社会主义创造前提。正是基于以上的种种判断，新中国成立后，以毛泽东为代表的中国共产党人开启了由新民主主义转变为社会主义革命具有中国特色的社会主义改造道路。改革开放后，邓小平对中国特色革命道路的内涵有了新的认识并将其概括为："从新民主主义到社会主义的道路。"② 对于这句话，郑德荣将其理解为：中国的社会主义社会是从新民主主义社会过渡来的，即是由半殖民地半封建社会进行革命，夺取政权，建立新民主主义社会，再进行社会主义革命，建立社会主义社会。

---

① 郑德荣、王占仁：《全面准确理解中国特色革命道路》，《毛泽东思想研究》2006年第 2 期。

② 《邓小平文选》第三卷，人民出版社 1993 年版，第 82 页。

　　第二，从实践上看。毋庸置疑，中国共产党是以马克思主义为指导建立起来的，中国共产主义运动也是在俄国十月革命的直接影响下发生的。马恩列斯关于无产阶级对待资产阶级民主革命的理论，对中国革命具有直接的指导意义。但是，在他们的论述中却没有能够系统地提出一个完全适合中国革命需要的理论，即回答如何在一个半殖民地半封建社会进行无产阶级革命的问题。这个问题必须要由中国共产党在革命实践中自己去创造性地解决。对此，郑德荣认为，在中国的无产阶级革命实践中，正是以毛泽东为代表的中国共产党人，运用马克思主义的世界观方法论以及科学社会主义学说，正确分析了中国特殊的国情，认清了中国社会性质、主要矛盾，总结了中国革命的独特经验，从而在宏观上指明了中国革命的方向和方位，指出中国革命的性质是新民主主义革命，前途是社会主义的。创造性地把民主革命与无产阶级革命联系起来，使中国革命成为无产阶级责无旁贷的历史使命，这就解决了中国革命的社会主义前途。此外，郑德荣还分析了新民主主义革命理论与农村包围城市理论之间的内在联系以及他对于农村包围城市道路理论的理解。他认为："如果说新民主主义理论完美地解决了中国革命的性质是什么的问题，那么农村包围城市道路理论则解决了如何取得革命胜利的问题。毛泽东系统地总结了土地革命战争的历史经验和抗日战争的新鲜经验，批判了在中国革命道路问题上照搬照抄外国经验的教条主义，科学地论证了中国革命为什么必须走农村包围城市的道路，而且能够走这条道路夺取革命的胜利，形成了完整的农村包围城市的理论"[1]。农村包围城市理论，具有鲜明的中国特色。它突破了俄国十月革命城市中心道路的模式，解决了在半殖民地半封建经济政治发展不平衡的农业大国，弱小的无产阶级怎样发动和组织农民这个最大的革命力量，最有效打击敌人，发展革命力

---

[1]　郑德荣、王占仁：《全面准确理解中国特色革命道路》，《毛泽东思想研究》2006年第2期。

量，最后夺取全国政权的问题，为马克思主义暴力革命理论增添了新内容。

上述内容中，郑德荣由表及里，从浅入深地实现了对中国特色革命道路内涵的挖掘与诠释。他在对中国特色革命道路内涵进行高度凝练的基础上，从对中国特色革命道路与传统意义上的无产阶级武装革命及西方旧式资产阶级革命之间的区别及对中国特色革命道路的奋斗目标、发展历程进行了梳理与概括两个方面对内涵概念进行了解读。与此同时，又通过理论与实践两个方向延伸与拓展，实现对中国特色革命道路内涵的全方位、深层次阐发。

2. 中国特色革命道路的思想精髓

中国特色革命道路的思想精髓，即中国特色革命理论价值。郑德荣经过全面的梳理与深刻的思考认为，中国特色革命道路的思想精髓是由中国革命历史经验的总结，中国革命发展规律的揭示，新民主主义理论认识上的升华等三个方面构成的。

第一，中国革命历史经验的总结。中国共产党历来重视总结历史经验，并从不同的视角、不同的方向、不同的层次进行过多次总结。概括而言，主要从两个方面：关于中国革命的历史经验。在引用了邓小平的相关论述后，郑德荣认为，中国革命最重要的一条基本经验就是：在近代中国革命历程中，中国人民逐渐接受马克思主义，并在中国共产党的领导下实现了马克思主义中国化，走出了一条从新民主主义到社会主义的道路，使中国革命走向胜利。并在此基础上进一步指出，中国特色革命道路是一条既不同于西方资产阶级民主革命，又不同于苏联社会主义革命的新路子，是中国特色的革命道路。关于中国社会主义建设的历史经验。在社会主义建设的过程中，邓小平从照搬照抄别国发展经验、模式，是不可能成功的这一经验为视角，指出中国进行社会主义建设必须从中国实际国情出发，要把马克思主义的基本原理与中国实际相结合，真正走出一条独具中国特色的社会主义道路。同时进一步指出："中国特色社会主义道路是中国特色革命道路发展的必然结果，也是中国社会主义建设历史经验的高度概括。"①

　　第二，中国革命发展规律的揭示。"近代中国半殖民地半封建社会的性质，决定中国革命既有一般规律又有特殊规律，一个革命政党只有认识、掌握并熟练运用这个规律，才能推动事业发展。"② 中国共产党历来高度重视对规律的认识和把握。中国革命的奋斗历程，也反复实践证明了积极探索并把握中国革命、建设特殊规律的重要性。中国特色革命道路是由近代中国特殊国情决定的，是中国近代历史规律的反映。与此同时，郑德荣对中国特色革命道路的鲜明特点从三个方面进行了揭示：一是无产阶级领导的资产阶级民主革命。以毛泽东为代表的中国共产党人把马克思主义基本原理与中国实际相结合，把资产阶级民主革命和无产阶级的领导紧密地联系起来，无产阶级肩负起领导资产阶级民主革命的历史使命，开辟出中国特色革命道路，从根本上解决了在半殖民地半封建社会，无产阶级如何领导资产阶级民主革命，实现国家独立、富强的历史性课题。二是农村包围城市武装夺取政权。由中国共产党人开创的由农村包围城市武装夺取政权的道路，突破了俄国十月革命城市中心道路的模式，解决了在政治经济发展不平衡的农业大国，弱小的无产阶级怎样有效地组织、发动农民，积聚革命力量，夺取全国政权的问题，为马克思主义暴力革命理论增添了崭新内容。三是壮大人民民主统一战线协商建国。中国共产党作为无产阶级的先锋队在领导革命斗争中，积极争取和团结一切可以团结的力量，逐渐形成革命统一战线，并把建立工人阶级领导的以工农联盟为基础的人民民主专政国家作为奋斗目标，以召开政治协商会议的形式来实现。

　　第三，新民主主义理论认识上的升华。郑德荣认为："中国共产

① 郑德荣、王占仁：《全面准确理解中国特色革命道路》，《毛泽东思想研究》2006年第 2 期。

② 郑德荣、王占仁：《全面准确理解中国特色革命道路》，《毛泽东思想研究》2006年第 2 期。

党成立后的 28 年间，领导中国人民进行革命斗争的全部历史集中到一点，就是赢得了新民主主义革命的伟大胜利。"① 以人民民主专政的国家政权替代了官僚资产阶级、帝国主义对国家的统治与压迫，使中国由半殖民地半封建社会进入新民主主义社会，为最终社会主义制度的建立创造了基本条件。解决了在半殖民地半封建社会，无产阶级如何组织开展共产主义运动的重大难题，明确了中国革命的方向和方位，以上的一切都是在新民主主义理论指引下完成的。新民主主义革命理论是建立在对中国革命特殊规律揭示和总结基础上的，中国特色革命道路在新民主主义革命理论的指引下，在系统全面地审视世界上资产阶级革命和无产阶级革命的同时，在革命实践中具体展开的，是新民主主义理论在实践层面的升华和诠释。与此同时，郑德荣还从中国特色革命道路的视角对新民主主义理论进行了新的思考。他认为："过去只是注重新民主主义理论和近代中国资产阶级革命的联系和区别，着眼于新民主主义的内涵思考和内涵本身的把握，而中国特色革命道路理论则具有世界视角，从道路的深度和高度进行再认识，这是用全新的视角和视野进行的最高的概括，与中国特色社会主义道路是等量齐观的。"②

上述内容中，郑德荣从中国革命历史经验的总结、中国革命发展规律的揭示、新民主主义理论认识上的升华等三个方面，对中国特色革命道路的思想精髓进行了深度的分析与概括。将新民主主义理论与中国特色革命道路联系到一起，以宏观视角将中国革命道路放置于世界资产阶级革命与无产阶级革命的过程中加以比较、考察，进而得出了中国特色革命道路是新民主主义理论认识上的升华和诠释的科学结论。

（二）中国特色革命道路的历史进程与指导思想

中国特色革命道路的开辟并不是一蹴而就的，它在不同的历史阶

---

① 郑德荣、王占仁：《毛泽东思想纵横观》，人民出版社 2014 年版，第 49 页。
② 郑德荣、王占仁：《毛泽东思想纵横观》，人民出版社 2014 年版，第 50 页。

段逐步得到形成与拓展，而在这一过程中正确的指导思想发挥着重要的引领作用。如何对中国特色革命道路的历史进程进行阶段性划分，怎样阐述清楚中国特色革命道路与指导思想之间存在的互动、互补关系，是研究中国特色革命道路不能回避的重要课题，也是郑德荣长期关注、思考与研究的内容。

1. 中国特色革命道路的历史进程

经过对中国特色革命道路历史进程的系统梳理与考察，郑德荣将这一过程划分为两个阶段。第一个阶段，新民主主义革命道路。他认为："新民主主义革命道路是中国特色革命道路的第一阶段，而且是最重要的阶段。"[①] 所谓的新民主主义革命道路，就是在中国新民主主义革命的历史进程中，在新民主主义理论的指引下开辟出的一条中国特色的革命道路。郑德荣着重从三个方面对新民主主义革命道路进行了阐释。新民主主义革命道路与农村包围城市道路的关系。在如何认定新民主主义革命道路与农村包围城市道路关系的问题上，他认为，新民主主义革命道路包括农村包围城市道路。二者之间既有着密切的联系，也有着明显区别。"区别在于范畴不同、理论层次不同、回答问题的角度不同。新民主主义是大范畴、大概念，带有总体性的宏观理论；农村包围城市道路是在中国特殊社会历史条件下，实现武装夺取政权的途径，也是完成新民主主义革命任务的必经之路，它是服从和从属于新民主主义革命道路的。前者范围更广，后者服从服务于前者的需要，范畴窄，理论层次低，属于前者的内涵。可以说，农村包围城市道路固然是中国特色革命道路，但中国特色革命道路不只是人们通常所理解的农村包围城市的道路。站在宏观研究的角度，对中国整个革命历程（两个阶段）进行广角触视，综合归纳，就是中国革命经由新民主主义，进而进入社会主义的道路而言的。"[②] 第二

---

① 郑德荣、王占仁：《毛泽东思想纵横观》，人民出版社 2014 年版，第 50 页。

② 郑德荣、王占仁：《毛泽东思想纵横观》，人民出版社 2014 年版，第 52 页。

个阶段，社会主义改造道路。他认为："新民主主义革命道路是中国特色革命道路的第一阶段，而且是最重要的阶段。"① 主要理论依据是源于《关于建党以来党的若干历史问题的决议》中所指出的："在过渡时期中，我们党创造性地开辟了一条适合中国特点的社会主义的改造道路。"② 因此，过渡时期是融于新民主主义社会之中，与其同步进行的。毛泽东所构想的中国特色革命道路的总体框架是完成中国革命的两重任务，资产阶级民主主义性质的革命；无产阶级社会主义性质的革命。而二者的最终目的是为了力争社会主义和共产主义社会的完成。在如何使新民主主义革命与社会主义革命成功对接的问题上，毛泽东超越了苏联的彻底砸碎资产阶级国家机器，废除资本主义社会经济基础的革命性变革模式，将中国的这场社会变革变成了一种和平过渡的形式，通过许多中间环节，架起了一座由新民主主义通往社会主义的桥梁，避免了社会动荡和生产力的破坏。社会主义改造理论突破了以往的苏联模式，创造了工业化与改造同时进行的道路，推动了过渡的逐步顺利进行，实现中国历史上最伟大深刻的社会变革。社会主义改造是在社会主义改造理论引领下，我国在经济战线上全面展开的社会主义革命，它使毛泽东构想中的中国特色革命道路第二步由设想得以顺利实现。

上述内容中，郑德荣对中国特色革命道路与农村包围城市道路、社会主义改造道路三者间的关系分析得非常清晰透彻，这样不仅让人们对它们之间的关系有了更深层次的理解和认识，回答了很多人由于对三者之间关系的模糊，甚至是错误的认识而产生的疑问、困惑，而且还将毛泽东所提出的完成中国革命的两重任务与中国特色社会主义革命的两个阶段进行了衔接，可以说从整体上完成了对中国特色革命道路阶段性划分的理论阐释。

① 郑德荣、王占仁：《毛泽东思想纵横观》，人民出版社 2014 年版，第 50 页。

② 《十一届三中全会以来重要文献选读》（上），人民出版社 1997 年版，第 306 页。

2. 中国特色革命道路的指导思想

在关于中国特色革命道路指导思想的问题上，郑德荣从两个层次、两个视角对这一问题进行了论述。他认为，中国特色革命道路的指导思想从宏观整体上来看是毛泽东思想；从微观具体来看是毛泽东思想的两个主体内容——新民主主义革命理论与社会主义改造理论。与此同时，他对毛泽东思想的两个重要组成部分也分别作出了阐发。

第一，新民主主义革命理论。郑德荣认为，"毛泽东思想的主体内容在新民主主义革命时期是新民主主义革命理论"①。并指出，新民主主义革命理论完满地解决了中国特色革命道路问题，是马列主义与中国革命相结合的第一次历史性飞跃的伟大成果。首先，新民主主义理论的实践价值在于："指引中国共产党，领导中国人民，经长期浴血奋战、艰苦奋斗，推翻三座大山，取得新民主主义革命的胜利，建立新中国，进而转到社会主义革命，开创了中国特色革命道路"。此外，新民主主义革命理论还集中回答了中国革命的对象、任务、性质、动力和前途等一系列关系到革命事业的重大问题，为中国如何由半殖民地半封建社会走向社会主义指明了前途和方向。其次，新民主主义革命理论的理论价值在于：它坚持运用历史唯物主义观点、方法及列宁关于殖民地问题的学说分析中国国情，坚持和发展了马克思主义关于无产阶级在民主革命中领导权的原理，坚持和发展了被压迫民族无产阶级要联合本国资产阶级共同反对压迫民族资产阶级的理论，坚持和发展了马克思主义的暴力革命原则，坚持和发展了马克思主义的无产阶级专政学说，坚持和发展了马克思主义的阶级分析法和具体情况具体分析的辩证方法。依据新民主主义革命理论，中国共产党认识到，中国革命必须分两步走，经新民主主义到社会主义。

第二，社会主义改造理论。郑德荣认为："毛泽东思想主体内容在社会主义革命时期是社会主义改造理论，在毛泽东思想指引下进行

---

① 郑德荣、王占仁：《毛泽东思想纵横观》，人民出版社 2014 年版，第 53 页。

社会主义改造的总路线就是过渡时期总路线。"① 在这部分内容中，郑德荣着重阐述了两方面的问题。一方面是关于新民主主义与中国特色社会主义的关系。二者之间的联系在于：在经济上，新民主主义生产力低下，多种经济成分并存，以社会主义国营经济为主导；社会主义初级阶段生产力有所发展，但生产力水平较低，且发展不充分、不平衡。在政治上，两个时期实行的都是中国共产党领导的多党合作与政治协商制度。二者之间的区别在于：历史范畴不同，社会性质有质的区别。后者是从前者发展而来的，社会主义制度已经确立，社会性质已经由新民主主义社会变为社会主义社会。阶级结构不同，社会主要矛盾不同。前者仍是有阶级的社会；后者是剥削阶级基本消灭，剥削制度基本消灭。前者的社会主要矛盾，既有生产力低下与人民生活需要的矛盾，又有两个阶级的两条道路的矛盾。后者则是两个阶级两条道路的矛盾基本解决。主要任务与工作重点不同，前者既抓发展生产力，又要逐步解决两个阶级两条道路的矛盾，后者把党和国家的工作重点转移到经济建设上。社会经济结构不同，各种经济成分的地位和比重不同。前者是以社会主义国营经济为主导，五种经济成分并存。后者是以社会主义国营经济为主体，允许私人资本主义经济和个体经济存在，作为社会主义经济的必要补充或重要组成部分。另一方面是关于中国特色社会主义改造道路的鲜明特色。他认为，中国特色社会主义改造道路的鲜明特色具体体现在三个方面。首先，主题是"和平赎买"，确立社会主义制度。中国特色的社会主义改造道路既不同于马克思主义的理论设想，也不同于传统的苏联模式。而是通过对个体农业和手工业按照资源互利、典型示范和国家帮助原则，通过合作化的方式逐步建立社会主义集体所有制。对于资本主义工商业则采取国家资本主义的过渡形式，实现对资产阶级的和平赎买。其次，过程是"同时并举"。党在过渡时期总路线内容是社会主义工业化建

---

① 郑德荣、王占仁：《毛泽东思想纵横观》，人民出版社 2014 年版，第 55 页。

设与社会主义改造同时并举。中国的社会主义改造要将社会制度方面的革命与进行技术方面的革命两者结合起来。社会主义改造就是要变革不适应社会主义工业发展的生产关系，以社会主义工业化建设为中心任务进行的。在社会主义改造过程中党和政府力求使其与经济发展相适应，解放生产力，促进生产力的发展。最后，方式是"水到渠成"，避免社会动荡。在对农业社会主义改造中，党充分利用农民土地改革后的积极性领导农民走上互助合作的道路，逐步引导农民走向社会主义。在对工商业的社会主义改造中，党对工商业采取了"利用、限制、改造"的方针，并将其"团结、教育、改造"的政策相结合，经济上给予一定的补偿，政治上给予相当的地位，思想上给予充分的教育，进而积极稳妥地推动社会主义改造，让民族资产阶级在过渡中比较自然地接受改造，避免了社会的动荡和生产力的破坏。

上述内容中，郑德荣不仅对新民主主义革命理论、社会主义改造理论与毛泽东思想的关系予以梳理与揭示，而且还从新民主主义革命理论的价值与作用及社会主义改造理论的内涵与鲜明特色等方面进行了深刻阐释与说明。对于我们深刻把握和认识新民主主义革命理论、社会主义改造理论及加深对毛泽东思想的理解是有一定参考价值及推动作用的。

（三）中国特色革命道路与中国特色社会主义道路

中国道路由中国特色革命道路与中国特色社会主义道路两条道路组成，中国特色革命道路与中国特色社会主义道路二者之间的关系，是学术界近年来热议的话题。在对中国道路发展脉络进行整体梳理的基础上，郑德荣从两个维度对二者之间的关系进行了阐述与说明。

1. 中国特色革命道路是中国特色社会主义道路的历史由来

郑德荣认为："在中国特色社会主义道路的指引下，新民主主义革命取得胜利，建立了新民主主义社会，在新民主主义社会进行社会主义革命，建立了社会主义社会。……这种特殊进入社会主义的道路，成为中国特色社会主义的由来和客观依据，这就势必使中国特色革命道路和中国特色社会主义道路有着血缘的因果关系。"① 对于这种"血缘"关系郑德荣又进一步作出了阐释。他认为："中国特色社会主义有其特定的涵义，它并非泛指在任何国家搞社会主义都有自己的国情特点。其核心在于指出中国的社会主义不是马克思、恩格斯、列宁论述的从资本主义过渡而来"。显然，在物质基础、生产力水平、社会化程度、商品经济发达程度等方面，"新民主主义社会较之资本主义落后很多，新民主主义社会从半殖民地半封建社会继承下来的生产力水平很低，物质基础很薄弱，加之提前进入社会主义，更加深入了初级阶段与新民主主义的密切联系。因此对中国特色的社会主义的认识，就应从新民主主义同资本主义的区别及其各自过渡到社会主义所带来的特点加以理解。"② 具体而言，郑德荣从四个方面对这一观点进行了阐述。

第一，中国特色革命道路为中国特色社会主义道路创造政治前提。郑德荣认为："社会主义中国的建立，为中国现代化和当代中国一切发展进步创造了根本的政治前提。"③ 现代化是人类社会发展的趋势和必然结果，是人类长期追求的理想和目标，现代化是一个综合的发展过程，它涉及社会发展诸多层面的发展变化。近代中国走的是"后发外生型"社会主义现代化道路，要实现现代化必须要首先建立主权独立、领土统一的国家政权，然后进行社会主义现代化建设。中国共产党领导中国人民取得了新民主主义革命的胜利，建立了新中国，实现了民族独立与人民解放的历史任务，以民主集中制为原则，以人民代表大会为组织形式，以政务院（国务院）为政权最高行政机构，并将它们与中国共产党领导的多党合作与政治协商制度和民族

---

① 郑德荣、王占仁：《全面准确理解中国特色革命道路》，《毛泽东思想研究》2006年第 2 期。

② 郑德荣、王占仁：《全面准确理解中国特色革命道路》，《毛泽东思想研究》2006年第 2 期。

③ 郑德荣、王占仁：《毛泽东思想纵横观》，人民出版社 2014 年版，第 61 页。

区域自治制度一起构建了社会主义中国基本政治架构。

第二，中国特色革命道路为中国特色社会主义道路奠定制度基础。郑德荣认为："人民民主专政的国家制度和社会主义公有制的确立，为开辟中国特色社会主义道路，实现社会主义现代化奠定了制度基础。"①他分别从政治制度、经济制度、文化制度三个方面进行了阐释。以公有制为基础的社会主义经济制度。新民主主义革命胜利后，中国共产党通过没收官僚资本主义经济、和平赎买民族资本主义经济，逐步建立社会主义全民所有制。通过对农业、个体手工业进行社会主义改造，建立了社会主义劳动群众所有制。三大改造的完成标志着中国以生产资料公有制为基础的社会主义经济制度已经正式建立。公有制是我国社会主义经济制度的基础，是确保我国社会的社会主义性质的根基。以人民民主专政为主体的社会主义政治制度。社会主义制度是我国的根本制度，人民民主专政是我国国家性质的具体体现。人民民主专政是一种将对人民民主与对敌人专政相融合的国家制度。人民民主专政的民主与专政是辩证统一关系，对人民的民主是对敌人的专政的基础，对敌人的专政是对人民的民主的保障。以马克思主义为指导的社会主义文化制度。新中国成立后，中国共产党和中央人民政府主要通过对旧知识分子的思想改造和旧有教育体制改革运动，逐步消除和肃清了各种唯心主义思想，将中国人民的思想逐步统一达成共识。

第三，中国特色革命道路为中国特色社会主义道路的成功开辟提供了科学的方法论原则。郑德荣认为："毛泽东开辟的中国革命道路，实现了马克思主义中国化的第一次历史性飞跃，为开辟中国特色社会主义道路提供了科学的方法论原则。"②民主革命时期，毛泽东率先吹响"反对本本主义"的号角，在中国共产党历史上首次划清

① 郑德荣、王占仁：《毛泽东思想纵横观》，人民出版社2014年版，第63页。
② 郑德荣、宋海徽：《毛泽东与中国发展道路》，《高校理论战线》2009年第12期。

了马克思主义同教条主义的界限；毛泽东在他创立的新民主主义论中创造性地将民主革命与无产阶级领导权联系起来，使无产阶级成为革命的领导者，决定了中国革命的前途与命运；毛泽东系统总结了革命战争的经验与教训，提出农村包围城市理论，解决了如何取得革命胜利的问题；新中国成立后，毛泽东从中国现实国情出发，实行革命转变，成功地实现了对中国的社会主义改造。中国特色革命道路的成功开辟，突破了教条主义的束缚，开实事求是思想路线的先河，为邓小平开辟中国特色革命道路提供了科学的方法论原则。

　　第四，中国社会主义建设道路的初步尝试为开辟中国特色社会主义道路提供有益经验。郑德荣认为："毛泽东对中国社会主义建设道路的初步探索，为邓小平开辟中国特色社会主义道路提供了宝贵经验。"① 首先，中国式工业化、现代化思想。新中国成立初期，毛泽东察觉到我国在照搬苏联模式的过程中出现一些问题，开始提出建设中国式的工业化思想。20 世纪 50 年代末 60 年代初，毛泽东吸取"大跃进"的教训，提出以农、轻、重为序安排国民经济和工农业并举的纵横平衡思想，并首次完整表述"四个现代化"思想。"四个现代化"思想的提出有力地指导工业化建设，为新时期走上中国特色社会主义道路提供思想先导。其次，社会主义基本矛盾和两类矛盾学说。中国从新民主主义社会进入到社会主义社会以后，对于社会矛盾的问题，毛泽东认为中国社会仍存在着非对抗性的矛盾，具体反映在人与人的关系上呈现出两种类型：人民内部矛盾与敌我之间矛盾。人民内部矛盾是非对抗性的，正确处理这类矛盾是国家政治生活的主题。毛泽东社会主义矛盾理论及正确处理人民内部矛盾思想，用对立统一观点观察中国社会，是"改革理论"的立论基础，是当今建设和谐社会的重要理论来源。最后，社会主义需要发展商品经济，运用价值法则。毛泽东关于社会主义商品经济理论的论述，对今天我

───────────

① 郑德荣、宋海儆：《毛泽东与中国发展道路》，《高校理论战线》2009 年第 12 期。

们认识和把握社会主义经济建设规律，持续深入地探索中国特色社会主义经济建设道路提供了重要价值借鉴。

上述内容中，郑德荣从创造政治前提、奠定制度基础、提供科学方法论原则、提供有益经验等四个方面论证了中国特色革命道路是中国特色社会主义道路的历史由来。同时对二者之间一脉相承的"血缘"关系进行了深入剖析与探讨。另外，郑德荣还对中国特色社会主义的独特内涵进行了解释，并由此从理论上进一步强化了对新民主主义与中国特色社会主义之间的必然联系的理解。

2. 中国特色社会主义道路是中国特色革命道路发展的必然

郑德荣认为，之所以说中国特色社会主义道路是中国特色革命道路发展的必然，是因为"新民主主义属于共产主义的理论体系，这种社会形态本身就孕育和不断发展着社会主义因素……并在经济、政治、思想、文化等各个方面为社会主义奠定了必要的和直接的基础，这些社会主义因素不断增长，量的积累产生质的变化，使中国由新民主主义社会转变为社会主义社会，因而，社会主义在中国的实现也是社会历史发展的必然"①。具体而言，他着重从两个方面对这一观点进行论述。

第一，中国特色革命道路必然走向社会主义道路。为什么说中国特色革命道路必然走向社会主义？对这一问题，郑德荣从理论与历史进程两个方面进行了说明。首先，从理论层面来看。新民主主义理论是中国特色革命道路理论的理论基石，是属于共产主义的理论体系，因此它本身就孕育和不断发展着社会主义的"基因"，而社会主义就是新民主主义社会孕育的社会主义基因发展的必然结果。其次，从历史进程来看。在新民主主义革命取得胜利，建立新中国后，中国实现了由半殖民地半封建社会向新民主主义社会的转变，通过对生产资料

---

① 郑德荣、王占仁：《全面准确理解中国特色革命道路》，《毛泽东思想研究》2006年第2期。

私有制的社会主义改造，逐步消除了民族资产阶级，继而进入社会主义社会。"实现社会主义"是中国特色革命道路的目标与终点，这个转变的过程为建设中国特色的社会主义奠定根本政治前提与制度基础。"建设社会主义"是继"实现社会主义"后的更高追求与目标，具体表现为在社会主义制度正式建立后以毛泽东为代表的中国共产党人开启的中国工业化、现代化道路。

第二，中国特色社会主义道路继承中国特色革命道路的"基因"。郑德荣认为，之所以说中国特色社会主义道路继承了中国特色革命道路的"基因"主要是基于两方面的认识。两大历史任务之间的必然联系。近代中国有两大历史任务，争取民族独立和人民解放；实现国家繁荣富强和人民共同富裕。"两大历史任务的关联性、因果性、统一性决定了完成两大历史任务的中国特色革命道路和中国特色社会主义道路的继承性、阶段性、必然性。"① 中国特色社会主义的历史由来与客观依据。从取得民族独立和人民解放来看，从根本上改变中国半殖民地半封建社会的状况，必须从根本上推翻帝国主义、封建地主阶级、官僚资产阶级的统治，解决上层建筑与生产关系的问题；从实现国家繁荣富强和人民共同富裕这一任务来看，必须改变近代中国积贫积弱的状况，解放和发展生产力，将中国由农业大国逐步转变为工业大国，实现社会主义现代化。因此，两大历史任务是"一脉相承"的，以实现民族独立和人民解放为目标的中国特色革命道路是中国特色社会主义道路的历史奠基，以实现国家繁荣富强和人民共同富裕为目标的中国特色社会主义道路是中国特色革命道路历史发展的必然逻辑。

上述内容中，郑德荣从中国特色革命道路必然走向社会主义道路与中国特色社会主义道路继承中国特色革命道路的"基因"等两个方面论证了中国特色社会主义道路是中国特色社会主义道路发展的必

---

① 郑德荣、王占仁：《毛泽东思想纵横观》，人民出版社 2014 年版，第 67 页。

然。与此同时，郑德荣还着重从理论与实践两个视角对两条道路之间的关系进行了深刻诠释。从理论上看，不管是新民主主义理论还是中国特色社会主义理论都是属于共产主义理论体系，由它们引领开辟的两条道路也必然有着传承关系。从实践上来看，中国特色社会主义道路继承了中国特色革命道路的"基因"，而"基因"中必然包括社会主义改造过程中积累的实践经验与创造的物质财富。

二、中国特色社会主义道路

道路问题事关全局，至关重要。一个国家和民族的发展进步必须以科学理论为指导，选择适合本国国情的正确道路。我国社会主义制度确立后，面临全面建设社会主义的历史任务。在一个经济文化比较落后的农业大国，如何建设社会主义，实现现代化，这是国际共运史和世界近代史上的一个崭新的重大课题。改革开放以来，中国共产党将马克思主义与中国实际相结合，总结社会主义建设正反两方面的历史经验，开辟了中国特色社会主义道路。进入 21 世纪以来，郑德荣进一步拓展其研究视野，将中国特色社会主义道路作为主要研究方向之一，不仅先后成功申报并顺利结项了中国社科基金项目："中国特色社会主义道路基本问题研究""中国特色社会主义道路的基本特征研究"，并在主持完成课题期间相继发表了《坚定不移地走中国特色社会主义道路》《深刻理解和把握中国特色社会主义道路的几个基本问题》《中国特色社会主义道路的社会形态和基本特征》《中国特色社会主义道路的历史逻辑》《中国特色社会主义道路基本问题论要》《党的基本路线是中国特色社会主义道路的核心和生命线》《中国特色社会主义道路基本特征论析》《中国特色社会主义道路的开辟、推进和拓展》等理论文章，同时还出版了《中国特色社会主义道路基本问题》《马克思主义中国化纵横观》等学术专著。郑德荣对于中国特色社会主义道路的研究是宽视角、多元化的，既有理论又有实践，既有宏观又有微观，既有整体又有局部，既有纵向又有横向，总体而言，主要从八个方面展开论述：中国特色社会主义道路的历史根源与现实依据；中国特色社会主义道路的理论基础与指导思想；中国特色社会主义道路的路径开辟与发展轨迹；中国特色社会主义道路的社会形态与基本特征；中国特色社会主义道路的发展理念与发展战略；中国特色社会主义道路的模式比较与相关参照；中国特色社会主义道路的时代价值与历史经验；中国特色社会主义道路的领导核心与根本保证。在郑德荣看来，以上八个方面构成了对中国特色社会主义道路研究的整体框架，本章节仅就其中的重点内容展开介绍。

（一）中国特色社会主义道路的理论基础与指导思想

"中国特色社会主义道路，是马克思主义基本原理同当代中国实际和时代特征相结合的产物，是科学社会主义基本原则在当代中国的创造性运用和发展，具有深厚的理论渊源和思想基础。"[①] 毋庸置疑，马列主义必然是中国特色社会主义道路的理论基础与指导思想。与此同时，在马克思主义中国化的历史进程中，先后形成的两大理论成果，即毛泽东思想与中国特色社会主义理论体系，它们在中国特色社会主义道路开辟的过程中也发挥着思想先导与指导思想的作用。

1. 马克思列宁主义与中国特色社会主义道路

郑德荣认为："马克思列宁主义是中国共产党的指导思想，也是中国特色社会主义道路的理论基础和指导思想。"[②] 他从两个方面对这一问题展开阐述。

第一，何为科学社会主义基本原则，它应包括哪些具体内容。所谓的科学社会主义基本原则，"主要是指科学社会主义原理中那些带有普遍的指导意义，在整个理论体系中处于最重要、最本质、最核心的地位，已经被国际共产主义运动的实践证明是正确的，可以作为认

[①] 郑德荣等：《中国特色社会主义道路基本问题研究》，人民出版社 2012 年版，第48 页。

[②] 郑德荣等：《中国特色社会主义道路基本问题研究》，人民出版社 2012 年版，第48 页。

识和实践社会主义所依据的法则或标准的基本原则"①。根据马克思、恩格斯、列宁的相关论述，科学社会主义基本原则大致包括六个方面：一是大力发展社会生产力是社会主义社会建立和发展的物质基础；二是实现生产资料社会占有是社会主义制度的经济基础；三是按劳分配和共同富裕是社会主义的分配原则，也是科学社会主义在分配领域必须坚持的基本原则；四是实行无产阶级专政和共产党的领导是发展社会主义的重要保证；五是坚持以马克思主义为指导是社会主义意识形态的显著特征；六是实现人的全面自由发展是社会主义的价值目标。

第二，科学社会主义基本原则在当代中国的创造性运用和发展。"中国特色社会主义道路是科学社会主义基本原则与中国实际和时代特征相结合的产物，是科学社会主义原则在当代中国的创造性运用和发展。"② 郑德荣将中国特色社会主义道路对科学社会主义基本原则的创造性运用和发展概括为六个方面。一是中国特色社会主义道路坚持和发展生产力作为社会主义的根本任务；二是中国特色社会主义道路坚持思想基本原则作为立国之本；三是中国特色社会主义道路坚持公有制为主体、多种所有制共同发展的基本经济制度；四是中国特色社会主义道路坚持马克思主义在意识形态领域的指导地位；五是中国特色社会主义道路坚持按劳分配为主体多种分配方式并存，最终达到共同富裕；六是中国特色社会主义道路坚持以人为本，努力实现人的全面发展。

上述内容中，郑德荣将科学社会主义基本原则概括为六个主要方面，并在这六个方面基础上对应地总结出了中国特色社会主义道路对科学社会主义基本原则创造性运用和发展的六个方面，进而论

① 郑德荣等：《中国特色社会主义道路基本问题研究》，人民出版社 2012 年版，第49 页。

② 郑德荣等：《中国特色社会主义道路基本问题研究》，人民出版社 2012 年版，第30 页。

证了中国特色社会主义道路以马克思主义基本理论为指导思想这一主题观点。尤其值得一提的是，不管是科学社会主义基本原则六个方面，还是中国特色社会主义道路对科学社会主义基本原则创造性运用和发展的六个方面，都是郑德荣在翻阅大量历史文献的基础上，经过缜密分析、独立思考后阐发的，不仅具有相当重要的理论参考价值，更是他不断开拓新的研究视野、勇于理论创新学术精神的一种体现。

2. 毛泽东思想与中国特色社会主义道路①

郑德荣认为，"毛泽东思想是中国特色社会主义道路的思想先导"②，"毛泽东思想的一系列基本原理特别是探索社会主义建设道路所取得的积极理论成果，对中国特色社会主义道路的开辟和拓展具有重要的指导意义"③。具体而言：毛泽东思想对中国特色社会主义道路的思想先导作用体现在七个方面：第一，中国式工业化道路为开辟中国特色社会主义道路提供思想先导。毛泽东等关于实现中国式工业化、现代化思想，初步回答了在经济文化发展滞后的农业国家怎样才能早日实现工业化，怎样才能尽快走上一条真正适合中国国情的社会主义现代化道路的问题。这是从现实国情出发并不懈深入探索适合中国的社会主义现代化建设道路的一个典范，不仅有力地指导着当时的工业化和现代化建设，同时也为十一届三中全会后我们党制定新时期中国特色社会主义"三步走"的发展战略，走中国特色的工业化道路奠定了重要的思想基础。第二，社会主义社会基本矛盾和两类不同矛盾思想是改革开放的理论基础。毛泽东等关于正确处理社会主义社会基本矛盾和两类不同矛盾的思想，不仅在当时具有十分紧迫的指导

---

① 部分内容请参照，第二章第二节相关论述

② 郑德荣等：《中国特色社会主义道路基本问题论要》，《高校理论战线》2011 年第 3 期。

③ 郑德荣等：《中国特色社会主义道路基本问题研究》，人民出版社 2012 年版，第 75 页。

意义，而且成为新时期中国社会主义改革开放的理论基础，为我们今天在改革开放和社会主义现代化条件下正确处理人民内部矛盾、促进社会和谐社会提供了重要的思想理论启迪与科学方法。第三，发展社会主义商品生产思想为建立社会主义市场经济体制提供思想先导。毛泽东等关于重视价值规律、发展社会主义商品经济的思想，对于改革开放后提出的建立社会主义市场经济体制、坚持公有制基础上发展社会主义商品经济具有重要的启迪作用。第四，改革经济管理体制思想成为新时期社会主义经济体制改革的思想先导。毛泽东提出的改革经济管理体制和按经济办法管理经济的思想，以及在这一思想指导下对我国经济体制的改革尝试，反映了对我国社会主义建设的道路大胆地进行探索，并且力求按照经济发展的规律对我国的经济体制不断进行改革。尽管在当时高度集中的计划经济总体框架还没有被触动的历史条件下，这些思想和实践还有很大的历史局限性，但无疑为新时期中国共产党正确处理计划和市场的关系，实行以市场为导向的经济体制改革奠定了重要的思想基础，提供了有益的经验启迪。第五，人民民主专政思想为建设中国特色社会主义民主政治提供思想先导。毛泽东等关于坚持人民民主专政、坚持党的民主集中制、扩大民主的思想，对于改革开放后提出的坚持党的领导、人民当家作主、依法治国有机统一的中国特色社会主义民主政治思想提供了实践基础与理论依据。第六，"双百方针"为建设中国特色社会主义文化提供思想指导。毛泽东等关于重视价值规律、发展社会主义商品经济的思想，对于改革开放后提出的建立社会主义市场经济体制、坚持公有制基础上发展社会主义商品经济具有重要的历史启示。第七，独立自主和平外交原则为实施中国特色社会主义的外交与国际战略奠定思想基础。以毛泽东为代表的中国共产党领导集体坚持独立自主方针，由此培养起来的自强自立、不依附于人、不怕鬼、不信邪的精神，这对维护国家的主权和民族尊严，巩固和发展社会主义制度，发挥了重大的作用。

上述内容中，郑德荣从政治、经济、文化、外交、道路等方面论证了毛泽东思想是中国特色社会主义道路思想先导这一核心观点。不仅从理论层面梳理了毛泽东思想与中国特色社会主义道路的关系，而且还进一步总结归纳了毛泽东思想的历史地位与当代价值。可以说，以上的论点不管是从研究中国特色社会主义道路方面还是深化对毛泽东思想认识方面都具有重大且深远的理论研究价值。

3. 中国特色社会主义理论体系与中国特色社会主义道路

郑德荣认为："中国特色社会主义理论体系是中国特色社会主义道路直接的最具现实意义的指导思想。它为中国特色社会主义道路的成功开辟提供路线指引和理论指导，是保证中国特色社会主义道路的正确方法和科学方法。"① 具体而言，中国特色社会主义道路与中国特色社会主义理论体系的关系体现在以下两个方面。

第一，中国特色社会主义理论体系为开辟中国特色社会主义道路提供理论指导。中国特色社会主义理论体系是中国特色社会主义道路的指导思想，没有中国特色社会主义的理论体系，就不可能有中国特色社会主义道路的开辟，也不能保证中国特色社会主义的顺利推进。郑德荣认为，中国特色社会主义理论体系对中国特色社会主义道路的指导意义主要体现在三个方面。一是提供理论基石，社会主义初级阶段论、社会主义本质论和社会主义市场经济论等，为中国特色社会主义道路的开辟奠定了理论基础。二是提供基本的理论支撑，改革开放、经济政治文化和社会建设论、军队国防建设论、国际战略论、祖国和平统一理论和党的建设理论等，构成了特色社会主义道路的主体理论框架。三是提供了核心内容，关于"一个中心、两个基本点"的基本路线，成为中国特色社会主义道路的核心内容。

---

① 郑德荣：《中国特色社会主义道路基本问题论要》，《高校理论战线》2011 年第 3 期。

第二，中国特色社会主义道路是中国特色社会主义理论体系形成发展的实践基础。"实践是理论创新的源泉，也是理论发展的强大动力。"① 中国特色社会主义理论体系的形成、发展和不断完善，是同中国特色社会主义道路的开拓、深化紧密联系的。中国特色社会主义道路为中国特色社会主义理论体系提供实践经验、发展动力和检验标准，推动中国特色社会主义理论体系不断丰富和发展。具体而言，中国特色社会主义道路为中国特色社会主义理论体系的形成和发展提供实践基础主要体现在三个方面。一是中国特色社会主义道路的发展不断提出新情况、新问题，推动中国特色社会主义理论体系的形成和发展；二是中国特色社会主义道路的发展不断创造新的经验，不断丰富中国特色社会主义理论体系的理论宝库，赋予其鲜明的时代特色和民族气派；三是中国特色社会主义道路的成功实践，不断检验和发展着中国特色社会主义理论体系。

上述内容中，郑德荣对中国特色社会主义理论体系与中国特色社会主义道路的关系进行了高度凝练与概括，并从两方面展开论证。一方面，前者为后者的开辟提供理论指导；另一方面，中国特色社会主义道路是中国特色社会主义理论体系形成和发展的实践基础。可以说，正是理论与实践的完美互动，才推动了中国特色社会主义现代化建设事业的蓬勃发展。

（二）中国特色社会主义道路的社会形态与基本特征

中国特色社会主义道路具有丰富而深刻的科学内涵，独具中国特色的社会形态和显著而鲜明的基本特征。郑德荣对于中国特色社会主义道路的社会形态与基本特征的考察，主要从科学内涵、社会形态、基本特征三个方面具体展开。

1. 中国特色社会主义道路的科学内涵

党的十七大对中国特色社会主义道路的基本内涵作了界定，十八

---

① 郑德荣等：《中国特色社会主义道路基本问题研究》，人民出版社 2012 年版，第97 页。

大在十七大的基础上，对这一科学内涵又进行了丰富和发展。郑德荣根据十七大、十八大的相关论述，将中国特色社会主义道路的内涵概括为：坚持"一个中心、两个基本点"的有机统一、"五位一体"的总体布局和建设目标，并在此基础上进行了全面、深刻的分析与解读。

第一，中国共产党的领导是坚持和发展中国特色社会主义道路的根本保证。郑德荣认为："中国共产党是中国特色社会主义道路的开辟者、组织者和领航者，是我们推进中国特色社会主义事业不断向前发展，战胜前进道路上各种艰难险阻，实现富强民主文明和谐社会主义现代化目标的根本保证。"① 具体而言，首先，只有坚持党的领导才能保证改革开放和现代化建设事业的正确方向并为之创造一个安定团结的政治局面和社会环境。其次，在长期革命斗争中形成的优良传统和作风，从根本上使党具有无可比拟的政治优势，能最大限度地调动全国各族人民的积极性和创造力，为中国特色社会主义道路的发展提供不竭力量。最后，从革命到建设时期，中国共产党作为无产阶级政党，始终坚持与时俱进的治党治国理念，尤其是改革开放以来，我们党始终以改革创新的精神加强自身建设。

第二，坚持初级阶段基本路线是中国特色社会主义的核心内容。初级阶段社会主义是当代中国的特殊国情和最大实际，是走中国特色社会主义道路的客观依据。首先，以经济建设为中心是强国之要，是我们党、我们国家兴旺发达和长治久安的根本要求。其次，四项基本原则是立国之本，是我们党和国家生存和发展的政治基石。对于四项基本原则，必须要随着时代进步和改革、建设发展不断赋予新的内涵。再次，改革开放是强国之路。改革开放是党在新的时代条件下带领人民进行的新的伟大革命，是解放和发展生产力，促进党和国家发

---

① 郑德荣、梁继超：《中国特色社会主义道路的社会形态和基本特征》，《东北师大学报（哲学社会科学版）》2009 年第 6 期。

展进步的活力源泉，是巩固和完善社会主义制度，发展中国特色社会主义的强大动力。最后，以经济建设为中心、坚持四项基本原则、坚持改革开放三者之间的关系。"以经济建设为中心、坚持四项基本原则、坚持改革开放，三者相互贯通、相互依存、内在统一于中国特色社会主义的伟大实践"。以经济建设为中心是奠定坚持四项基本原则和坚持改革开放的物质基础；四项基本原则是我国经济社会发展和改革开放的根本保障；改革开放是我们党和国家发展进步的活力源泉，通过改革开放赋予四项基本原则新的时代内涵和经济建设的强大动力。

第三，"五位一体"的总体布局是中国特色社会主义道路的基本内容和具体展开。首先，中国特色社会主义经济建设，就是要以社会主义市场经济建设为重点，建立和完善社会主义市场经济体制，实现社会主义基本制度与市场经济体制有机结合，解放和发展生产力；坚持和发展公有制为主体，多种所有制经济共同发展的基本经济制度，毫不动摇地巩固和发展公有制经济，毫不动摇地鼓励、支持、引导公有制经济；坚持和完善按劳分配为主体，多种分配方式并存的分配方式等。其次，中国社会主义政治建设，就是以社会主义民主政治为重点，积极稳妥推进政治体制改革，使我国社会主义民主政治绽放出更加旺盛的生命力。再次，中国社会主义文化建设，就是坚持以马克思主义为指导，以社会主义先进文化建设为重点，不断发展面向现代化、面向世界、面向未来的，民族的科学的大众的社会主义文化。从次，中国特色社会主义社会建设，就是要以改善民生为重点，以构建社会主义和谐社会为目标，着力保障和改善民生，推进社会体制改革，扩大公共服务，完善社会管理，促进社会公平正义，努力使全体人民学有所教，劳有所得，病有所医，老有所养，住有所居，推动建设和谐社会。最后，中国特色社会主义生态文明建设，就是以尊重和维护生态环境为出发点，强调人与自然、人与人以及经济与社会的协调发展；以可持续发展为依托，以生产发展、生活富裕、生态良好为基础原则；以人的全面发展为最终目标。与此同时，郑德荣还对经济、政治、文化、社会、生态五者之间的关系进行了探讨。他认为，五者之间是"密切联系、相互促进、密不可分的一个整体。其中，经济建设是核心，政治建设是保证，文化建设是支撑，社会建设是本质要求，生态文明建设是基础。推进我国社会主义现代化建设，就要坚持以经济建设为中心，促进生产力与生产关系、经济基础与上层建筑相互协调，全面推进政治建设、文化建设、社会建设以及生态文明建设共同发展"[①]。

第四，建设富强民主文明和谐的社会主义现代化国家是中国特色社会主义道路的宏伟蓝图与最终目标。郑德荣在全面回顾"富强民主文明和谐"发展目标形成过程的基础上，对党的十八大将社会主义建设总体布局由经济、政治、文化、社会"四位一体"发展为经济、政治、文化、社会、生态"五位一体"的总体布局作了解读。把社会建设和生态文明建设提升到国家战略总布局的高度，将社会主义现代化的内涵和目标由四个现代化发展为富强民主文明和谐美丽的社会主义现代化国家。

上述内容中，郑德荣根据十七大、十八大对中国特色社会主义道路科学内涵的定义，着重对构成科学内涵的四方面主体内容进行了分析与解读。这样既加深了人们对于道路科学内涵的理解与认识，同时更是实现了从什么是中国特色社会主义道路到如何理解中国特色社会主义道路科学内涵的理论升华。

2. 中国特色社会主义道路的社会形态

郑德荣认为："所谓的社会形态是指一定历史发展阶段上的生产关系的总和，是一定生产力基础上的经济基础和上层建筑的统一体，社会形态是社会政治、经济和文化性质的外在表现形式，主要包括经济形态、政治形态和文化形态。"[②] 而"中国特色社会主义道路是社

---

① 郑德荣等：《中国特色社会主义道路基本问题研究》，人民出版社 2012 年版，第 158 页。

② 郑德荣、梁继超：《中国特色社会主义道路的社会形态和基本特征》，《东北师大学报（哲学社会科学版）》2009 年第 6 期。

会主义社会形态在中国社会主义初级阶段的一种具体体现的社会形态，是中国特色社会主义社会政治、经济、文化性质的外在表现形式。"① 据此，郑德荣将中国特色社会主义道路的社会形态细分为经济形态、政治形态、文化形态。

第一，中国特色社会主义的经济形态。对于中国特色社会主义道路的社会形态在经济上的表现形式，郑德荣主要是以比较的研究方法进行阐释与说明。他认为："中国特色社会主义与马克思主义设想的社会主义社会以及苏联社会主义社会在经济形态上虽然都是以生产资料公有制为基础，但三者在公有制的实现程度上有所不同。"② 主要区别在于：一是生产力发展水平不同。根据马克思主义的设想，由于社会主义社会是在发达资本主义基础上建立起来的，因此生产力水平高度发展。在我国社会主义初级阶段，从生产力发展水平来看，我国的生产力还远远落后于发达资本主义国家，而且还呈现多层次不平衡状况。二是所有制不同。马克思主义所设想的建立在发达资本主义生产力水平上的社会主义所有制是单一的全面所有制、实行有计划的生产和分配，排除了商品货币关系。苏联社会主义社会在所有制方面，一般实行的是全面所有制和集体所有制两种公有制形式。在分配方面，实行的是单一的按劳分配制，中国特色社会主义道路的社会形态在经济上表现为在社会主义条件下发展市场经济，不断解放和发展生产力。

第二，中国特色社会主义政治形态。对于中国特色社会主义道路的社会形态在政治上的表现形式，郑德荣同样以比较的方式进行分析与解读。他认为："苏联社会主义政治形态是马克思主义设想的社会主义社会形态在政治领域的实践"。中国特色社会主义政治形态与苏

① 郑德荣、梁继超：《中国特色社会主义道路的社会形态和基本特征》，《东北师大学报（哲学社会科学版）》2009 年第 6 期。

② 郑德荣等：《中国特色社会主义道路基本问题研究》，人民出版社 2012 年版，第 163 页。

联社会主义政治形态不同之处在于：苏联的国体是无产阶级专政，政体是苏维埃代表大会，政党制度是一党专制。而中国特色社会主义政治形态体现为中国共产党领导、人民当家作主和依法治国相统一的社会主义民主政治。具体而言，"就是要坚持和完善人民民主专政；坚持和完善人民代表大会和共产党领导的多党合作、政治协商制度；坚持和完善民族区域自治制度；建设社会主义法治国家。"①

　　第三，中国特色社会主义文化形态。郑德荣认为，"中国特色社会主义文化形态是马克思主义设想的以马克思主义一元化为指导思想，社会成员普遍具有高度的科学文化知识，高度的思想觉悟和道德品质的文化形态在当代中国的实践与创新"。具体而言：中国特色社会主义道路的社会形态在文化方面表现为，"建立以马克思主义为指导的社会主义核心价值体系；以培育有理想、有道德、有文化、有纪律的公民为目标，发展面向全世界、面向未来的，民族的科学的大众的社会主义文化；努力提高全民族思想道德素质和教育文化水平"②。

　　上述内容中，郑德荣对社会形态的概念进行揭示的同时，阐明了中国特色社会主义道路与中国特色社会主义社会形态之间的关系，并将中国特色社会主义社会形态细分为经济、政治、文化三种具体形态，分别进行了具体阐释。近年来，众多学者从不同的领域、方向、内容对中国特色社会主义道路展开研究，但是对中国特色社会主义社会形态的研究成果却并不多见。可以说，郑德荣在这方面所作出的努力，开拓了中国特色社会主义道路的研究视野，实现了理论层面的发展与创新。

3. 中国特色社会主义道路的基本特征

　　郑德荣认为，关于中国特色社会主义道路的基本特征，可理解为

---

① 　郑德荣等：《中国特色社会主义道路基本问题研究》，人民出版社 2012 年版，第165 页。

② 　郑德荣等：《中国特色社会主义道路基本问题研究》，人民出版社 2012 年版，第167 页。

区别于其他国家的标志性的象征，是诸多一般性特征中最基本的具有全局意义的特征。具体而言：他从三个方面对中国特色社会主义道路的基本特征进行了系统思考与深刻阐释。

第一，中国特色社会主义道路基本特征的内涵与实质。郑德荣认为，要科学概括、准确表述中国特色社会主义道路的基本特征，必须把握基本特征的内涵与实质，即回答究竟什么是中国特色社会主义道路的基本特征。首先，基本特征是改革开放和社会主义现代化建设历史经验的科学总结。从十一届三中全会重新确立党的思想路线后，中国特色社会主义道路一路走来在实践历程中积累了丰富经验，取得了骄人的业绩，其基本特征得到不断彰显。其次，基本特征是中国特色社会主义道路内涵的凝练与升华。党的十七大、十八大对中国特色社会主义道路的科学内涵都有过明确表述，概括而言就是"一个中心、两个基本点"的有机统一和"五位一体"的总体布局和建设目标。中国特色社会主义道路的科学内涵回答的是什么是中国特色社会主义道路，而中国特色社会主义道路的基本特征则是回答了中国特色社会主义应该是什么样子。"特色道路基本特征是特色道路特征的最高层次，是对特色道路本质属性外在表征的凝练，是区别于其他道路或模糊的基本标志。"① 因此，中国特色社会主义道路的基本特征既源于科学内涵，又是对科学内涵的凝练和升华。再次，基本特征是科学社会主义基本原则在当代中国现代化建设的外在表征和社会主义社会形态在当代中国的具体化和创新。最后，基本特征是在与世界视阈中其他现代化道路比较中产生的。中国特色社会主义道路主要以资本主义现代化道路和民主社会主义道路以及社会主义现代化道路为比较参照系。

第二，中国特色社会主义道路基本特征的内容体系。郑德荣认

---

① 郑德荣、彭波：《中国特色社会主义道路基本特征论析》，《东北师大学报（哲学社会科学版）》2015 年第 4 期。

为，中国特色社会主义道路的基本特征是一个架构完整的体系，主要由六项基本内容组成：一是坚持四项基本原则的改革开放是中国特色社会主义道路最鲜明的特征；二是与社会主义制度相结合的市场经济是中国特色社会主义道路的经济特征；三是全面加强党的领导、人民当家作主和依法治国有机统一的民主政治是中国特色社会主义道路的政治特征；四是以马克思主义科学理论自觉引领多样化的社会思潮是中国特色社会主义道路的文化特征；五是以改善民生、创新社会治理为重点的和谐社会是中国特色社会主义道路的社会特征；六是推动人与自然和谐发展的社会主义生态文明建设，强化"绿水青山就是金山银山"的绿色生态发展理念，是对马克思主义生态观的继承和发展，是中国特色社会主义道路历史发展进程中的最新认识和具体实践。

第三，把握中国特色社会主义道路基本特征的重大意义。郑德荣认为，把握中国特色社会主义道路基本特征的重大意义具体体现在三个方面。首先，把握基本特征有利于避免走封闭僵化的老路。郑德荣认为，所谓"封闭僵化的老路"，就是改革开放前，包括苏联模式在内的世界社会主义国家建设的道路。苏联、东欧各社会主义国家的解体，宣告了传统社会主义道路模式的终结。正是以苏为鉴，改革开放以来中国走上了一条有别于苏联模式的具有中国特色的社会主义道路。但是值得注意的是，虽然中国共产党已成功找到正确发展道路，但是有一些人总是在道路遭遇到挫折或困难时主张回到过去以"苏联模式"为主要特征的传统社会主义道路上。面对这些认识上的偏差，只有牢牢把握中国特色社会主义道路的基本特征，不断坚持和发展中国特色社会主义，才能真正有力回击各种对中国特色社会主义道路的质疑甚至是否定。其次，把握基本特征有利于拒绝走改旗易帜的邪路。郑德荣认为，所谓"改旗易帜的邪路"，就是指完全放弃社会主义的旗帜，走资本主义道路，在经济上主张私有化，在政治上主张摆脱共产党领导，实行总统制和多党制，在文化上奉行意识形态自由化多元化，就是拟改革创新的时代潮流而蠢蠢欲动，妄图削弱、歪曲、否定党的领导和我国社会主义制度，这是一条损害人民利益，分裂祖国，破坏民族团结和社会和谐稳定的不归路。事实证明，只有中国特色社会主义道路才是实现中国社会主义现代化，创造人民美好生活的必由之路。只有进一步把握和强化中国特色社会主义道路的基本特征，才能在这条道路上越走越稳。最后，把握基本特征有利于增强走中国特色社会主义道路的理论自觉和前进定力。郑德荣认为，中国特色社会主义是把马克思主义基本原理及其他社会主义国家有普世性的成功经验与中国具体实际相结合的社会主义，是科学社会主义的理论逻辑和中国社会发展历史逻辑的辩证统一，是根植于中国大地，反映中国人民意愿，符合中国和时代发展进步要求的科学社会主义。中国特色社会主义道路是全面建成小康社会、加快推进社会主义现代化、实现中华民族伟大复兴中国梦的必由之路，它坚持了科学社会主义的一切本质特征。而在实干上要向继续拓宽中国特色社会主义道路，就必须深入把握中国特色社会主义的基本特征，唯有如此，才能坚定我们走中国特色社会主义道路的自觉和前进定力。

上述内容中，郑德荣通过对什么是中国特色社会主义道路的基本特征，中国特色社会主义道路基本特征的内容体系包括哪些内容，以及中国特色社会主义基本内容的重大意义体现在哪里等几个问题的回答，系统展开了对中国特色社会主义道路基本特征的理论研究。可以说，对中国特色社会主义道路基本特征的思考与阐释是郑德荣在人生最后阶段从事的主要科研方向，尤其是他对中国特色社会主义道路基本特征内涵与本质的揭示，更是他在经过几十年的学术沉淀及长期思考后理论创新的心血之作。

（三）中国特色社会主义道路的模式比较与相关参照

中国特色社会主义道路之"特色"是中国共产党人创造性地把马克思主义基本原理同中国社会主义实践相结合，又充分吸收了人类文明一切成果而形成的，是与世界上其他道路模式相比较而得出的科学结论。郑德荣在将中国特色社会主义道路与苏联社会主义模式、资本主义模式、民主社会主义模式的比较中论证并彰显了中国特色社会主义道路的"特色"之处。

第一，中国特色社会主义与苏联传统社会主义。郑德荣认为："中国特色社会主义道路是对苏联模式的突破和扬弃。"[①] 这种突破和扬弃具体体现在经济、政治、文化、社会、党的建设等几个方面。首先，在经济建设上。苏联模式的弊端在于，在经济建设中拘泥于马克思主义经典作家论述的教条主义，实施僵化、教条的计划经济体制，违背了客观规律，阻碍了生产力的发展。在中国特色社会主义道路的历史进程中，中国共产党人从解放和发展生产力的高度理解和把握社会主义本质，围绕经济建设这个中心，制定和推行各项战略部署。突破了计划经济体制，建立了社会主义市场经济体制。坚持对外开放发展战略，学习借鉴人类一切成果，彻底走出苏联模式的束缚。进而实现了对苏联模式在经济建设领域的扬弃。其次，在政治建设上，苏联模式的弊端在于在政治上高度集权，破坏社会主义民主法治。中国特色社会主义是中国共产党人与中国人民成功开辟的一条适合中国历史和国情、体现中国各族人民根本利益的民主政治道路。"这条道路坚持把党的领导、人民当家作主、有机统一起来，坚持和完善人民代表大会制度、中国共产党领导的多党合作和政治协商制度、民族区域自治制度以及基层群众自治制度。通过扩大人民民主，实施依法治国，壮大爱国统一战线，推进行政管理制改革，完善制度和监督体制，既体现了民主实现形式的人民性，又体现了民主的中国特色社会主义性质"[②]，进而实现了对苏联模式在政治建设领域的扬弃。再次，在文

---

① 郑德荣、姜淑兰：《中国特色社会主义道路基本问题论要》，《高校理论战线》2011 年第 3 期。

② 郑德荣等：《中国特色社会主义道路基本问题研究》，人民出版社 2012 年版，第 263 页。

化建设上，苏联模式的弊端在于实行高度集中统一的文化管理体制，盛行个人崇拜和舆论一律，窒息社会主义意识形态。中国特色社会主义坚持社会主义先进文化的前进方向，坚持马克思主义意识形态前提下保证文化多样性发展体制，努力建设社会主义核心价值体系，既坚持以马克思主义为指导，反对指导思想多元化，同时又尊重差异，包容多样，以马克思主义的一元化思想引领和整合多样化的社会思潮，大力发展先进文化，支持健康有益文化，努力改造落后文化，坚决抵制腐朽文化，创造了不同于苏联的新的文化发展模式，进而实现了对苏联模式在文化建设领域的扬弃。复次，在社会建设上，苏联模式的弊端在于采取了高度集中的社会管理体制和忽视民生的发展方式，导致人民生活水平下降。中国特色社会主义按照民主法治、公平政治、诚信友好、充满活力、安定有序、人与自然和谐相处的和谐社会的总要求，大力推进以改进民生为重点的社会建设，培育和规范各类社会组织，构建有利于社会和谐的社会管理与运行机制，进而实现了对苏联模式的扬弃。最后，在党的建设上，苏联模式的弊端在于苏联共产党长期忽视党的建设，实行党政合一、领导职务终身制和指派制、决策高度集权、缺乏党内民主、缺乏对领导干部监督等。中国共产党按照把党建设成为有战斗力的成为社会主义现代化坚强领导核心的马克思主义政党的目标要求，正确把握党的历史方位，切实解决好提高党的领导水平和执政水平、提高拒腐防变和抵御风险能力这两大历史课题，提出党的先进性建设是马克思主义政党生存、发展、壮大的根本性建设，以改革创新的经济全面推进党的建设伟大工程，发展了马克思主义关于党的建设理论和实践，进而实现了在党的建设领域对苏联模式的扬弃。

第二，关于中国特色社会主义与资本主义。在中国特色社会主义道路与资本主义道路模式的关系上，郑德荣认为："合理利用资本主义建设社会主义是马克思主义的重要观点，吸收和借鉴资本主义文明成果是中国特色社会主义道路的显著特征。但是，建设中国特色社会主义不是走资本主义道路，而是对资本主义的超越。"① 中国特色社会主义对资本主义的吸收和借鉴主要体现在三个方面。首先，中国特色社会主义道路具有开放性特征。中国特色社会主义道路是中国特色社会主义理论体系的实践形态，中国特色社会主义理论的开放性决定中国特色社会主义道路的开放性。从经济领域看，大胆吸收和借鉴当今世界各国包括资本主义发达国家和一切反映现代化生产规律的先进经营方式、管理方法，我们建立了社会主义市场经济体制。这种经济体系的显著特点就是对外开放。从政治领域看，批判地借鉴资本主义国家的一些治国理政的合理因素，促进人民的民主权利得到进一步实现。从思想文化领域看，突破了以往把资本主义国家的思想文化一概视为腐朽、没落和反动东西的传统观念，形成了向资本主义国家学习一切对我们有益的知识和文化的风气。其次，中国特色社会主义道路将吸收和借鉴资本主义文明成果作为长期战略。之所以要将吸收和借鉴资本主义文明成果作为中国特色社会主义长期战略，是由以下几个因素决定的。一是当代社会主义与资本主义的并存关系。马克思所设想的社会主义是建立在资本主义基础上的，而现实中的社会主义并非如此，像中国这样的建立在半殖民地半封建社会基础上的社会主义，不管是从国家的物质条件、生产力水平的状况还是生产关系和上层建筑的完善方面，都远未达到马克思主义所说的社会主义社会水平。这种形态的社会主义，必然无法在短时间内替代资本主义。结合当代资本主义新变化、新发展，表明资本主义生产关系对生产力的容纳还有很大潜力和空间。因此，"当代社会主义与资本主义并存的必然性决定，社会主义一定要吸收和借鉴资本主义的文明成果"②。二是我国社会主义初级阶段的基本国情。在经济文化落后基础上建立社会主义

---

① 郑德荣等：《中国特色社会主义道路基本问题研究》，人民出版社 2012 年版，第264 页。

② 郑德荣等：《中国特色社会主义道路基本问题研究》，人民出版社 2012 年版，第286 页。

的特点，决定了我国在一个相当长的历史时期内还处于社会主义初级阶段，人口多、底子薄、生产力不发达，仍是我国目前存在的具体国情。这样的基本国情决定了在改革开放中，我们只有正确处理资本主义与社会主义的关系，积极吸收和借鉴资本主义发达国家创造的一切文明成果，才能不断缩小与资本主义国家之间的距离，最终取代资本主义实现共产主义的奋斗目标。三是和平与发展的时代特点。当今世界形势发生了极其深刻的变化，和平与发展代替战争与革命成为时代主题，"一球两制"成为长期的现象。在这样的国际形势下，中国之所以要始终坚持对外开放的基本国策，就是要结合时代特点，在对外开放中借鉴、吸收和利用资本主义。最后，吸收和借鉴资本主义文明成果必须坚持中国特色社会主义的正确方向。"中国特色社会主义的实质是当代中国的科学社会主义，是一种利用资本主义来建设和发展自身的社会主义，不是什么'中国特色的资本主义'，也不可能走资本主义道路。"① 之所以得出这个结论，主要是基于以下三方面的原因。一是资本主义社会中先进的科学技术、生产管理经验等是人类共同文明的成果，不是资本主义的专利。二是在社会主义基本制度框架下发展非公有制经济是不会导致走资本主义道路的。我们利用资本主义是为了建设社会主义，而不是搞资本主义。三是中国特色社会主义与资本主义有着本质的区别，不是资本主义，中国特色社会主义道路是社会主义本质的中国实现形式。与此同时，郑德荣还着重强调，利用资本主义不能走资本主义，之所以这样说，由资本主义的本质决定的；不管是从历史来看，从现实国情来看，还是从人民群众的根本利益诉求出发，中国都不可能走上资本主义道路。

第三，中国特色社会主义与民主社会主义。郑德荣认为，中国特

---

① 郑德荣等：《中国特色社会主义道路基本问题研究》，人民出版社 2012 年版，第287 页。

色社会主义是"对民主社会主义的辨析与借鉴"①。首先，中国特色社会主义不是民主社会主义。二者之间的区别在于：一是基本经济制度不同。中国特色社会主义实行的是公有制为主体、多种所有制经济共同发展的所有制结构；实行按劳分配为主体、多种分配方式并存的分配制度等。而民主社会主义主张在维护私有制主体的基础上，实行国有企业、私人企业和其他经济成分并存的"混合经济"制度；同时他们维护以按资分配为主体的财富和收入分配制度等。二是基本政治制度不同。中国特色社会主义实行的是中国共产党领导下，在人民当家作主的基础上，依法治国，发展社会主义民主政治的基本政治制度。而民主社会主义则是从抽象的民主观出发，把民主看作是民主社会主义的核心价值。认同西方现行的政治安排，主张资本主义多党制。三是思想文化制度不同。中国特色社会主义坚持马克思主义的指导地位。指导思想一元化、文化发展多样化，是中国特色社会主义在思想文化方面的基本特征。而民主社会主义则是以指导思想多元化为特征的。认为社会主义不应以某一固定的宗教、哲学、社会思想为其理论基础，而应兼容并收任何符合其伦理主义和改良主义的思想材料。其次，借鉴民主社会主义的合理成分。一是经济方面。以北欧为代表的民主社会主义国家实行莱茵模式的市场经济，力求克服纯而又纯的公有制导致的效率低下和完全私有制导致的分配不公、两极分化，主张建立各种经济成分并存的混合经济以及多种所有制实现形式。这启示我们在社会主义经济建设的过程中，不能一味追求生产资料的公有制程度。二是政治方面。民主社会主义顺应民意，不断推进民主进程，为其执政创造了必要条件。他们高度重视自由、民主、法治和人权，始终把民主作为其核心价值，认为没有民主就不可能有社会主义，只有通过民主手段才能实现社会主义。他们的经验对于我国

---

① 郑德荣等：《中国特色社会主义道路基本问题研究》，人民出版社 2012 年版，第293 页。

大力推进政治体制改革，不断发展社会主义民主政治，建设社会主义政治文明不无裨益。在文化方面，民主社会主义对文化的重视，以及为社会主义文明进步所做的努力启示我们坚持马克思主义在意识形态领域中指导地位的同时，更好地坚持为人民服务、为社会主义服务的方向和贯彻"百花齐放、百家争鸣"的方针，促进社会主义文化大发展、大繁荣。三是在党的建设方面。民主社会主义和社会党面对全球化和信息化的挑战，适应历史条件的变化，不断调整自身建设的战略，高度重视党员队伍的建设，不断探索党员主体作用发挥的途径；努力提高青年党员和妇女党员的地位；积极实施组织运行机制民主化改革，保障普通党员的民主权利；创新党组织活动方式，提高普通党员参加活动的积极性；构筑扁平型组织结构和网络信息平台，加强政党内部的沟通和交流。这些做法启示我们在新的时期要科学地判断党的历史地位，在大力提高科学执政、民主执政、依法执政能力的同时，多层次、多方面、多途径地发挥党内民主，重视党内民主制度建设，保障党员民主权利，充分发挥全党的积极性、主动性、创造性，全面推进党的先进性建设。与此同时，郑德荣还进一步强调："民主社会主义创造的优秀文明成果对于建设中国特色社会主义确实有一定的借鉴意义，但不能照搬照抄。"①

　　上述内容中，郑德荣将中国特色社会主义道路与苏联传统社会主义道路模式、资本主义道路模式、民主社会主义道路模式从政治、经济、文化、党建等各个领域、方面进行了比较，深刻地诠释了中国特色社会主义的"特色"所在。通过这样的比较研究，一方面，将中国特色社会主义道路置于世界视阈下进行观察与研究，让人们对于中国特色社会主义道路的"特色"之处有了更加清晰、透彻的了解与认知，进而提升了道路自信；另一方面，在借鉴、吸收其他道路模式

---

① 郑德荣等：《中国特色社会主义道路基本问题研究》，人民出版社 2012 年版，第 305 页。

文明成果的同时，又指出了它们自身存在的问题及不足之处，进而为中国特色社会主义道路提供了有益借鉴与启示。

（四）中国特色社会主义道路的时代价值与历史经验

中国特色社会主义道路是中国共产党领导全国各族人民历经多年艰苦奋斗的伟大成果与伟大创举，是当代中国实现社会主义现代化和民族振兴的必由之路，它有着弥足珍贵的时代价值与可资借鉴的历史经验。

第一，中国特色社会主义道路的时代价值。郑德荣从两个方面对中国特色社会主义道路的时代价值展开论述。首先，从国家、民族的视角来看，中国特色社会主义道路是实现中华民族伟大复兴的必由之路。之所以得出这一结论，是因为它最适合中国国情，能最大限度解放和发展生产力。"中国国情是实现马列主义与中国革命建设实践相结合的中心环节，是制定党的路线方针政策的客观依据。"① 认清中国国情，最重要的是认识中国社会的性质和发展阶段。党的十三大正式提出了社会主义初级阶段理论，指明我国所处的历史方位，明确规定它是社会主义初级阶段，并且具体地指出了社会主义初级阶段的主要矛盾和基本任务。在中国特色社会主义建设实践中，中国共产党人始终以解放和发展生产力作为自己重要的历史使命和中心任务，以经济建设为中心，以改革开放为动力，不断破除不利于生产力发展的体制机制，取得举世瞩目的辉煌成就。以人为本的科学发展观实现共同富裕。② "中国特色社会主义道路以广大人民的利益为出发点和落脚点，大力发展改善民生的社会事业，通过先富带后富逐步实现共同富裕。"③ 在当代中国坚持中国特色社会主义道路，实际上就是坚持走具有中国特色的共

① 郑德荣等：《中国特色社会主义道路基本问题研究》，人民出版社 2012 年版，第308 页。
② 郑德荣关于科学发展观的研究成果前文已做过具体介绍，这里仅对实现共同富裕进行论述。
③ 郑德荣等：《中国特色社会主义道路基本问题研究》，人民出版社 2012 年版，第312 页。

同富裕的道路，这是社会主义区别于资本主义本质的规定，是社会主义的真谛之所在。中国特色社会主义道路取得的辉煌成就及亟待解决的问题。郑德荣在充分肯定了改革开放以来中国特色社会主义道路所取得的辉煌成就的同时，还提出几个亟待解决的问题并给出了相应的对策。其次，从世界视阈来观察，中国特色社会主义道路为当代世界社会主义运动和发展中国家的建设发展提供了重要经验借鉴。中国特色社会主义道路的巨大成功为步入低谷的国际共产主义运动注入生机与活力。中国特色社会主义道路的伟大成功启示所有社会主义国家必须超越传统社会主义道路，紧密结合本国国情，走出全新的社会主义建设道路。具体而言，相对于传统社会主义而言，中国特色社会主义道路实现了两个转变。一是从阶级斗争为纲转向以经济建设为中心；二是从计划经济体制转向市场经济体制。正是因为中国走向了一条与传统社会主义道路完全不同的社会主义道路，才使得中国在苏东剧变的历史关头顶住了来自国际和国内的巨大压力，在风云变幻的国际社会稳住阵脚，高高擎起马克思主义和社会主义的旗帜，在国际共产主义运动遭受巨大挫折的情况下，走出一条坚持和发展马克思主义的新路。

　　第二，中国特色社会主义道路的历史经验。党的十七大将改革开放以来中国现代化建设的基本经验概括为"十个结合"①。郑德荣认为："'十个结合'用马克思主义的世界观方法论来总结经验，形成一个比较完整的逻辑体系，有系统的理论结构，实现了对社会主义现代化建设历史经验的系统总结和重要的理论创新，对中国共产党执政规律、社会主义建设规律和人类社会发展规律的总结，是对党的基本

---

① 　注："十个结合"是指：把坚持马克思主义基本原理同推进马克思主义中国化结合起来，把坚持四项基本原则同坚持改革开放结合起来，把尊重人民首创精神同加强和改善党的领导结合起来，把坚持社会主义基本制度同发展市场经济结合起来，把推动经济基础变革同推动上层建筑改革结合起来，把发展社会生产力同提高全民族文明素质结合起来，把提高效率同促进社会公平结合起来，把坚持独立自主同参与经济全球化结合起来，把促进改革发展同保持社会稳定结合起来，把推进中国特色社会主义伟大事业同推进党的建设新的伟大工程结合起来。

理论、基本路线、基本纲领、基本经验的丰富和发展。"① 他具体从三个方面对以上论点进行分析与阐释。首先，"十个结合"实现了对社会主义现代化建设经验的系统总结。郑德荣在全面梳理了"十个结合"形成发展历程的基础上指出，"十个结合"相比较于之前党内关于改革开放经验的论述而言有三个方面的优势。在层次上有了新的高度。这十个方面的经验都不是微观层面的，都是本质性的问题。在范围上有了新的广度。不止包括经济建设和现代化建设两个方面，而且还涉及总体经验和根本保证，涉及政治、经济、文化、社会等各个方面。在论述上有了新的高度。深深根植于改革开放的伟大实践，对改革开放以来的成败得失既进行了纵向的历史考量，又进行了横向的国际比较，既有民族特色又有世界眼光。其次，"十个结合"形成了完整的逻辑体系和系统的理论结构。郑德荣认为，"十个结合"是一个统一的整体，它具体是由三部分构成：前三条是"十个结合"的总体概括，是改革开放以来最基本的经验。后三条是根本保障。分别从内因外因、国际氛围、领导核心的角度来论述改革开放的保障与条件。中间四条分别从经济、政治、文化、社会建设四个方面，深入地总结了基本经验。最后，"十个结合"的科学概括实现了重要的理论创新。郑德荣认为："'十个结合'用马克思的世界观方法论来总结经验，是对共产党执政规律、社会主义建设规律和人类社会发展规律的总结，是对党的基本理论、基本路线、基本纲领、基本经验的丰富和发展。实现了对社会主义现代化建设历史经验的系统总结和重要的理论创新。"②

上述内容中，郑德荣以国内外两个视角对中国特色社会主义道路的时代价值进行了分析与提炼，在充分彰显出中国特色社会主义道路

① 郑德荣、姜淑兰：《中国特色社会主义道路基本问题论要》，《高校理论战线》 2011 年第 3 期。
② 郑德荣、姜淑兰：《中国特色社会主义道路基本问题论要》，《高校理论战线》 2011 年第 3 期。

的作用与价值的同时，将党的十七大提出的改革开放十条基本经验，即"十个结合"，作为中国特色社会主义道路的历史经验进行分析与论证。时至今日，虽然与十七大召开的时间已经相隔十余载，但是作为改革开放基本经验的"十个结合"并没有过时。它们在改革实践中得到不断的丰富和发展，为推动新时代中国特色社会主义道路蓬勃发展提供着不竭动力。

第四章　关于中共党史与中国
革命史若干问题研究

郑德荣多年的学术研究生涯中，在对若干中共党史及革命史重大问题进行翔实历史考证，缜密逻辑分析，系统理论阐释的基础上，提出新思路、阐发新观点，或填补了关于某些问题研究的空白；或厘清了一些事件发生的历史背景，发展脉络；或匡正了一些传统学术观点，澄清了错误理解、模糊认识；或从宏观、整体层面对问题进行纵横把握、分析。

第一节　对中共党史或中国革命史
若干重大历史事件的研究

郑德荣十分重视对中国党史或中国革命史重大历史事件的考察与研究工作，他时常谈及作为一名党史工作者，不仅注重对宏观问题的思考，而且注重对具体历史事件进行切实的微观研究，要利用种种微观的实证研究去抖落历史的尘埃，还其以本来面目。为此，他多年来从未间断过对原始档案文件的查阅，为持续推动他的学术研究奠定坚实的根基。尤其是 20 世纪 80 年代初，郑德荣被借调到中央党史研究室，参加由中共中央党史研究室主持的《中国共产党历史（民主革命时期）》第一稿和《中共党史大事年表》编写工作，并担任土地革命战争时期编写组副组长（主持工作）。在此期间，他近距离接触胡乔木、胡绳、廖盖隆、龚育之等领导同志，并得到他们的指导和教诲，受益良多。同时，出于工作需要，还查阅了保存在中共中央档案馆的大量历史文献，对第二次国内革命战争时期若干重大党史问题展开深入研究，并取得了突破性进展。

一、宁都会议研究

土地革命战争时期，苏区中央局于 1932 年 10 月 3 日至 8 日在江西宁都县东山坝乡小源村榜山祠召开全体会议，即"宁都会议"。这次会议在"左"倾教条主义者的把持下，通过了一系列"左"的军事行动方针，毛泽东提出的正确军事方针策略遭到打压与批判，而毛泽东本人也被迫离开红军去地方工作，宁都会议是导致红军第五次反"围剿"失败的一个重要原因。20 世纪 80 年代，郑德荣为了还历史以本来面目，让更多的人了解、掌握这段历史，在查阅大量历史文献的基础上，撰写完成了《宁都会议与中央苏区第四次反"围剿"的军事方针》，2002 年在前文基础上又发表了《宁都会议若干问题释疑》，在上述两篇文章中围绕为什么要召开宁都会议？会议是在什么时间召开的？会议召开的主要内容是什么，对红军反"围剿"造成了何种程度的消极影响？以及如何正确评价毛泽东和周恩来、朱德在第四次反"围剿"中的作用？等几个重要问题进行系统考证与回答。

第一，关于会议召开的历史背景。郑德荣认为"宁都会议召开的直接原因，是由在前线指挥战争的毛泽东、周恩来、朱德、王稼祥同志同临时中央、苏区中央局其他委员之间，在关于中央苏区进行第四次反'围剿'的军事方针问题上发生分歧而召开的"。文中对分歧产生的原因进行了分析和说明，并指出，双方"分歧的焦点是按照脱离实际的军事方针行事，还是从实际出发，采取积极防御的正确军事方针"[1]。

---

[1] 郑德荣：《宁都会议与中央苏区第四次反"围剿"的军事方针》，《党史资料通讯》1982 年第 8 期。

第二，关于会议召开的具体内容。郑德荣认为，宁都会议的具体内容包括两个方面：一是讨论和总结了苏区中央局制定的军事方针，会议要求红军在敌人合围未完成之前，先发制人，主动出击"以粉碎敌人的大局进攻，夺取中心城市，争取江西首先胜利"[①]；二是批判毛泽东同志的正确主张，开展了所谓的"中央局从未有过的反倾向的斗争"，会议错误地决定取消前线最高军事会议制度，"左"倾领导以所谓"批准毛同志暂时请病假"为由，排挤了毛泽东对红军的领导。

第三，关于周恩来取代毛泽东红军领导职务的问题。由于在宁都会议后周恩来取代了毛泽东在红军的领导职务，以至于给人一种错觉和误解，甚至被人说成是"周恩来夺了毛泽东的权"。对此，郑德荣从三个方面予以驳斥。一是在宁都会议进行中，周恩来就曾多次力图使毛泽东留在前方，但未被苏区中央局领导所接受；二是在宁都会议结束后，从苏区中央局领导和周恩来分别给临时中央的电报中可以看出，周恩来在毛泽东危难之际维护了毛泽东；三是在第四次反"围剿"战争中，周恩来、朱德等运用和发展前三次反"围剿"的成功经验，从实际出发，没有机械执行苏区中央局的军事命令。

第四，关于第四次反"围剿"胜利的原因。郑德荣认为，在宁都会议确定了"左"的军事方针和毛泽东被排挤离开红军领导岗位的困难情况下，第四次反"围剿"之所以能够取得胜利，是由于周恩来和朱德同志抵制了"左"倾的军事路线，灵活地运用了毛泽东军事思想，制定出了一条符合实际的指导方针。具体而言，这条方针主要包括三方面内容：一是否定了苏区中央局的无端指责，坚持执行了宁都会议前由前线指挥机关提出的正确方针；二是抵制了苏区中央局提出的攻坚夺城的冒险主义方针，实行了以歼灭敌人有生力量为主要目标的作战原则；三是继续发扬了红军长期坚持的集中优势兵力在运动中各个歼灭敌人的军事原则，从而取得了第四次反"围剿"的胜利。

---

① 苏区中央局宁都会议经过简报。

此外，对宁都会议召开时间的考证，郑德荣也贡献颇大。在中共中央党史研究室借调期间，他通过查阅 1932 年 9 月 27—29 日由苏区中央局发往前线的关于商讨会议召开时间的三封电报，发现 1945 年中共六届七中全会通过的《关于若干历史问题的决议》所载宁都会议的时间，即 1932 年 8 月是错误的，应是 1932 年 10 月。上述考证结果，随即被由中共中央党史研究室编辑出版的《中共党史大事年表》《毛泽东选集》《毛泽东传》《周恩来传》等权威党史文献、传记所采纳。胡乔木同志在回忆党的《历史决议》时提起宁都会议的时间问题，指出《历史决议》的"草案最后案""叙述在中央苏区的错误时，原来提到宁都会议的时间笼统地说 1932 年，这次具体化'1932 年 8 月'，反而把实践弄得不确定了，成为后来党史研究的一桩'公案'（准确时间现已经考订清楚是 10 月）"①。

二、张国焘"密电"研究

1935 年 6 月，红军第一、第四方面军在长征中会师后，张国焘与党中央发生了"南下"与"北上"之争。在这一过程中，张国焘违反中央决议，执意南下，犯了分裂党、分裂红军的严重错误。其间，张国焘是不是给陈昌浩、徐向前主持的前敌委员会发出过危害党中央的"密电"，以及"密电"中是否含有"武力解决中央"的内容，在中共党史研究中曾是一个极具争议性的话题。郑德荣在中共党史研究室借调期间，根据上级领导的相关指示，对张国焘"密电"一事经过翔实的考证后确认所谓张国焘"密电"不是有些人说的"根本没有"，而是确有此事，但电报内容并不是学界和社会上误传的"南下，武力危害党中央"，而是"南下，彻底开展党内斗争"。拨开历史的迷雾，廓清了所谓张国焘"密电"的历史事实。

关于"张国焘密电"，在"文化大革命"后期和改革开放初期，

① 胡乔木：《胡乔木回忆毛泽东》（增订本），人民出版社 2003 年版，第 323 页。

社会上流传甚广。"当时主流观点是：张国焘给右路军政委陈昌浩发电，要求立刻率右路军南下，'武力迫害党中央'。原四方面军总部三局的一位领导为张国焘'密电'问题直接找到中央党史研究室主要负责人，坚决否认'密电'的存在。对此，中央党史研究室特别重视，专门召开座谈会，并将此事交由时任土地革命战争时期编写组副组长的郑德荣负责，经过调研此说法来自于沈阳空军司令部某司令写的一篇回忆录，于是郑德荣起草拟定了一个外调提纲，交给中央党史资料征集委员会办公室，由办公室派人到沈阳空军司令部外调，结果那位副司令仍坚持当年的回忆，最后只能到中央档案馆再三查阅文献。档案馆同志到档案库中查证，没有找到这份电报的原件。至此，对事件的调研似乎已经走进了'死胡同'。幸而在查阅 1937 年延安会议记录时，发现上面有毛泽东的发言记录：'在长征途中，叶剑英同志偷着给我看了电报，电报上写道'南下，彻底开展党内斗争'，于是我下决心北上了……'。通过查阅延安会议记录和调查研究及一系列的历史文献为佐证，郑德荣同志认为以延安会议记录来论证张国焘'密电'问题是可靠的，理由主要有二：延安会议的主题之一就是批判张国焘的错误，他的'密电'问题无疑是其错误中的重点和焦点；延安会议的时间为 1937 年 3 月 23 日至 31 日，电报的时间是在 1935 年 9 月毛泽东领导的中央红军连夜北上前夕。时间间隔仅约一年半左右，不算很长；况且延安会议的与会者都比较年轻，毛泽东当年才 44 岁，对一年半前这样非常严肃的事情应该记忆得比较准确。此外，同时参会的张国焘在会议上并未当场提出任何反驳的意见和解释的理由。因此，郑德荣认为用延安会议记录来判断'密电'的事是可行的，由此可以得到这样的结论：一、'密电'确实有，张国焘确实给陈昌浩发过电报；二、'密电'的内容，并非是传闻所说的'武力迫害党中央'，而是'南下，彻底开展党内斗争'"①。事后，

---

① 黄伟：《张国焘"密电"历史真相揭晓记》，《文史天地》2018 年第 9 期。

郑德荣根据会议记录的内容尽量详细地把情况向上级领导进行了汇报。经中央党史研究室领导集体研究认为：以延安会议记录作为澄清张国焘"密电"问题的文献依据比较可靠。根据这个意见，在《中共党史大事年表》中没有采纳"武力迫害党中央"的误传表述，而是根据延安会议记录的相关内容，具体表述是"九月，张国焘拒绝执行中央北上方针，并要挟右路军和党中央南下，甚至企图危害党中央"。后来，在《中国共产党历史》（上卷）第一次草稿中对张国焘密电问题也是如此表述的，此稿经党史研究室修订后在1991年出版。

今天看来，以延安会议记录作为文献依据，尤其是以"南下，彻底开展党内斗争"作为张国焘"密电"的结论式论断，是客观准确的。澄清密电历史真相的出版物最早见于经国家教委认定的高等院校试用教材《中国共产党历史讲义》上册。此后，一些权威的党史书籍或者论文对此事也有澄清，但大多是以郑德荣的研究成果为主要参考依据。此外，郑德荣在查证这一历史事件的过程中曾反复多次强调："写党史和大事年表，要尊重事实。尽管张国焘是个叛徒，但是我们写历史仍需要实事求是，他的罪状及其程度不能夸大其词。"① 他所秉持的坚持真理、实事求是的处事原则正是老一辈党史学者优秀品质的鲜明写照。

三、中共六届四中全会研究

1931年1月7日，党的六届四中全会在上海召开，在会议上共产国际在全盘否定三中全会的情况下，由米夫等人直接扶持王明"左"倾教条宗派集团取得党中央领导地位的一次会议，也是以王明为代表的"左"倾冒险主义统治党中央、全面推行国际路线的开始。就这次会议本身而言，在党的历史上并没有产生任何进步意义，但是作为中共党史的重要组成部分，对这段史实进行考证、研究是非常有

---

① 本书编写组：《郑德荣文集》，人民出版社2022年版，第50页。

必要的。20 世纪 80 年代初，郑德荣在中共中央党史研究室借调期间，"对当时党史学界不太清楚的中共六届四中全会及王明上台的情况进行了详细的、有根据的分析和说明，如关于会议的历史背景、召开时间、参加人员、会议议程以及会议讨论的焦点及其原因等，这在当时的中共党史学界还是首次。"①

第一，王明上台基本情况的介绍。郑德荣认为，以王明为代表的"左"倾宗派集团之所以能够在党的六届四中全会上取得中央领导地位与共产国际的强行干预、大力扶持是分不开的。在六届四中全会召开前，"共产国际就已经利用它可以对各国党发号施令的'特权'对中国共产党的内部事务百般干预，进行了一系列违反马列主义原则的活动"②，从而为通过四中全会扶持王明上台，从政治上、思想上、组织上和舆论上做好了准备。具体来讲，全盘否定党的六届三中全会及其以后的中央领导，为扶持王明上台扫清道路。对王明倍加称赞，委以重任，为扶持王明上台做好组织上和舆论上的准备；王明根据国际十月来信的基调，修改和赶写《两条路线的斗争》（后更名为《为中共更加布尔塞维克化而斗争》的小册子），提出了推行国际路线的纲领，为他取得中央领导地位捞足了"政治资本"。

此外，郑德荣还对共产国际代表米夫为什么对王明如此器重，委以重任予以了说明。他指出："王明俄语和马列著作学得好，米夫在莫斯科中山大学讲马列课时已经发现了王明是一个优秀生，在中共六大时王明还曾担任过米夫的贴身翻译并取得了米夫的信任"。可见，"王明成为共产国际代表米夫的亲信，这也是共产国际信任、扶持他的原因，因为是亲信，使米夫产生一个念头，认为中国共产党应该让这样的人来掌权，竭力想尽办法扶持王明上台"③。

第二，会议召开相关情况的考察。郑德荣通过相关文献资料的记

①　本书编写组：《郑德荣文集》，人民出版社 2022 年版，第 43 页。
②　郑德荣：《共产国际与党的六届四中全会》，《党史通讯》1983 年第 11 期。
③　本书编写组：《郑德荣文集》第一卷，人民出版社 2021 年版，第 48 页。

载，进行了比较客观、翔实的梳理与分析。一是关于会议召开的时间与参会人员。他指出：党的六届四中全会于 1931 年 1 月 7 日在上海秘密举行，出于安全考虑会议在连续开了十七个小时后宣告结束。"出席这次会议的共三十七人，其中有中央委员、候补委员二十二人，各地区部门负责人及工作人员十五人。"① 对于具体参会人数的考察是郑德荣作出的学术贡献之一。对此事，他曾进行过详细的叙述："我阅读了六届四中全会的会议记录，记录人是赵溶，也就是康生。这份记录围绕会议发言、争论斗争等一系列内容记录的很详细……开始时 37 人，下午时变成 36 人了，缺少的是罗章龙一派的袁乃祥，因为他和共产国际意见不一样，不同意开四中全会。同时，会议其中的一项议程是由周恩来代表政治局提出经远东局与中央政治局共同拟定的政治局人选名单，而罗章龙代表的总工会派，提出另外一个政治局委员候选名单。表决结果多数人赞成政治局提出的名单为候选人。因此，袁乃祥大闹会场，主席团宣布让其退出会场，因此他下午未参会，少一个人。这份会议记录很详细，甚至某同志发言、吵闹、谁拽他坐下，这些都有记录，给我留下深刻的印象。"② 二是关于会议的议程及内容。郑德荣指出，会议的议程共由八项组成："一、宣布开会；二、追悼革命战争及白色恐怖下牺牲的战士；三、推选主席；四、由向忠发作政治报告；五、讨论（有三十多人发言）；六、国际代表作结论；七、补选中央委员，改选政治局委员；八、闭幕。"会议的具体内容主要围绕三个方面的问题展开讨论：关于会议的性质；如何评价三中全会以后的党中央，特别是《中央第九十六号通告》的问题；关于中央委员会和政治局人选问题。会议最终全会通过了《中共四中全会决议案》《中国共产党中央四中扩大会告中国工农红军书》《中国共产党中央四中扩大会告在狱革命战士

---

① 郑德荣：《共产国际与党的六届四中全会》，《党史通讯》1983 年第 11 期。
② 本书编写组：《郑德荣文集》第一卷，人民出版社 2021 年版，第 48 页。

书》等文件。"四中全会的结果表明：共产国际推行宗派主义干部路线，扶持王明上台的目的已经实现了。"①

第三，王明"左"倾冒险主义盛行的严重后果。郑德荣认为，中共六届四中全会召开导致的最严重后果就是王明"左"倾主义在其后一个时期对革命造成的危害。具体表现在两个方面：在政治上推行"下层统一战线"政策，犯了关门主义错误，直接导致我们在如何看待"一·二八"事变及十九路军与上海民众抗日的问题上，在判断、处理福建事变的问题上犯了严重的主观主义、"左"倾关门主义和冒险主义的错误；在军事上采取了完全错误的军事路线，直接导致第五次反"围剿"斗争的失败，红军被迫放弃革命根据地，实行战略转移。

四、西安事变研究

西安事变是中国近代史上的一个重大历史事件，也是中共党史的重要组成部分，国内对于西安事变的学术研究起步较早，但是对事件展开深入系统的研究则是始于 20 世纪 80 年代。从 80 年代的中后期开始，郑德荣将注意力转移到了对西安事变的研究上来，并取得了相当进展。一方面从宏观层面对事变的整个发展过程及价值意义进行概括和阐发，并在《中国共产党历史讲义》《中国革命历史教科书》《中共党史教程》等教育部统编教材中加以体现；另一方面从微观层面对事变的历史细节深入挖掘和考证，并相继发表了《中国共产党的抗日民族统一战线政策与西安事变》《中国共产党与西安事变》《西安事变若干问题的新思考》《西安事变与中共应对突发事件能力论析》等多篇论文，其中很多观点都匡正了学界的传统观点，并被学界同人所认同、采纳。

第一，关于西安事变爆发原因。郑德荣认为"西安事变是国民

---

① 郑德荣：《共产国际与党的六届四中全会》，《党史通讯》1983 年第 11 期。

党爱国将领张学良、杨虎城率部以'兵谏'方式督促蒋介石接受停止内战、联合抗日主张的爱国运动"[①]，导致西安事变发生的原因是多方面的，主要可以从五个方面进行分析：一是日本侵华的逐步深入。继东北失陷后，日本人又得寸进尺、步步紧逼，不仅公然入侵上海，攻占热河、长城各隘口，还蓄谋制造华北事变，中华民族处于生死存亡的紧要关头。二是民国政府的一味妥协退让。面对来势汹汹的日本侵略者，国民党政府置民族危亡于不顾，对外与日本人先后签订《秦土协定》《何梅协定》丧权辱国；对内顽固坚持、继续推行其攘外必先安内的方针和"剿共"内战政策。三是全国抗日救亡运动的高涨。九·一八事变后，全国上下救亡运动风起云涌，国民党将士守土抗日的呼声此起彼伏，尤其是受命"剿共"的东北军、西北军官兵厌战情绪极重，强烈要求停止内战，一致对外。四是张学良奉命进攻陕北红军受挫，遭蒋的冷遇与排斥。东北沦陷后，张学良及东北军无家可归、颠沛流离，后被蒋介石调往西北"剿共"，在"剿共"受挫后张学良在思想上完成了由拥蒋救国向联共抗日的转变。五是中共的统战政策和西北大联合。红军主力到达陕北后，中共中央出于抗战大局出发，确立了建立抗日民族统一战线的策略，通过各种形式积极展开对东北军、十七路军的统战与爱国教育工作，并建立红军与东北军、十七路军三位一体的抗日统一战线。通过以上五个方面的分析，郑德荣将西安事变爆发原因进行了比较全面、透彻的梳理和解读，为接下来更深入的研究奠定了坚实基础。

第二，关于日本国府对西安事变的态度。我国学术界传统观点认为，在西安事变爆发后，日方的态度是妄图趁机挑起中国内战，以达到坐收渔人之利的目的。对此，郑德荣认为：对于西安事变，日本国府、最高决策领导机关的意见是切勿轻举妄动，静观事态的发展。此外，他还剖析了其中的缘由，一方面是因为日方对西安事变的真实情

---

①　郑德荣：《西安事变若干问题的新思考》，《中共党史研究》1997 年第 1 期。

况还不甚了解，不能轻易做出判断，采取行动；另一方面由于日本在1933 年被迫退出国联，导致其长期被国际社会孤立，考虑到美英法苏等国还未对事变表态，也就不敢轻举妄动。郑德荣之所以能够做出这样的论断，是以日本国府在西安事变后发给各有关部门要人的秘密电报为主要依据，其中就包括了中国驻日大使发给南京政府的五次密电中透露的信息。与此同时，郑德荣对事变中苏联的态度也进行了分析，他认为，事变发生后，南京国民政府与日本国府均对苏联有所猜忌，认为此次事变与苏联密谋有关，苏联则是在极力澄清自己与此事无关的同时，表明立场，严厉斥责张学良的义举，并对南京国民政府表示同情。而英美则希望尽快促成西安事变的和平解决，以维持蒋介石的统治地位。

第三，关于武力"讨伐"西安的决策。对于南京政府决定"武力"讨伐西安的问题，传统说法是：西安事变爆发后南京政府高层内部有主战与主和两派主张，而以亲日派何应钦为代表则力主武力解决，不顾蒋介石的安危，以期取而代之。郑德荣认为："根据国民党中央及国府的决策过程不难看出，确有两种主张，然而从最高领导机构作出决议和对策看，对西安的'讨伐'，显然是最高当局会议的决策"，"那种认为是何应钦取而代之的个人野心决定了'讨伐'只能作为一种分析揣测而已，不能作为历史的评论"①。对此，郑德荣还进行了具体分析："首先，何应钦固然是亲日派，但讨伐西安的决策是国民党中央最高领导机构做的，作为'讨伐军'总司令，也是国民党中央任命的，因为他是国民党国防部长、军事部长。其次，蒋介石在被押期间曾经秘密给何应钦传递手令，写明停止轰炸三天，因为蒋介石在西安进行谈判，所以需要停止轰炸。在这种情况下，何应钦如有野心可故作不知道，继续轰炸，但他并没有这样做。最后，何应钦在西安事变以后，抗日战争期间，蒋介石对何应钦仍然继续重用。

---

① 郑德荣：《西安事变若干问题的新思考》，《中共党史研究》1997 年第 1 期。

所以如果他有野心，蒋介石是不会这样做的"。因此，"那种认为是何应钦取而代之的个人野心决定了'讨伐'，只能作为一种分析揣测而已，不能作为历史的评论"①。

第四，关于西安事变的和平解决。传统的观点认为，西安事变的和平解决是中国共产党从国家、民族大局出发，在制定正确处理方针的情况下，不遗余力居中调停、斡旋的结果。郑德荣认为，西安事变的和平解决是由西安、南京和延安三个方面诸因素合力作用的结果，是同事变发动者的初衷和蒋介石的诺言分不开的，任何片面地强调某一方的作用而无视或否认其他两方面作用的观点都是不符合历史实际的。其中，中国共产党对西安事变的最后和平解决起了举足轻重的作用，但是中国共产党之所以能够在事件中起到如此重要的作用是有前提条件的，首先在于张学良、杨虎城发动的"兵谏"的目的是逼蒋抗日，其次张、杨在扣押蒋介石后面临着出乎意料的严峻形势，单靠张、杨本身的力量，要使事变得到和平解决是异常艰难的。之所以说和平解决事变异常艰难，主要源于三个方面：一是张、杨实行"兵谏"，扣留蒋介石的义举既没有得到国内各派力量的积极响应和支持，也没有得到苏联等国际力量的支持；二是蒋介石被扣押后与张、杨之间的对立情绪不仅没有改变，反而更加严重，致使张、杨与蒋介石之间一时无法对话；三是蒋介石被扣押后，张、杨及其部下之间对如何处置蒋的问题上也发生了分歧。与此同时，郑德荣还对中国共产党与西安事变关系中的几个重要历史环节进行了梳理和说明：一是中国共产党对事变的发生高度重视，在收到事变发生的消息后，中共中央立即召开紧急会议，一方面积极揭露蒋介石对内独裁统治、镇压人民，对外妥协退让、丢城失地的罪行；另一方面决定派遣周恩来赴西安与张、杨共同主持大计；同时在军事上作出相应部署。二是中共在事件处理过程中，坚持了"停止内战，一致抗日"的一贯立场和逼

① 郑德荣：《西安事变若干问题的新思考》，《中共党史研究》1997 年第 1 期。

蒋抗日、建立抗日民族统一战线的基本策略。中国共产党在处理事变的过程中，确定了关于和平解决西安事变的方针，指明了处理西安事变的正确方向，促进了西安事变朝着有利于团结抗日的方向发展。正是由于中国共产党坚持和平解决西安事变的方针，从多方面进行了艰苦细致、卓有成效的工作，才使张、杨发动西安事变的积极成果得以巩固，并终于促成了第二次国共合作，使西安事变真正成为时局转换的枢纽和关键。郑德荣的以上观点与论证一举突破了之前对西安事变固化的，一味强调中国共产党在解决事变中的作用，而完全忽视或弱化其他诸方面因素的论调，以及一贯采用的过于脸谱化的叙事方式，在尊重历史事实的前提下，以新颖、独到的视角，通过鞭辟入里、丝丝入扣的分析，既全方位地解读了促成西安事变和平解决的诸多因素，又突出强调了中国共产党在事件处理中发挥了作用，具有较强的理论说服力与学术研究价值。

第五，关于蒋介石对西安事变的"善后处理"。郑德荣认为，对于西安事变的结局与历史意义已经为抗日战争的胜利历史所证明，也在大多数学者中间形成共识。但是在充分肯定西安事变重大历史意义的同时，也要看到事件结局的另一个方面：事变和平解决后"由于蒋介石和南京政府背信弃义，将张学良长期扣留，实际上剥夺了他的人身自由，使其不能驰骋疆场与日军作战，去亲手实现自己积蓄多年的爱国夙愿。同时，东北军也被调往河南、安徽等异地他乡，被蒋介石分化瓦解。杨虎城则被撤销职务，受遣出洋考察，后又遭长期囚禁乃至最终惨遭国民党特务的杀害而永不瞑目，他的部队也被调离或拆散。蒋介石正是如此'善后处理'，达到了排除异己的目的。这是事变的结局不尽如人意之处，没有完全实现事变发动者的初衷。显然，这是由蒋介石和南京政府一手造成的"[1]。郑德荣以上的论述在对事变结局与历史意义的基本方面予以肯定的同时，围绕着蒋介石如何对

---

[1]   郑德荣：《西安事变若干问题的新思考》，《中共党史研究》1997 年第 1 期。

事变进行"善后处理"进行了翔实的考证及深刻的思考，打破了之前过多强调事变和平解决的重大历史意义，及认为蒋介石事实上遵守了承诺的认知、观点。为推动西安事变相关研究工作提供了新见解，开辟了新思路。

郑德荣的关于西安事变的诸多观点在公开发表后引发学术界热议。1986年9月下旬，他受邀参加在美国举行的西安事变50周年学术研讨会，并在会上做了《中国共产党在西安事变和平解决中的地位和作用》的大会发言，"发言在与会者中产生了良好的反响，在西安事变研究方面也提供了重要成果，台湾《传记文学》还写了一篇长篇报道"。"1996年全国政协在西安举办纪念西安事变60周年学术研讨会，这次研讨会是政协和地方合作，规模比较大。我以文入选，而且被列位大会发言首位。"①

五、长征研究

长征是中共党史上一件举足轻重的大事，是中国革命在最紧要关头从低潮走向高潮的重要转折点。在长征路上几万名红军战士在前有追兵后有堵截，自然环境极其恶劣的情况下，以大无畏的革命精神克服重重艰难险阻，在付出极大伤亡后终于到达陕北，并实现三大主力红军会师，从此中国革命迎来了光明与希望。对长征史及长征精神的深入挖掘，是中共党史学界多年来重点推进的一项工作，众多学者围绕着相关内容展开了研究与探讨，至今热度不减，据知网查阅仅2000年以长征为篇名的论文就多达5000余篇，硕博论文近200篇。郑德荣长期持续关注长征这一重大党史事件，并相继发表了《长征与新的革命战略基地的艰难抉择》《经历三个严峻考验的英雄史篇——纪念红军长征胜利60周年》《历史的回顾：遵义会议——中国共产党历史上生死攸关的转折点》《毛泽东与遵义会议》《〈红军长

---

① 本书编写组：《郑德荣文集》第一卷，未刊稿，第54页。

征全史〉序》《中国革命史长编》《天地中国》等论文、著作、书序，其中对长征途中几个重要问题进行了思考与阐发。

第一，关于长征历程。郑德荣对长征历程的考察是以新的革命战略基地的选择为研究视角而展开的，主要从三个方面进行了论证。一是中央红军在长征途中历经三大考验成功到达陕北。郑德荣认为，在长征途中，中央红军先后经历并通过了三大严峻考验为成功到达陕北创造了前提条件。三大严峻考验分别是：万里征战突重围，战胜强大敌人追堵，经受严酷战争考验；雪山草地历艰危，征服大自然，经受险恶环境的考验；相忍为党申大义，克服内部军阀主义错误，经受分裂危机的考验。二是新的革命战略基地是在长征途中逐步确立的。郑德荣认为，"新的革命战略基地的选择是有一个过程的"①。从1934年10月10日中央红军开始长征，历经湘江战役、巧渡金沙江、强渡乌江、四渡赤水、飞夺泸定桥、激战腊子口等战役，在军事上攻坚克难，勇挫敌军；相继召开通道会议、黎平会议、猴场会议、遵义会议、两河口会议、沙窝会议、毛儿盖会议、俄界会议等重要会议，在政治上拨乱反正，指明正确前行方向；几经波折磨难最终驻足陕北。由此可见，"中国革命新的战略基地的选择，是党中央在长征的过程中，经过艰苦的探索逐步选定的。这个战略基地是红军长征的落脚点，也是中国革命走向新高潮的出发点"。三是中央红军到达陕北后完成了革命大本营在西北的奠基。郑德荣认为："中共中央和毛泽东在确定了把立足点放在陕北的战略方针之后，为了这一方针的实现，为了把陕北建成巩固的革命根据地，做了大量的工作。"② 工作内容包括：整编红军，发展和壮大革命力量；粉碎国民党对陕北革命根据地的军事"围剿"；纠正陕北根据地肃反扩大化的错误；进行东征与

---

① 郑凯旋、郑德荣：《长征与新的革命战略基地的艰难抉择》，《毛泽东思想研究》2014年第3期。

② 郑凯旋、郑德荣：《长征与新的革命战略基地的艰难抉择》，《毛泽东思想研究》2014年第3期。

西征，扩大革命根据地；开展对东北军和西北军的统战工作，推动全国抗日民族统一战线的建立。

第二，关于遵义会议。郑德荣认为，之所以说"遵义会议是党的历史上生死攸关的转折点，这是因为，此次会议是 1935 年 1 月，红军、党中央和中国革命陷入危急关头而召开的中共中央政治局扩大会议。"① 会议集中解决了当时最迫切需要解决的两个相互关联的根本问题：军事指挥问题和组织领导问题。会议取消了博古、李德的军事指挥权，仍由军委主要负责人周恩来、朱德指挥军事。随后，常委分工，由张闻天负总责，毛泽东、周恩来负责军事。不久又成立了由毛泽东、周恩来、王稼祥组成的三人军事小组，统一领导红军的行动。遵义会议的功绩主要体现在：一是保证了红军长征的胜利，为在西北奠定革命大本营，开创中国革命新局面，迎来抗日民族解放战争的胜利奠定了基础。二是遵义会议是中国共产党第一次独立自主地运用马列主义原理解决中国革命问题的一次重要会议，是党的历史上生死攸关的转折点，标志着党从幼年走向成熟。

第三，关于毛泽东与遵义会议。郑德荣认为："遵义会议的历史意义集中起来可以概括为党的历史上生死攸关的转折点，毛泽东对会议成功召开发挥了关键性作用，其卓越功勋不可磨灭。"② 并围绕着以上论点从四个方面进行了具体阐述。一是从"左"倾的错误领导转为马克思主义的正确领导，确立毛泽东在中央的领导地位。遵义会议在党中央和红军生死存亡的危急时刻，结束了统治党四年之久的"左"倾中央的领导，确立了毛泽东在党中央和红军的领导地位，这就为从根本上纠正"左"倾冒险路线，推行马克思主义的正确路线提供了组织保证，从而解决了最迫切需要解决的关系党和红军命运的关键问题。二是从"左"倾冒险主义路线转为马克思主义路线，标

---

① 郑德荣：《历史的回顾：遵义会议——中国共产党历史上生死攸关的转折点》，《吉林日报》1995 年 7 月 9 日。

② 郑德荣：《毛泽东与遵义会议》，《新长征》2005 年第 2 期。

志着党从幼年到成熟的新起点。在会议上毛泽东作了长篇发言，批判了"左"倾中央及李德的错误指挥，深刻揭示了第五次反"围剿"失败的根本原因，博得了与会者的一致赞同，标志着以毛泽东为代表的马克思主义路线指导地位在中央的确立。三是共产党从顺从和受制于共产国际转为独立自主地解决自己的问题。中国共产党是在共产国际的帮助下成立的，党的二大更是决定加入共产国际，成为它的一个支部，但是共产国际在帮助中国共产党发展壮大的同时，对党的内部事务事无巨细地加以干涉，再加上党内一批高级领导干部对共产国际的指示言听计从，导致以王明为首的"左"倾主义在党内大肆泛滥，革命遭受挫折。之所以中共中央能够在遵义会议上独立自主地解决领导人选和路线问题，主要是由于：党中央多数领导和广大指战员深受共产国际提出的"左"倾教条主义的危害，教训惨重；毛泽东独立自主、实事求是并与"左"倾教条主义斗争到底的独特品格；红军在长征途中电台损坏，与共产国际失去联系，在客观上为独立自主地解决中国共产党自己的问题提供了有利时机。四是中国革命从失败转为胜利，挽救了党和红军，挽救了中国革命。遵义会议取得成功并非偶然，其中毛泽东发挥了关键性作用。这种关键性的作用主要体现在：前四次反"围剿"的胜利同第五次反"围剿"的失败形成鲜明对比，深刻地教育了广大干部和指战员，引起他们的觉醒和反思，认识到了军事路线、战略方针至关重要，首要的问题是中央和红军领导权掌握在什么人手里的问题；毛泽东第五次反"围剿"和长征军事战略方针赢得了绝大多数指战员的赞同和拥护；毛泽东顾全大局、团结全党、防止分裂、细致耐心的思想教育工作起到了关键性作用。

　　以上郑德荣关于长征的研究成果中，既有对长征历程从宏观层面的概括与梳理，也有对遵义会议从微观层面的分析与思考；既有对革命大本营西北奠基这段历史的延展性的考察，又有对毛泽东与遵义会议关系的深入解读；既吸收了传统观点的精华，同时又不拘泥于此，勇于学术创新，寻找新领域，开拓新视野，提出新问题，进行合理论证并给人振聋发聩、耳目一新之感。

六、西路军研究

新的革命战略基地奠基西北后，为了进一步巩固和扩大革命根据地，打通与苏联和共产国际联系的通道，西北革命军事委员会主席毛泽东、副主席周恩来、彭德怀发布命令决定组成西方野战军，红军西征开始，后西征军虽经浴血奋战并完成既定战略意图，但终因敌我力量悬殊，归于失败。西方野战军西征，是发生在土地革命战争末期的一次重大军事行动，是中共党史、中国人民解放军军史极其重要的一段历史活动。

在《中共党史大事年表》出版前，党史界都认为西路军失败标志着张国焘分裂主义路线的破产，其依据就是张国焘发给西征军的一封电报。在经过反复查证后郑德荣认为，西路军西渡黄河是遵照中央的部署。中央之所以要西路军西渡黄河，是因为三大红军主力会师陕北，部队数量激增，群众负担过重，根据地面积太小所导致的，要摆脱困境就要扩大根据地范围，向西北扩展，根据这一战略部署，红军三个军西渡黄河、打通国际路线，进行宁夏战役。其中有一个军，要留下守卫，堵截胡宗南部队。过河后，三路军给中央军委发电报请示汇报，是否成立西北军政委员会，中央回电，不成立西北军政委员会，成立西路军，任命徐向前为司令、陈昌浩为政委。西路军在北上途中遇到了极大困难，当时国民党马步芳部是骑兵，沙漠作战占据优势，于是徐向前向中央请示应对之策，中央军委回电提出两个解决方案，撤回河东，向西北进军，具体采纳哪个方案，由前线作战部队自行决定。西路军随即向河西走廊挺进，最终遭遇惨败。此间，张国焘给西路军打过电报，要求西路军在前方独立作战，不要依靠后方。综上史料分析，郑德荣认为：说西路军失败，标志着张国焘分裂主义破产的结论缺乏依据，不能成立，并将此看法向中共中央党史研究室的相关领导进行了汇报，领导"在听取我的汇报后，认为我的意见符合历史实际，据此写入《中共党史大事年表》，澄清了西路军是张国焘分裂主义产物的误断。此后，党史界研究西路军事件都以此为据"①。

第二节　对中共党史或中国革命史 某一领域或时期的研究

郑德荣在对中共党史若干事件展开考察的同时，也十分注重对中共党史或中国革命史某一领域或时期的研究。如，关于共产国际与中国革命的关系；关于日军侵华与抗日战争的历史地位；关于中国共产党应对重大突发事件。以上问题或是通过对某一时期历史的详细梳理、高度概括来凸显其重要的价值地位；或是通过对中共党史重大问题的系统考察来提炼、阐释自己的观点和理论；或是抓住一条主线，对中国共产党某一领域的历史经验进行总结、升华。

一、共产国际与中国革命的关系研究

共产国际与中国革命的关系是从事中共党史研究很难回避的问题，同时也是研究难度比较大的重要课题。郑德荣是国内最早涉及这一问题的专家学者之一，在详尽占有文献资料的基础上，他先后撰写完成了《略论共产国际与李立三的"左"倾冒险主义》《共产国际与中国党的三次"左"倾错误》《共产国际与党的六届四中全会》《共产国际与中国革命》《30 年代初的周恩来与共产国际》《共产国际与马克思主义中国化的双效应》《共产国际在两次国共合作中的作用评析》《共产国际与毛泽东领导核心地位的最终确立》《马克思主义中国化的艰难起步》等学术论文，文中围绕着共产国际与党内"左"倾错误、共产国际在两次国共合作中的作用、共产国际与马克思主义

---

① 《郑德荣文集》第一卷，人民出版社 2021 年版，第 88 页。

中国化、周恩来与共产国际、共产国际与毛泽东核心领导地位的最终确立等多个方面展开研究，并在几个重大问题上取得突破性进展，或推陈出新，或填补学术空白，为推动共产国际与中国革命的研究工作作出贡献。

（一）关于共产国际与党内三次"左"倾错误

郑德荣是国内最早探讨共产国际与中国共产党关系的学者之一。20 世纪 80 年代他撰文比较系统地阐明了土地革命战争时期中共党内发生的三次"左"倾错误以及中央人选的变化与共产国际的关系，澄清了这一党史研究领域长期存在的疑难问题，使人们对这一时期党史的本来面目及应从中吸取的经验教训的认识更为深入，为拓宽这一时期的党史研究工作作出贡献。郑德荣在研究共产国际与中国革命的关系时始终在思考这样一个问题：党从 1927 年 11 月政治局扩大会议到 1931 年 1 月连续犯了三次"左"倾错误，既然前两次都是首先由共产国际纠正的，为何又接下来犯了第三次？对此，他提出了自己的观点："土地革命战争时期，中国党内发生三次'左'倾错误及中央人选的变化，都与共产国际有着直接关系。"① 并依据翔实的史料，对共产国际与党内三次"左"倾错误的内在关联性进行了论证。

第一次是"左"倾盲动主义错误。就"左"倾盲动主义思想理论体系而言，第一次"左"倾错误与共产国际有密切关系。郑德荣认为，由于共产国际对中国的革命形势与任务，革命性质与阶级关系等问题上的错误认识，导致"左"的思想观点和情绪在党内蔓延，并逐步形成了"左"倾盲动错误在中央的统治。与此同时，他还对错误认识产生的深层次原因进行了分析：在革命形势与任务问题上，共产国际和斯大林对大革命失败后革命处于低潮的严重形势估计不足，认为中国革命正在走向新的高潮，共产国际和斯大林对中国革命形势的错误估计，成为国际代表罗米那兹作为指导中国党的政策的主

---

① 《共产国际与中国党的三次"左"倾错误》，《党史资料丛刊》1983 年第 2 辑。

要理论依据。在革命性质与阶级关系问题上，斯大林关于中国革命"三阶段"的理论，导致了对革命性质的混淆和政治策略上的"左"倾。在剖析了导致党内第一次"左"倾盲动主义的思想理论根源的同时，郑德荣还提出了几个值得关注的问题，并阐明了自己观点："为什么主要来源于共产国际及其代表的错误指导而形成的中国党的第一次'左'倾错误，不久又受到共产国际的批评和纠正呢？为什么仅仅相隔三个月的时间，共产国际对中国革命的指导政策却有如此大的变化呢？"① 对此，他认为："首先，瞿秋白'左'倾错误的推行给革命带来很大危害，因而一开始就引起党内很多同志的批评和非议，这一点共产国际是知道的；其次，广州起义失败后，严酷的阶级斗争形势，促使共产国际不得不重新考虑对中国革命政策的指导；加上在此期间，在共产国际和联共党内部开展了关于中共革命的路线政策问题的争论。所有这些都为共产国际进一步了解和研究中国革命的性质、任务和革命策略等问题提供了必要的条件。"② 在此基础上，共产国际第九次执委扩大会议通过《关于中国问题决议案》。《决议案》否定了罗米纳兹的"左"倾主张，批评了瞿秋白的盲动主义，为纠正党内第一次"左"倾错误起到了重要作用。

第二次是"左"倾冒险主义错误。第二次"左"倾冒险主义的主体内容基本上源于共产国际。郑德荣认为，这次'左'倾错误尽管在党内被抵制，也受到共产国际的批评，并在共产国际的帮助下得以纠正，然而就其主体思想而言，却仍是源于共产国际。共产国际"第三时期"理论和它的"进攻路线"是李立三中央"左"倾冒险主义战略总方针的理论依据。俄国城市武装起义经验的绝对化是李立三坚持"城市中心"的模式的直接原因。十月革命的胜利为全世界无产阶级革命提供了具有普遍意义的基本经验，这就是武装夺取政权

① 《共产国际与中国党的三次"左"倾错误》，《党史资料丛刊》1983年第2辑。
② 《共产国际与中国党的三次"左"倾错误》，《党史资料丛刊》1983年第2辑。

的经验。联共反布哈林的斗争，为立三中央定下了反倾向斗争的基调。以上是构成立三"左"倾错误的主体思想内容，也是共产国际与立三"左"倾错误关系的主要方面。与此同时，"立三路线"又违背了共产国际关于中国革命的一些指示精神，在中国革命新的政治形势之下，把它扩大发展成为以冒险主义为特征的"左"倾机会主义，这样，它必然会遭到共产国际的批评和反对。

第三次是"左"倾教条主义错误。第三次"左"倾教条主义错误在党内的泛滥是由共产国际一手主导并炮制的。郑德荣认为，党的六届四中全会后王明"左"倾宗派集团在共产国际的支持下，取得中央领导地位。为了扶持王明上台共产国际在党的六届三中全会召开后进行了一系列的政治活动，为王明上台铺平道路，并在六届四中全会上极力扶持王明取得中央领导地位。这样，以王明为代表的"左"倾冒险主义从此开始了党中央的统治。王明"左"倾冒险主义泛滥的最大恶果就是导致第五次反"围剿"的失败，红军被迫放弃革命根据地，实行战略转移。与此同时，他对于共产国际为什么要支持王明的原因也进行了分析。王明在苏联学习期间，不仅学习成绩优异，而且深受共产国际代表米夫的赏识与器重；王明在六届四中全会召开前，按照共产国际的相关指示赶写了《两条路线的斗争》的小册子，提出推行国际路线的纲领，为他取得中央领导地位捞取了重要的"政治资本"；共产国际认为六届三中全会在处理"立三路线"的问题上犯了"调和主义"的错误，为了纠正错误亟须在中国共产党内寻找新的代理人，无疑听话又具有留苏背景的王明成为最佳人选。此外，郑德荣还对党的六届三中全会、六届四中全会的相关情况进行了比较系统的介绍，尤其是对六届四中全会王明上台的情况进行了系统而又客观的考证与说明。

郑德荣在进行共产国际与党内三次"左"倾错误的研究工作中，尤为关注对李立三与共产国际关系问题的考察。对于李立三与共产国际关系的问题上学界传统观点认为李立三路线同共产国际是"两条根本对立的路线"，而做出这种论断的主要依据是共产国际 1929 年发给中共中央十月指示信中的内容。他在研究过程中敏锐地发现了其中存在一些问题，于是在查阅大量文献资料后，阐明了自己的观点与看法："李立三同共产国际不仅不是两条根本对立的路线，而且其主体思想恰恰来源于共产国际。"既然如此，为什么共产国际对于"立三路线"的定性为对立的根本路线呢？对此，他指出："两者之间最大的分歧是城市武装暴动的条件是否具备、暴动时机是否成熟；分歧的性质系属策略性问题。"① "李立三冒险主义决议出台以后，即刻遭到共产国际的反对，并且国际发了指示对其进行批评，李立三虽然表面上进行检讨，实际上没有接受这个意见，依然坚持他的冒险主义暴动计划，并且以傲慢的态度对待共产国际的指示，这就惹恼了共产国际，所以共产国际 7 月指示信批评他是犯了策略分歧，10 月指示信定调为两条根本对立路线，认为李立三的错误是'左'的词句掩盖下的右倾机会主义实质，主要错误是不能艰苦地、深入地发动群众，从而定调为根本对立路线。"② 这就令人信服地正确阐述了共产国际和李立三"左"倾错误的关系，改变了在这个问题上的传统观点，提出了新的观点并按照这个观点修改大事年表，从此，党史学术界就以此为据。廖盖隆、胡华等著名党史学家都对此给予很高的评价。廖盖隆指出："这是党史学界正确地说明共产国际和李立三'左'倾错误的关系的第一篇文章。"③ 过去的说法是，"李立三的'左'倾错误是由共产国际纠正的，而不知道这个'左'倾错误也是从共产国际的'第三时期'理论和它关于中国全国革命高潮已经开始的形势估计得出来的。本文却以确切的丰富的事实和论证说明了这一点，同

①　郑德荣：《共产国际与李立三的"左"倾冒险主义》，《中共党史研究》1981 年第5 期。

②　郑德荣：《郑德荣文集》第一卷，人民出版社 2021 年版，第 87 页。

③　注：这里所指的是郑德荣于 1981 年发表的《共产国际与李立三的"左"倾冒险主义》一文。

时又指出了立三'左'倾错误中属于行动计划的部分是属于立三自己的。因此，本文对于共产国际和中国革命的关系问题，以及李立三'左'倾错误来源问题的科学研究，是一个贡献"①。胡华教授也认为这篇文章"是掌握了大量原始资料经过科学的分析的力作。在党史研究领域提供了一个新的成果。本来，一般流传的印象是共产国际是反对立三路线的，是经过米夫、王明来纠正立三路线的。实际上，立三路线的产生，正是共产国际六大'左'的指导思想指导下的产物，当然，立三自己有所发展，且自拟了总暴动计划，这是国际所不同意的。经过我党三中全会予以纠正。郑德荣同志的文章如实地论证阐明了这一段历史，在学术上是很有贡献的"②。

（二）共产国际与马克思主义中国化研究

关于共产国际与马克思主义中国化之间的关系是郑德荣长期关注的党史问题，曾撰文对学术界长期以来流行的共产国际对马克思主义中国化主要起阻碍作用的传统观点提出了质疑，认为共产国际对马克思主义中国化的历史进程既有消极作用，也有积极作用，具有双效应，在各个历史时期，在不同问题上应做具体分析。大革命时期，共产国际帮助指导、制定重大政策和策略，列宁关于"东方各国共产党要善于把共产主义一般理论与实践用于本国条件"的号召，虽然此时的共产国际并未认识到把马克思主义中国化问题，但是在指导中国革命实践中，客观上对马克思主义中国化起到了推动作用。大革命后期，由于共产国际一味地推行脱离中国革命实际的教条主义及高度集中的领导体制，将俄国革命模式在中国革命斗争中生搬硬套，对资产阶级右翼势力的反共倾向视若无睹，只强调团结不进行斗争，导致中共逐渐失去了对统一战线的领导权，尤其是中共对革命武装的领导

---

① 廖盖隆手书《略论共产国际和李立三左倾机会主义》学术鉴定表，1983 年 2 月 5 日。

② 胡华手书《略论共产国际和李立三左倾机会主义》学术鉴定表，1983 年 2 月 2 日。

权，致使大革命遭受重创直至失败，在一定程度上迟滞了中国革命进程，延缓了第一代中央领导集体的形成，使马克思主义中国化处于萌芽状态。土地革命战争时期，共产国际适时地指导中国共产党实行战略转变，在共产国际的帮助下中国共产党制定了实行土地革命、开展武装斗争的总方针，对推动马克思主义中国化发挥了一定的积极作用。但是由于共产国际对尚处在幼年的中国共产党实行思想禁锢和组织控制，致使中国共产党连续三次犯了"左"倾错误。与此同时，中国共产党内部也存在着比较严重的错误思想。总体而言，这一时期共产国际对待中国共产党还是以思想禁锢和组织控制为主，对马克思主义中国化的历史进程起到的还是消极、障碍作用。抗日战争时期，共产国际虽然对马克思主义中国化进程确实有所干扰，但是共产国际七大后，对中国共产党开始实施宽松政策，使长期受到共产国际思想禁锢和组织控制的中国共产党逐渐被"松绑"，阻碍马克思主义中国化的坚冰开始融化，尤其是共产国际公开支持毛泽东在中国共产党内的领导地位，使毛泽东的领袖地位得到巩固和加强，从而为实现马克思主义中国化这一重大历史任务提供了外部有利条件。

郑德荣还从多个方面对大革命时期与土地革命战争时期共产国际领导中国革命的差异性进行了分析。从整体评价上看。如果说第一次大革命的胜利发展及其由胜利转向失败，中国共产党的领导在这一时期的成绩与错误，是与共产国际的领导密不可分的话，那么土地革命战争时期也是如此。所不同的是，前者在主要的方面是正确的或者基本是正确的；而后者主要方面则是错误的，需要指出的是"八七会议""六大"、《八一宣言》的成绩是主要的，且与共产国际的帮助是分不开的。从根本性质上看，这两个时期错误的性质也有所不同，前者是"右"倾投降主义错误；后者是"左"倾冒险主义错误。从领导方式上看，共产国际在这两个时期的领导方式上也各有特点，前者的主要方式是向中国派出"代表"和"顾问"，直接参与中国共产党重大决策及重大事件的处理；后者特别是在土地革命战争开始的一年以后，主要是选拔和决定中国共产党的领导人，并通过中共驻共产国际代表团在莫斯科直接实行领导。

（三）关于共产国际与两次国共合作的关系

多年来，学术界对共产国际与两次国共合作关系的探讨比较多，但对共产国际在两次国共合作中的指导思想和领导方式差异性的研究仍有待深入。郑德荣正是以此为切入点，将共产国际与两次国共合作的关系进行综合比较，在归纳共性的同时，着力分析其差异并总结其中蕴含的经验教训，力求深化对共产国际与中国革命关系的认识。

第一，从战略上肯定了共产国际倡导和推动两次国共合作的积极作用，并进行了具体说明。列宁关于民族和殖民地问题的理论是共产国际支持中国革命、积极倡导国共合作的理论基础，也是中共制定有关国共合作策略的理论依据；共产国际根据中国革命实际和国共两党状况，发出一系列文件，提议国共合作，并坚持党内合作方式；抗日战争全面爆发后，共产国际逐渐改变了"左"倾关门主义策略，提出实行反法西斯统一战线政策，直接推动和促进了抗日民族统一战线政策的形成和发展；作为中共与共产国际之间联系、沟通的桥梁与纽带，中共驻共产国际代表团对中共抗日民族统一战线的确立也发挥了重要影响作用。

第二，从策略上指出共产国际在处理国共两党关系和统一战线问题时，犯了严重的右倾错误。郑德荣认为："共产国际指导中共进行国共合作的最大失误是对国民党及国共关系问题的认识上的右倾错误"。早在第一次国共合作之前，共产国际就对中国工人运动的现状及工人阶级的力量估计过低，这种认知上的偏差成为导致日后统一战线中共产国际右倾错误的思想根源。第一次国共合作期间，共产国际在指导中国革命运动时，重视国民党、轻视共产党的倾向非常明显，以至于面对蒋介石的反共分裂阴谋，一次次地妥协退让，共产国际的态度影响到中共领导层的决策，直接导致了大革命的失败。第二次国共合作中，共产国际仍然过低估计中共和广大人民群众的力量，把抗战胜利的希望寄托在国民党蒋介石集团，主张"一切经过统一战线""一切服从统一战线"，这成为王明右倾投降主义的主要来源。与此同时，郑德荣还对共产国际右倾错误的根源进行了剖析，他认为：共产国际的右倾错误"主要源于对中国资产阶级和国民党缺乏深刻的、全面的了解，对工人阶级及其政党中国共产党缺乏正确的估计，加之革命形势瞬息万变，由一个万里之外的国际组织遥控指挥革命，难免会有很多误差"①。

第三，从对比的视角，对共产国际在两次国共合作中指导思想和指导方式上的差异性进行分析。郑德荣认为，共产国际在两次国共合作中指导思想和指导方式有共性的一面，也存在着差异。共性在于：共产国际对两次国共合作的建立发挥了积极的倡导和推动作用；共产国际在指导两次国共合作中，均犯了右倾错误。差异在于：指导思想不同。共产国际对第一次国共合作的指导"主要是其发动世界革命的历史使命所驱"②。共产国际倡导的第二次国共合作主要是以苏联的对外政策为出发点和主要依据。领导方式不同。"共产国际指导中国革命有个由高度集中、干预内政到逐步松动的转变过程。"③ 第一次国共合作期间，共产国际通过召开会议、制定文件、派遣代表、顾问等方式来直接干预中共内部事务；第二次国共合作期间，主要采用通过中共驻共产国际代表团来指导中国革命的新方式；共产国际七大后决定不干涉各国党的内部事务。郑德荣还对产生差异性的原因进行了分析："通观共产国际对两次国共合作的指导，出发点不外于世界大局、中国革命利益、苏联外交策略三方面的考虑，但这三方面因素

① 郑德荣：《共产国际在两次国共合作中的作用评析》，《东北师大学报（哲学社会科学版）》1997 年第 1 期。
② 郑德荣：《共产国际在两次国共合作中的作用评析》，《东北师大学报（哲学社会科学版）》1997 年第 1 期。
③ 郑德荣：《共产国际在两次国共合作中的作用评析》，《东北师大学报（哲学社会科学版）》1997 年第 1 期。

在两次国共合作中的比重有所不同"①，因而导致了共产国际在指导中国革命的过程中，不同时期采取了不同的指导思想与指导方式。

第四，从动态的视角，对国共两党合作期间中共与共产国际关系的变化进行了观察与思考。郑德荣认为："在国共两次合作的历史时期中，中共与共产国际之间的关系也经过了一个变化发展的过程。"②从中共加入并成为共产国际的一个支部后，共产国际与中共之间的领导与被领导、服从与被服从的关系正式确立。第一次国共合作期间，幼年的中国共产党出于对共产国际的信任与尊重，出于对国际纪律的服从，出于对苏俄革命胜利的向往，往往比较教条地服从共产国际的指示、决议，当中共与共产国际产生意见分歧时，通常会主动放弃自己的主张，接受共产国际的意见，对共产国际言听计从。第二次国共合作期间，中共与共产国际之间的关系由言听计从发展到独立自主。之所以发生这种转变，一方面是由于共产国际七大作出不再干涉各国内部事务的决定，专制独断作风有所改观；另一方面是由于中国共产党经过十几年革命的洗礼，内部形成了以毛泽东为核心的中央领导集体，已经能够妥善处理与共产国际之间的关系。"从第一次国共合作时对共产国际的言听计从到第二次国共合作时的独立自主，体现了中共的成长成熟。"③

（四）关于周恩来与共产国际

周恩来是党和国家的卓越领导人，在长达几十年的革命生涯中，为了民族解放、国家振兴作出了杰出贡献。郑德荣以20世纪30年代初为时代背景，通过对周恩来与共产国际关系的考察，进一步深化了

---

① 郑德荣：《共产国际在两次国共合作中的作用评析》，《东北师大学报（哲学社会科学版）》1997年第1期。

② 郑德荣：《共产国际在两次国共合作中的作用评析》，《东北师大学报（哲学社会科学版）》1997年第1期。

③ 郑德荣：《共产国际在两次国共合作中的作用评析》，《东北师大学报（哲学社会科学版）》1997年第1期。

对共产国际与中国革命相关问题的研究并填补了学术空白。20 世纪
30 年代初，主持中央工作的李立三妄图通过发起城市武装暴动，掀
起世界无产阶级革命的高潮，"左"倾冒险主义思想在党内发酵、蔓
延，周恩来临危受命回国主持六届三中全会。对此，郑德荣指出：
"周恩来按照共产国际的指示，及时从莫斯科回国，停止了立三城市
武装起义计划，筹备召开六届三中全会，纠正了立三路线，是具有历
史功绩的。然而，在会后他却受到了共产国际的指责，蒙受了不白之
冤。"① 既然六届三中全会是按照共产国际的指示召开的，也达到了
纠正立三"左"倾错误的目的，为什么会被共产国际冠以"调和主
义"的罪名呢？郑德荣认为主要原因在于：一是立三中央的错误有
了新的发展；二是李立三对共产国际停止武装暴动的指示持对抗态
度；三是共产国际对李立三提出的要求苏联和外蒙出兵中国的事十分
不满，并认为此举是在挑战共产国际的领导地位，对抗"国际路
线"。基于对以上事实与认知，共产国际得出了结论："立三路线"
与"国际路线"是两条根本对立的路线，既然是对立的两条路线，
六届三中全会没有揭示其错误路线的性质，必然是犯了右倾调和主义
错误，而周恩来作为会议的主持人之一必然要负一定责任；共产国际
贬低、抹杀三中全会的功绩，意在为扶植王明取得中央领导地位扫清
道路、创造条件。在这样异常严峻而又复杂的政治形势下，周恩来
"照顾大局、相忍为党"，在六届三中全会前后，为维护党的团结统
一做了大量工作。面对错综复杂的党内外形势，周恩来既要承受来自
共产国际的指责与打压，又要应对来自党内的小组织派别活动带来的
负面影响，甚至还受到了来自党内的政治攻击。为了避免分歧的加
剧，周恩来在承担起六届三中全会的责任后，主动提出退出政治局，
并与反对立三路线的人一起执行国际路线。由此，郑德荣得出了结
论：周恩来在 20 世纪 30 年代初由于共产国际的操纵与影响而引起的

①　程舒伟：《读〈郑德荣自选集〉》，《党史教学与研究》2000 年第 3 期。

党内濒临分裂危难的情况下，坚决贯彻国际路线，维护了党中央的团结，保证组织上的统一，为后来彻底纠正全盘照搬国际路线的"左"倾教条主义，使党的路线转移到以毛泽东为代表的马克思主义路线上来创造了条件。

（五）关于共产国际与毛泽东核心领导地位的最终确立

遵义会议后，毛泽东同志在党内核心领导地位得以确立，但是在随后革命征程中，他在党内的领导地位又受到了来自张国焘和王明的两次严峻挑战。他之所以能够经受住考验与共产国际的支持是分不开的。对此，郑德荣认为，"正是在共产国际的大力支持下，通过毛泽东为首的新的中央领导集体的共同努力，成功地克服了张国焘分裂行动与王明右倾错误给党的事业造成的危害，极大地维护和强化了党中央的权威。……而共产国际对毛泽东的认可一定条件下促成了毛泽东领导核心地位的最终确立。"① 当遭受红四方面军领导人张国焘的挑战时，共产国际在战胜张国焘右倾分裂主义错误中主要发挥了正面积极作用：一是毛泽东商请刚从苏联归国的张浩以中国驻共产国际代表团的名义致电张国焘，肯定了以毛泽东为首的中共中央的正确领导；张浩的电报，动摇了张国焘坚持第二"中央"的决心；张浩的电报分化了红四方面军张国焘与陈昌浩等人，进一步孤立了张国焘；张浩的电报指出了解决问题的新出路。二是在遭到从共产国际归国的王明的挑战时，共产国际在明确肯定了中共中央的政治路线的正确性，激发了毛泽东把马克思主义中国化的责任感与使命感；明确肯定毛泽东是中国人民、中国革命和党的真正领袖，使王明放弃了对毛泽东取而代之的意图；共产国际的指示推动和促进了中共内部的团结。

郑德荣还对共产国际由支持王明转为支持毛泽东的原因进行了深

---

① 郑德荣：《共产国际支持毛泽东中共中央领导地位的原因探析》，《理论月刊》2017 年第 7 期。

刻剖析：共产国际肯定了毛泽东的卓越领导才能，特别是对毛泽东的军事领袖才能给予高度的肯定与赞扬；毛泽东与王明相比较更具有领导实际斗争的经验；共产国际与毛泽东关于抗日民族统一战线的理论与策略基本一致。在对共产国际支持毛泽东的问题上进行了比较全面系统的分析、考察后，郑德荣又进一步指出，共产国际除了支持毛泽东以外，与毛泽东之间也存在分歧、矛盾和斗争。共产国际对毛泽东提出的把马克思列宁主义中国化持不同看法，他们认为中国共产党中的民族主义倾向相当严重。尤其在苏德战争爆发后，由于中共没有完全按照苏联出于民族利己主义立场对中国提出的过分要求而行动，共产国际竟然无端指责中共有民族利己主义的严重倾向。为此，苏联领导人甚至一度否认中国共产党是真正的共产党，说中共虽自称共产党人，但与社会主义不发生任何关系。以上足以说明共产国际对中国共产党抱有根深蒂固的偏见。通过以上充分的论证，郑德荣得出的结论是："共产国际对毛泽东领导地位具有双效应，不同时期侧重不同，土地革命战争时期主要是排挤，抗日战争时期主要是支持。共产国际的支持对毛泽东领导地位巩固和最终确立起了至关重要的作用，是共产国际对中国革命所作的一大贡献。"①

二、关于日军侵华与中国抗日战争的历史地位

抗日战争是中华民族历史上最伟大的卫国战争，是中国人民反抗日本帝国主义侵略的正义战争，是世界反法西斯战争的重要组成部分，也是中国近代以来抗击外敌入侵第一次取得完全胜利的民族解放战争。抗日战争史是郑德荣长期关注的重要研究领域，每到纪念抗日战争胜利的重要历史节点，他都要发表纪念性文章，比如 1995 年发表的《论中国抗日战争的历史地位》；2005 年发表的《抗日战争与中

---

① 郑德荣：《共产国际支持毛泽东中共中央领导地位的原因探析》，《理论月刊》2017 年第 7 期。

华民族历史命运的伟大转机》；2010 年发表的《中华民族走向复兴的历史枢纽——抗日战争胜利 65 周年的再思考》；2015 年发表的《抗日战争：改变近代中国民族历史命运的大转折》等。此外，郑德荣围绕着日本侵华史还撰写过多篇论文，包括《历史的启迪——铭记七七事变 50 周年》《九一八事变的历史启迪》《从"九一八"到"七七"日本侵华策略剖析》《中国共产党对九一八事变的应对》等。郑德荣之所以能够持之以恒地研究抗日战争历史，一方面是他作为一名党史学者的担当责任感使然；另一方面与他的人生经历有关，郑德荣的青少年时代生活在日本殖民统治下的东北，这段人生经历使他对于日本侵华战争有着切肤之痛，因此在研究这段历史时他不仅从学术的视角进行考察和思考，更是将自身的一份对国家民族的真挚情感融入其中。正是在以上两方面的共同作用下，促使郑德荣的文章中提炼的观点更加深刻，论述内容更加生动、饱满。郑德荣对抗日战争史的研究主要是围绕着日本侵华战争与中国抗日战争的历史地位两个方面展开。

（一）日本侵华战争研究

郑德荣对日本侵华战争的相关研究，基本上是以"九一八""七七"这两个重大历史事件为中心展开，其中包括了对日本侵华政策的剖析以及"九一八"事变、"七七"事变的历史启迪。

第一，对日本侵华策略的剖析。郑德荣依据翔实的文献资料，剖析了从"九一八"事变到"七七"事变间的日本侵华政策的发展过程，指出日本军国主义蓄意策划"九一八"事变是在一定背景下推行其既定的"大陆政策"的必然。并对其主要原因进行了分析：为了摆脱国内经济危机，转移国内视线；中国人民的排日情绪及东北当局对日本侵略的抵制给日本侵略者以威胁。利用英美经济危机无暇东顾、东北军主力入关、蒋介石醉心于内战"剿共"、长江流域十六省遭受水灾等有利时机。正是基于以上原因，日本关东军参谋部加紧了发动事变的准备工作。与此同时，郑德荣对"九一八"事变发生后为什么蒋介石会放弃抵抗而幻想依靠国联来解决问题进行了思考。他认为原因在于：蒋介石所奉行的民族失败主义，即若抵抗日本，顶多三天就亡国；牺牲东北以换取日本帝国主义的支持，以保证其统治地位的延续；在蒋介石看来，国家的大患不在外而在内，并在"一·二八"事变后抛出了"攘外必先安内"的反动方针。此外，郑德荣还论述了从"九一八"事变到"七七"事变日本侵华政策的演变，分析了各阶段的特点和原因，深刻揭示了日本军国主义侵华、国民党政府丧权辱国外交、中国人民抗日热潮三者之间的关系。

第二，对"九一八"事变、"七七"事变历史经验、启迪的阐发。郑德荣非常善于通过对某一段历史的梳理，找到并总结出具有规律性的经验或启示，这一点在研究日本侵华战争时表现得尤为突出。他认为，"九一八"事变是日本帝国主义企图灭亡中国，发动全面侵华战争的第一步；而"七七"事变则是日本军国主义实施其"大陆政策"的必然结果。他在回顾历史的同时，从中归纳出三个方面的历史启示：从战争的根源看，帝国主义是战争的策源地，军国主义分子、法西斯分子是鼓吹和制造战争灾难的罪魁祸首。郑德荣认为，"帝国主义发动侵华战争，不是突然性的偶然事件，是其帝国主义本质的体现，是其对内对外政策的必然结果和既定方针。"[1] 虽然日本帝国主义发起的侵华战争失败了，但是随着时代的发展变化，帝国主义侵略的手段会有变化，但是无论采取和平手法还是战争手法，其帝国主义制度所决定的侵略本质不会改变。因此，必须要时刻保持警惕，防止军国主义势力和法西斯势力的复活，保卫中国和世界和平。从精神层面看，中华民族团结御侮，同仇敌忾的爱国主义光荣传统及由此所形成的强大合力，是抗击外敌入侵，击败帝国主义灭亡中国企图的钢铁长城。郑德荣认为："'九一八'事变、'七七'事变之所以相继发生，究其内部原因，就是因为蒋介石实行一党专制，发动

---

① 郑德荣：《九一八事变的历史启迪》，《革命春秋》1991 年第 1 期。

'剿共内战'，破坏民族团结，削弱国防力量而导致的。"① 然而日本侵略者的侵略行径之所以没有得逞，究其根本原因是由于抗日战争是在中国共产党倡导的，以国共合作为基础的抗日民族统一战线的旗帜下进行的，中华民族发扬爱国主义光荣传统，因而能够捐弃前嫌，团结御侮，形成全民族抗战的局面。因此，国家的统一，民族的团结，不仅对国家的兴旺发达关系重大，而且对反抗外敌入侵、维护民族独立和国家主权至关重要，关系到国家的命运和民族的兴亡。从制胜法宝看，中国人民坚持独立自主、自力更生的精神，是产生民族力量的基础，只有把战略方针放在人民力量的基础上，才能取得抗日战争的最后胜利。"国际联盟调停的失败和日本帝国主义侵略的加深以无可辩驳的事实宣告了蒋介石采取的不抵抗主义，诉诸国联，抵制民众抗日斗争政策的破产。"② 同时也证明了中国的事情必须由中国人自己来办，抗日的基点要放在依靠人民群众的基础之上，始终坚持独立自主、自力更生的原则。

（二）关于中国抗日战争的历史地位

郑德荣在其撰写的多篇文章中从多个视角对抗日战争的重大历史贡献进行了全面、深入的探讨。

第一，抗日战争是中国近代以来赢得的第一次彻底胜利的伟大民族解放战争，为中华民族走向复兴创造了根本前提，奠定了坚实基础。首先，抗日战争是鸦片战争以来历次反侵略战争赢得第一次彻底胜利的伟大民族解放战争。抗日战争的胜利一举洗刷了中国百年耻辱，一改中华民族之前面对外敌入侵屡战屡败的颓势，取得了近代以来中国反抗外来侵略的第一次完全胜利，成为中华民族由失败到胜利，由衰弱到强盛的重大转折点。其次，抗日战争的胜利，使日本帝国主义彻底拜倒在中国人民脚下，显示了中华民族自立于世界民族之

---

① 郑德荣：《九一八事变的历史启迪》，《革命春秋》1991 年第 1 期。
② 郑德荣：《九一八事变的历史启迪》，《革命春秋》1991 年第 1 期。

林的能力，开启了中华民族在战争全局上以弱胜强的辉煌先例。最后，抗日战争瓦解了殖民体系，独立自主国家初现端倪。抗日战争的胜利宣告了帝国主义殖民体系在中国的基本瓦解，基本改变了中国半殖民地半封建的社会状态，摆脱了中华民族被奴役的悲惨命运，独立主权国家初现端倪。

第二，抗日战争中民族精神大弘扬、民族意识大觉醒、民主力量大发展，为中华民族走向复兴奠定了思想基础和群众基础。首先，抗日战争全面弘扬了以爱国主义为核心、内涵极为丰富的中华民族精神。日本侵略者发动的全面侵华战争，极大地激发了中国人民的爱国热情，进而结成了广泛的、全民族的爱国统一战线，在史无前例的广度和深度上动员了中华民族的爱国力量。其次，中国共产党的民主主张和实践大大提高了全民族的民主意识，促进了民族意识大觉醒。在抗日战争中，一方面中国共产党坚持全面抗战路线，坚信民兵为胜利之本，坚决反对国民党仅仅依靠国民党军队、限制人民民主力量发展的片面抗战路线；另一方面，中国共产党始终坚持团结抗战主张，以发展民主来巩固抗日民族统一战线，通过扩大统一战线来加强民主。与此同时，在抗战中，中国共产党和各民主党派一道积极投身宪政运动，坚持团结抗战，共同反抗国民党的一党专制。抗战后期，国民党政府在军事上大溃败，在政治上实行独裁统治，经济上横征暴敛，丧尽人心，激起全国上下强烈愤慨。结束一党专政，改组政府，成为民主意识觉醒起来的人民的共同心声。最后，抗日战争中形成了以国共合作为基础的抗日民族统一战线，抗日民主力量在艰难困苦中得到大发展。"从地域上看：抗日根据地，实行民主主义制度，进行民主改革，建立'三三制'政权，实行普选，减租减息，文化宣传活跃，民众抗战热情高涨，民主力量得到大发展；在沦陷区，中共隐蔽精干，积极开展抗日宣传教育，针对日军法西斯暴行，因势利导，采取灵活多样的方式启发群众民族意识，激励抗日热情，增强战胜信心，民主力量逐步扩大；在国统区中国共产党通过秘密和公开斗争相结合的各种民主活动，争取抗日进步力量，加强抗日民主宣传。"① 从社会界别看，各阶级、阶层、各党派、团体、各民族、宗教，包括海外华侨，都积极投身于抗战救国民主运动中。中国共产党积极支持全国人民的抗战民主要求，做了大量卓有成效的领导和推动工作，民主力量得到广泛发展。从宪政运动看，经过宪政运动，各民主党及爱国人士纷纷表示支持和拥护中国共产党的抗日主张，这些抗日民主事业的中坚力量带动全国爱国民主力量的大发展。宪政运动的发起成为中国民主力量大发展的显著标志。

第三，中国共产党在抗战中成长为全国性的成熟的马克思主义政党，发挥了中流砥柱的作用，成为领导中华民族走向复兴的根本保证。首先，中国共产党得到了空前的发展与壮大。具体体现在：抗日根据地得到巩固和发展。建立"三三制"政权，实行基层干部的直接选举，使延安成为中国革命的圣地，各抗日根据地也成为民主建设的模范；普遍实行减租减息，既使地主支持抗战，又使贫苦农民受益，迸发出强劲的生产和抗日积极性；重视文化教育事业，提高人民的文化素质，使解放区显现出欣欣向荣的景象。其次，人民武装力量大发展。抗日战争初期，由于国民党正面战场抵抗失利，导致大片国土沦陷，客观上为中国共产党革命力量发展提供了机遇。中共领导的抗日武装在对日斗争中执行了正确的战略战术，挺进华北、华中、华南敌后，建立抗日根据地，动员各阶级、各阶层人民揭竿而起，投身抗战洪流之中，抗击了大量日伪军，开辟了敌后抗日战场，并迅速发展成为中国抗日的主要战场，成为抗日战争的中流砥柱，陷敌军于人民战争的汪洋大海。最后，中国共产党赢得人民的信任和支持。抗战爆发后，中国共产党发出了建立抗日民族统一战线的正确号召，并处处以大局为重，努力维护和巩固统一战线，得到全国人民的拥护和支持，中国共产党的威望得到空前提高。与此同时，中国共产党之所以

① 郑德荣：《中华民族走向复兴的历史枢纽》，《高校理论战线》2010 年第 9 期。

能够成为抗日战争的中流砥柱，主要基于掌握了克敌制胜的"三个法宝"，分别是：统一战线、武装斗争、党的建设。

第四，中国抗日战争的胜利使中国国际地位大转变，中国国际地位的大提高是中华民族走向复兴的象征。郑德荣指出：中国的抗日战争为世界反法西斯战争作出了巨大贡献，提升了中华民族的国际威望和国际地位，为新中国成立后恢复联合国合法席位，中国民族屹立于世界之林，赢得世界各国和人民的广泛尊重奠定了坚实的基础。中国对于世界反法西斯战争的贡献主要体现在军事和政治两个方面。首先，从军事上来看。一是中国抗战阻挠了日本北进，使苏联免于两线作战。日本北进苏联的计划蓄谋已久，是其"征服世界"的既然国策之一。然后，由于在中国作战牵制了日军大部分兵力，使其无力也不敢贸然分兵北进，才使苏联在欧战全面爆发后得以将驻守在远东的作战部队调到西线，集中打击德国法西斯。二是中国有效地牵制日军南进，推迟了太平洋战争的爆发。"1939 年德国闪击波兰；1940 年德国突袭西欧，法国败降，英国危急，日本获得了南进发动太平洋战争的两次绝好机会，但由于日本深陷中国战场而不敢贸然南进，使美英等国'先欧后亚'的战略得以坚持，为其加强备战赢得了时间。"① 中国先后派遣 10 万余人组成远征军入缅作战，有力地配合了盟军在太平洋战场和东南亚战场的作战。其次，从政治上看。一是中国抗日战争的胜利，为世界被压迫民族和人民树立了以弱胜强的榜样，促进了民族解放运动的蓬勃发展，为第三世界基本阵容的形成奠定了基础。二是中国抗日战争的胜利，开创了民族解放运动的先河，极大地鼓舞和启迪了被压迫的民族与人民，使他们能够意识到只要全民族团结一致，生成独立自主、自力更生、自强不息的精神力量，不断激发民族蕴藏的潜力，并将其转化为物质力量，同时积极争取广泛

① 郑德荣：《抗日战争与中华民族历史命运的伟大转机》，《高校理论战线》2005 年第 7 期。

的国际援助，就必定能够战胜敌人，取得自身的独立和解放。三是中国抗日战争的胜利，促使世界和平民主力量大大增强。正是因为中国抗日战争的胜利，使中华民族能够屹立于世界强国之林，成为国际事务中不容忽视的和平民主力量的基石，大大增强了和平、民主、进步力量，狠狠打击了战争、独裁、反动势力，同时在世界上树立了弱国可以打败强国，正义之师必然战胜邪恶势力的榜样，使少数战争狂人不敢肆意践踏、欺凌弱小国家，从而维护了世界和平，为中国乃至全世界的经济发展提供了良好的和平环境。

三、中国共产党应对重大突发事件研究

纵观新民主主义革命时期，中国共产党人为了实现民族独立、人民解放的历史任务，披荆斩棘、饱受磨难，其间经历了无数次大小突发事件的考验。面对猝然而至的突发事件，党从最初的慌乱应对招致失败到逐渐有条不紊地成功应对，在这一过程中逐步实现了从幼年到成熟，从革命党到执政党的转变。对中国共产党应对突发事件的研究是郑德荣非常"感兴趣"的课题之一，同时也是他晚年聚焦的重要研究方向。在研究过程中，他以"民主革命时期"为时间跨度，以"中国共产党应对突发事件"为研究对象，基于大量历史文献，系统梳理总结民主革命时期中国共产党应对突发事件的过程、对策及经验启示，形成了"厘清事件的发展过程——探究事件的发生原因——找出应对事件的对策方案——总结经验启示"的研究思路和方法。

第一，关于中国共产党应对西安事变。关于郑德荣对西安事变的相关研究成果在前文已经进行了比较全面的介绍，可以说《西安事变与中国共产党应对突发事件能力论析》一文，是郑德荣对之前研究成果的延伸与拓展。文中对中国共产党应对西安事变的能力从五个方面予以归纳：一是审时度势，准确把握事件性质，独立自主地判断形势。"准确把握事件的性质是正确处理突发事件的前提；善于从错综复杂的国际国内形势中判定突发事件的来龙去脉、前因后果，从而

科学地预测其发展走向是正确处理突发事件的基础，在此基础上，可以及时果断地制定正确的方针和应对措施，遏制突发事件不利因素的扩散或蔓延。"① 接下来，郑德荣结合西安事变后苏联的态度，中国共产党对事件性质的独立分析与判断及公开表态来具体论证上述观点。二是总揽全局，抓住主要矛盾，协调各方面力量实现总目标。"突发事件的发生涉及不同的利益群体，有很强的敏感性与连带性，这就需要领导者总揽全局，从长远考虑，坚持总的政策不动摇，不为一时、一事的干扰而转移大方向，从国家和民族的根本利益出发，始终从全局性、战略性的高度把握事态的发展，制定全方位的指导方针和斗争策略，及时有效地进行协调，组织各方面的力量，形成一种强大的合力。"② 郑德荣结合事变发生后，中国共产党抓住问题的主要矛盾，从国家、民族的大局出发，坚持"逼蒋抗日"总方针、政策来具体论证上述观点。三是机动灵活，原则的一致性和策略的灵活性相结合，把危机转化为发展机遇。"中国共产党在处理重大突发事件中不仅善于把危机造成的损失降到最低程度，而且善于把危机看成转机，进而把危机转化为发展的机遇。"③ 郑德荣结合解决事变过程中出现的各种问题、困难及中国共产党通过既讲原则，又讲灵活性的处理方式，进而成功将危机转化为机遇来具体论证上述观点。四是站在战略高度进行理性思考，沉着冷静地掌握主动权。在和平解决西安事变的过程中，"中共领导人以马克思主义政治家、战略家的眼光，处变不惊，从容应对，始终保持清醒的头脑，始终掌握主动权"。郑德荣结合在如何处理西安事变的问题上中国共产党从维护国家民族利益的大局出发，从正确和平解决的前途考虑，及时确定了和平解决的方

---

① 郑德荣：《西安事变与中国共产党应对突发事件能力论析》，《高校理论战线》2006 年第 12 期。

② 郑德荣：《西安事变与中国共产党应对突发事件能力论析》，《高校理论战线》2006 年第 12 期。

③ 郑德荣：《西安事变与中国共产党应对突发事件能力论析》，《高校理论战线》2006 年第 12 期。

针来具体论证上述观点。五是以两手对两手，熟练地运用政治的、军事的斗争方式，争取最好的前途，防备事态恶化。中共在处理西安事变过程中，"在斗争方式方法的运用上，注重多样性，注重政治斗争与军事斗争的紧密结合。在政治上积极进攻，军事上积极防御，以达到逼蒋抗日的目的"①。郑德荣结合在西安事变发生后，中国共产党从政治上、军事上积极部署，通过各种斗争方式的综合运用，以实现西安事变的和平解决来具体论证上述观点。

第二，关于中国共产党应对"九一八"事变。关于郑德荣"对九一八"事变的相关研究成果在前文已经进行了比较全面的介绍，可以说《中国共产党对九一八事变的应对》一文，同样是建立在他之前研究成果基础之上的。文中，郑德荣着重从三个方面展开论述。一是坚决维护国家领土主权完整，中华民族利益至上。阐述这一问题，郑德荣采用了国共对比的叙事方式，他指出：一方面，面对来势汹汹的日本侵略者，国民党政府对外采取了一味妥协退让的政策，不仅丢失大片国土，还频频与日本人媾和并接连签订卖国条约；对内视积极主张抗日救亡的中国共产党为心腹之患，极力推行"攘外必先安内"的方针，并对红军连续发动大规模的"围剿"，甚至不惜借助日本人的力量来防共"剿共"。另一方面，中国共产党却始终把国家民族的利益放在首位。九一八事变后，为捍卫国家主权，中共满洲省委当即发表抗日宣言，第一时间揭露事变真相，戳穿了日本帝国主义的侵华阴谋；随后中共中央、中华苏维埃中央临时政府相继发表宣言、纲领，呼吁国人武装自卫，驱逐日寇，保卫家园。"历史充分表明，中国共产党始终把民族利益放在首位，坚决维护国家领土主权完整，始终是工人阶级、中华民族和中国人民的先锋队。"② 二是坚持独立自主，紧紧依靠民众力量，民兵是胜利之本。阐述这一问题，郑

---

① 郑德荣：《西安事变与中国共产党应对突发事件能力论析》，《高校理论战线》2006 年第 12 期。

② 郑德荣：《中国共产党对九一八事变的应对》，《光明日报》2011 年 9 月 14 日。

德荣采用了国共对比的叙事方式，他指出：一方面，蒋介石面对日寇铁蹄公然进犯，对外放弃积极抵抗，寄希望于国际联盟出面调停；对内不仅压制民众的抗日救亡活动，还极力破坏爱国官兵的抗日斗争。另一方面，中国共产党对爱国将士掀起的抗日斗争给予了直接或间接的各种形式的支持和援助。同时号召支持各界组建抗日救亡团体，组织领导了"一·二九"运动。"九一八以后的 14 年抗日斗争中，正是由于中国共产党坚持兵民是胜利之本，推行全面抗战路线，使日本侵略者陷入人民战争的汪洋大海，最终无力自拔，自掘坟墓。"① 三是团结御侮，同仇敌忾，弘扬以爱国主义为核心的中华民族精神。郑德荣指出，"九·一八"事变后，中国共产党与各阶层的爱国人士进行了广泛联合。尤其在军事上，中共中央委派周保中、杨靖宇等赴东北联合组建各种抗日武装力量，为团结御侮做了大量卓有成效的工作，并领导组建了东北抗日联军，在白山黑水间冰天雪地中顽强地坚持抗战，给侵略者以巨大打击；在中国共产党团结抗日的号召下，冯玉祥与共产党联合组建察哈尔民众抗日同盟军，掀起察哈尔抗战的高潮，有力地打击了日本侵略者的嚣张气焰，鼓舞和推动了华北乃至全国的抗日斗争；在华北危急的关键时刻，中国共产党推动国民党东北军、第十七路军变"剿共"为"联共"结成"三位一体"的西北大联合，极大增强了团结御侮的力量。"在中国共产党的倡导下，在全国各届汹涌澎湃的抗日救亡运动和西安事变的推动下，国民党政府被迫放弃'攘外必先安内'的错误方针，从而形成了以国共合作为基础的广泛的抗日民族统一战线，掀起了全民奋起抗战的民族解放战争。"②

第三，关于中国共产党应对皖南事变。皖南事变是抗日战争进入相持阶段后，由国民党蒋介石集团直接发动的妄图消灭中国共产党，

① 郑德荣：《中国共产党对九一八事变的应对》，《光明日报》2011 年 9 月 14 日。
② 郑德荣：《中国共产党对九一八事变的应对》，《光明日报》2011 年 9 月 14 日。

破坏团结抗战，致使共产党遭受巨大损失的一次重大突发事件。郑德荣认为，在事变中"中国共产党始终把国家和民族的利益放在首位，在危机面前力挽狂澜，进行了有理有利有节的斗争，终于化解了可能爆发大规模内战的危机，打退了国民党第二次反共高潮，有力地争取到中间势力，孤立了顽固势力，改变了阶级力量对比，维护了抗日民族统一战线，保证了抗日战争的最终胜利"①。首先，中共领导的人民武装力量的迅猛发展，引起了蒋介石的恐慌和敌视，而且华中及皖南地区的重要战略位置也一直为蒋所觊觎。1940 年的国际形势发生重大变化，德意日法西斯同盟的形成，英、美、苏等国为了维护其自身利益，纷纷向中国提供物资援助，日本也表示支持国民党剿共，于是蒋介石决定掀起第二次反共高潮。其次，早在皖南事变发生前，中国共产党就已经根据种种迹象，做好了应对之策。具体从三个方面进行准备：一是思想上高度警惕。早在 1940 年春，中共中央就对蒋介石的反攻活动有所察觉，并发出关于新四军应付事变的准备问题的电报，要求新四军做好相应准备。根据电报指示精神，陈毅部挺近苏北，打破了国民党打算消灭在苏南地区新四军的图谋。但项英固执己见，丧失最佳转移时机，对国民党部队可能发动的突然袭击麻痹大意、不做准备，致使皖南新四军军部陷入危险境地。二是军事上充分准备。在察觉到国民党将要大举进攻我军的情况下，毛泽东亲自起草了《中共中央书记处关于坚持抗日根据地打破顽固派进攻的指示》，命令"所有华中及山东的党与军队必须紧急动员起来，为坚持抗日根据地打破顽固派进攻而奋斗"②。三是积极争取中间势力。中国共产党在事变前就非常重视对中间势力的统战工作，早在 1940 年 6 月的中央政治局会议上，毛泽东同志就指出能够推进时局好转的两大因

①　郑德荣：《皖南事变与中国共产党应对突发事件能力探析》，《社会科学战线》2012 年第 6 期。

②　《建党以来重要文献选编（1921—1949）》第 17 册，中央文献出版社 2011 年版，第 718 页。

素是：共产党力量的发展和国民党党内与党外存在着广大中间势力还保存着更多的积极性。与此同时，毛泽东还积极从事争取中间势力的工作，进而为事变发生后争取中间势力的支持起到了铺垫作用。再次，"皖南事变后，中国共产党处变不惊，冷静分析，正确把握事件的性质和主要矛盾，始终站在国家利益、民族利益的高度，进行了有理有利有节的斗争"①。具体来讲，一是政治上坚决斗争，全面进攻。皖南事变发生后，一方面，中共中央及时展开了针锋相对的斗争。另一方面，组织舆论上的猛烈进攻。二是军事上采取守势。事变发生后，中央军委总政治部发出关于皖南事变后八路军、新四军紧急工作的准备，要求在严峻形势下八路军、新四军要做好充分应对准备。同时中共中央决定，成立中央军委主席团，并重建新四军军部，"充足新四军，使散落的 9 万余人的新四军部队又组织起来，有了统一领导，保存了抗战力量，克服了皖南事变造成的严重损失，免于被国民党各个击破，避免了一场即将发生的大规模内战"②。最后，"皖南事变作为民主革命时期的一个重大突发事件，中共的成功应对为今天我们应对突发事件提供了宝贵经验和现实启迪"③。一是居安思危、思则有备、备则无患，这是应对突发事件的首要原则。皖南事变后，中国共产党之所以能够及时地应对，有效制止了事态朝着更严重方向发展，中共强烈的忧患意识和制定的相应预案起到了重大的作用。二是处变不惊、冷静分析、沉着应对，这是应对突发事件的重要前提。突发事件的发生涉及不同利益群体，有很强的敏感性和连带性，这就需要从长远考虑并抓住主要矛盾，即坚持总的政策不动摇，不为一时一事的干扰而转移方向。皖南事变中，中共从顾全抗日大局出发，以国

① 郑德荣：《皖南事变与中国共产党应对突发事件能力探析》，《社会科学战线》2012 年第 6 期。

② 郑德荣：《皖南事变与中国共产党应对突发事件能力探析》，《社会科学战线》2012 年第 6 期。

③ 郑德荣：《皖南事变与中国共产党应对突发事件能力探析》，《社会科学战线》2012 年第 6 期。

家利益为重，及时提出挽救危局的策略和措施，正确应对皖南事变后的严重局势，既对国民党顽固派进行了坚决打击，又顾全抗日战争大局，进行有理有利有节的斗争，并取得最终胜利。三是把危机转化为发展机遇，这是应对突发事件的有效手段。突发事件的发生是不以人们的意志为转移的，但既然发生了，就要沉着冷静地应对，要努力变被动为主动，创造条件变坏事为好事。在皖南事变中，中共遭受了自抗战以来的最大损失，但是在处理事变过程中，我们采取了一系列行之有效的应对之策，化被动为主动，由军事上的挫折转为政治上的胜利，而国民党顽固派则被陷入孤立无援的境地。

除了以上的研究成果外，郑德荣从宏观的视角对民主革命时期中国共产党应对突发事件的经验启示进行了高度凝练与总结，并撰写完成了《民主革命时期中共应对突发事件的历史经验与现实启迪》一文，文中既借鉴上述文章中对具体突发事件的考察与分析，同时又将不同事件中具有规律性、启示性的内容加以提炼和概括。他认为，中国共产党在成长过程中经历了无数次大小突发事件的考验，在针对这些事件作出相应的行为时可视为应对突发事件。尽管民主革命时期发生的突发事件与现在所发生的突发事件在历史条件和时代背景等诸多方面有很大不同，突发事件的性质类别也存在较大历史差异，但是其应对突发事件的宝贵经验却有非常重要的借鉴与指导意义。一方面，揭示了民主革命时期中共应对突发事件由被动到主动，由相对匆忙到娴熟的处置，总结党不断发展壮大的历史特点和客观必然性；另一方面，为今天的中国在社会主义现代化建设的伟大进程中更好地应对突发事件提供现实启迪与有益借鉴。具体而言，郑德荣从七个方面对经验启迪进行了总结。一是始终维护国家民族和人民群众的根本利益是中共应对突发事件的根本出发点和落脚点；二是牢固树立忧患意识，防备事态恶化、争取最好前途是中共应对突发事件的基本前提；三是努力驾驭突发事件，化危机为机遇，化挑战为动力是中共应对突发事件的重要原则；四是一切从实际出发，总揽全局，抓住主要矛盾和矛盾的主要方向是中共应对突发事件的根本方法；五是坚持把原则的一致性和策略的灵活性相结合是中共应对突发事件的有效手段；六是利用舆论动员和争取社会各界的支持是中共应对突发事件的可靠途径；七是提高主要领导者和集体决策层科学应对突发事件的决策能力是中共应对突发事件的重要保证。

第三节　对中共党史或中国革命史
几个宏观问题的研究

郑德荣在研究中共党史、中国革命史的过程中，不仅善于对具体事件进行深入挖掘与探讨，或对某一时期、某一方面的问题展开系统性研究，更是将学术视野投入波澜壮阔的近现代历史长河中，通过对一系列宏观问题的思考来揭示其中蕴含的历史经验与发展规律。例如，对国情、道路、现代化问题的研究，对20世纪中国三次历史性巨变的思考，等等。

一、国情·道路·现代化研究

自20世纪50年代始，现代化问题成为西方学者关注的重要研究领域，并逐渐形成了比较完整的现代化理论研究体系，他们通过对现代化概念的定义、现代化的目标定位、现代化的战略发展步骤等问题的深入探讨，在很多问题上达成了共识，为推动人类社会的现代化进程，尤其是第三世界国家摆脱贫困走上现代化道路提供了重要的理论指导。改革开放以来，中国也在逐步探索、稳步推进具有本国特色的社会主义现代化道路。在此过程中，学习、借鉴西方的先进现代化理论，并将其与中国的现实国情相结合，形成中国的现代化理论体系已势在必行。从20世纪80年代中后期，中国学术界掀起了研究现代化思想的热潮，众多学者从不同的学科、领域，从不同视角对现代化问题进行了探讨与研究，并取得丰硕成果，郑德荣就是其中的代表人物之一。郑德荣对现代化的相关理论研究工作，是建立在对中国国情、特色道路与现代化三者之间内在关联性的研究基础上，提出了独树一帜的见解。研究现代化理论与研究一般基础学科的最大区别在于，实际应用价值非常鲜明。因此，凡具有"经世致用"思想觉悟的学者大多都非常关注现代化问题。郑德荣认为对现代化问题的研究必然是以深化中共党史、中国革命史为目的进行的。在研究过程中，郑德荣将中国自近代以来追求现代化的历程划分为四个阶段：从洋务运动到辛亥革命，是近代志士仁人对现代化探索和打开中国社会进步闸门的阶段；从五四运动到中国共产党的成立到中华人民共和国的诞生和社会主义制度的确立；从社会主义制度确立到社会主义和开创历史新纪元的阶段；从中共十一届三中全会至今，是改革开放和有中国特色社会主义现代化建设阶段。

第一，关于近代中国特殊国情与现代化。"国情是不以人的意志为转移的客观存在，是一个国家社会发展的基础和出发点，它决定和制约着社会发展。"① 因此，一个国家的国情也必然影响和制约着本国的现代化发展进程。郑德荣认为，中国近代社会具有特殊的国情，其核心就是在帝国主义和封建主义联合压榨下所形成的半殖民地半封建社会。这一社会的形成，使近代中国的国情发生了严重扭曲，呈现出诸多复杂性和特殊性。主要体现在：从经济上讲，这一社会既有封建主义经济，又有资本主义经济，还有大量的个体经济，而以封建主义经济占主体地位。在资本主义经济中，既有帝国主义资本，又有民族资本，还有买办性官僚资本，而以帝国主义资本占据垄断地位。生产力水平低下，经济发展很不平衡。从政治上讲，半殖民地半封建社会的中国处于许多帝国主义国家统治或半统治之下的长期不统一状态。千余条不平等条约成为套在中国人民脖子上的沉重枷锁，主权丧

---

① 郑德荣：《中国特殊国情、特色道路与现代化》，《党史研究与教学》2002 年第 2 期。

失，形成"国中之国""权中之权"。帝国主义与封建主义相勾结，残酷地镇压中国人民的进步运动，中国人民没有独立与民主。从阶级关系上讲，半殖民地半封建社会的阶级关系异常复杂，"有地主阶级，有资产阶级；地主阶级和资产阶级的上层部分是中国社会的统治阶级。又有无产阶级，有农民阶级，有农民阶级以外的各种类型的小资产阶级；三个阶级，在今天中国的最广大领土上，还是被统治阶级。"① 正是由于我国的特殊国情、社会性质决定了在现代化启动时要面临西方现代化过程中未曾遇到过的异常复杂的困难和问题。因此，"中国决不能走西方发达国家所走过的资本主义道路，而只能从本国本民族的实际情况出发，开拓、选择一条适合自身发展的现代化道路"②。

在揭示了近代中国的特殊国情及社会性质的同时，郑德荣指出，中国自 19 世纪以来先后五次丧失现代化机遇，并在此基础上进行了深刻的历史反思。丧失的五次现代化机遇分别是："康乾盛世"的故步自封；地主阶级改革派的"睁眼看世界"；洋务运动的彻底破产；资产阶级改良派维新变法运动的夭折；辛亥革命的成功与失败。经过对以上五次丧失现代化机遇的反思后，他得出结论：近代以来无论是地主阶级洋务派，还是资产阶级改良派和革命派，他们在中国现代化的探索历程中，尽管起到了不同程度的推动作用，但都没有从根本上改变中国的半殖民地半封建社会的性质。历史之所以选择了中国共产党，是因为它"最先认清了中国社会性质和两大矛盾，并明确指出中国要从农业国走向现代化国家，必须首先推翻帝国主义、封建主义、官僚资本主义三座大山，摧毁旧的国家，打破严重束缚生产力发展的桎梏，实现民族独立和人民解放。中国共产党打破了中国现代化的坚冰，开通了现代化的航向，指明了现代化道路的方向"③。

---

① 《毛泽东选集》第二卷，人民出版社 1991 年版，第 638 页。
② 郑德荣主编：《国情·道路·现代化》，吉林文史出版社 2001 年版，第 17 页。
③ 郑德荣、孔德生：《国情·道路·现代化》，《东北师大学报（哲学社会科学版）》2002 年第 1 期。

　　第二，关于中国特色革命道路与现代化。"中国特色革命道路是以毛泽东为代表的共产党人，运用马克思主义基本原理，依据中国特殊国情对中国社会发展道路进行艰辛探索的创造性成果，也是中国共产党人探索改造中国社会的现代化道路抉择。"① "所谓的中国特色革命道路，指在落后的半殖民地半封建社会里，如何开展共产主义运动，夺取政权，进而过渡到社会主义社会的革命道路。"② 中国特色社会主义道路包括新民主主义革命和社会主义革命两个革命阶段、两种性质的革命。新民主主义革命的胜利，开辟了通往现代化道路，为中国现代化的顺利发展创造了必要的前提；社会主义革命道路的成功开辟，使中国实现了复杂、深刻的社会变革，初步建立了比较完整的国民经济体系和工业体系，为进一步探索中国社会主义现代化道路积累了宝贵经验。首先，中国共产党绘制了社会发展的宏伟蓝图。在近代中国畸形社会里，"中国革命如何走社会主义道路，必须制定符合中国特殊国情的具有中国特色的道路，绘出中国社会发展的宏伟蓝图"③。中国共产党在革命进程中逐步形成了中国革命与建设的社会发展总战略。内容包括：从新民主主义革命到社会主义的发展战略；农村包围城市、武装夺取政权的道路；"一化三改"并举的和平改造道路；现代化奋斗目标的战略构想。其次，中国特色革命道路与历史新纪元。"大革命失败后，以毛泽东为主要代表的中国共产党人，从中国半殖民地半封建社会的特殊国情出发，经过反复探索，在总结经验和失败教训的基础上，创造性地把马克思主义普遍原理同中国革命的具体实际相结合，逐渐找到了一条有中国特色的革命道路，经过长期的艰苦卓绝的探索与奋斗，把处于险境的中国革命引向通途，实现

① 郑德荣：《中国特殊国情、特色道路与现代化》，《党史研究与教学》2002年第2期。
② 郑德荣：《中国特殊国情、特色道路与现代化》，《党史研究与教学》2002年第2期。
③ 郑德荣、孔德生：《国情·道路·现代化》，《东北师大学报（哲学社会科学版）》2002年第1期。

了马克思主义的普遍原理和中国具体实际相结合的第一次伟大历史性飞跃。"① 具体表现为：建立新型的人民军队和农村革命根据地，开展土地革命，实行工农武装割据。用革命的武装反抗国民党的反动统治，是大革命失败后以毛泽东为主要代表的中国共产党人启动中国革命航船，复兴中国革命大业，完成反帝反封建的新民主主义革命任务的一次历史性抉择。大革命失败后，中国共产党及时、果断地纠正了陈独秀右倾投降主义错误。但是在接下来的时间里，党内却又出现了把共产国际决议和苏联经验神圣化、把马克思主义教条化的错误倾向，党内连续出现三次"左"倾错误，其中以王明"左"倾教条主义对中国革命造成的危害和破坏最大、最严重。新民主主义革命是一个漫长而又艰巨的斗争过程，不同历史阶段、阶级关系和矛盾不断呈现变化，因此，要求中国共产党人在新民主主义革命总路线指引下，必须根据不同的历史发展阶段，实施不同的具体的战略与策略方针，并从理论上实践上解决了几个复杂问题。如，如何正确处理同国民党关系的思想和原则问题，如何处理同民族资产阶级既联合又斗争的问题，如何正确对待共产国际对中国革命的双效应问题，等等。再次，社会主义现代化建设道路的曲折探索。新中国建立后，"以毛泽东为核心的第一代中央领导集体创造性运用列宁过渡时期理论，正确地分析中国特殊国情，领导全国人民又开拓出一条具有中国特色的社会主义革命道路。……其实质就是以工业化为目标的社会主义现代化探索之路"②。这一时期的国情呈现出以下特点：一是在经济上，经过生产资料私有制的社会主义改造，建立了单一的社会主义全民所有制和劳动人民集体所有制，确立了生产资料社会主义公有制的主体地位，奠定了社会主义制度的经济基础；二是在政治上，剥削阶级经过三大

① 郑德荣、孔德生：《国情·道路·现代化》，《东北师大学报（哲学社会科学版）》2002 年第 1 期。
② 郑德荣：《中国特殊国情、特色道路与现代化》，《党史研究与教学》2002 年第 2 期。

改造，已经基本上被消灭，无产阶级和资产阶级之间的矛盾已基本解决；三是思想文化上，马克思主义在意识形态领域中的主导地位已经确立，社会主义思想和道德观念已成为全社会的主体规范。

第三，社会主义初级阶段与现代化建设。"社会主义初级阶段是邓小平运用历史唯物主义观点，既看到社会制度和生产关系的性质，又考虑到生产力发展水平和经济文化落后的实际，对我国现阶段基本国情及其所处历史方位所作出的科学论断。""邓小平在对社会主义现代化道路成功探索的基础上，从反思'什么是社会主义，怎样建设社会主义'这一根本问题入手，对'中国式的现代化'道路进行了创造性的探索与回答。"① 探索的内容主要包括：一是召开十一届三中全会实现了伟大历史转折。党的十一届三中全会的召开结束了徘徊中前进的局面，从根本上突破了长期指导思想上"左"的错误的束缚，重新确立了马克思主义的思想路线、政治路线和组织路线，完成了党的工作重点的转移，开创了有中国特色社会主义道路，为奔向现代化新征途树起一座历史丰碑。二是建设有中国特色社会主义理论的基本建构。邓小平建设有中国特色社会主义理论，是在和平与发展成为时代主题的历史条件下，在我国改革开放和社会主义现代化的实践过程中，在总结我国社会主义建设经验教训并借鉴其他社会主义国家兴衰成败历史经验的基础上，逐步形成和发展起来的，其理论支柱为：社会主义本质论、社会主义初级阶段论、社会主义发展动力论、社会主义市场经济论、社会主义精神文明建设论、"一国两制"论。三是中国特色社会主义道路新局面的开创。"十一届三中全会以后，以邓小平为核心的第二代中央领导集体在对我国现代化建设正反两方面历史经验进行深刻反思基础上，大胆吸收和借鉴人类社会创造的一切文明成果，把马克思主义的普遍原理与中国实际相结合，探索出一

———————

① 郑德荣、孔德生：《国情·道路·现代化》，《东北师大学报（哲学社会科学版）》2002 年第 1 期。

条有中国特色的社会主义现代化建设道路。这一道路既区别于资本主义现代化，又区别于马克思主义经典著作中的传统社会主义和苏联模式的社会主义，它所解决的是在一个经济比较落后的农业国，如何进行社会主义现代化建设的问题。"①

第四，中国现代化历程与"三个代表"。世纪之交，"以江泽民为核心的第三代中央领导集体高举邓小平理论伟大旗帜，领导全国各族人民沿着中国特色社会主义道路把我国现代化建设事业推向前进，为中国现代化战略目标的实现奠定了坚实基础"②。"三个代表"重要思想的提出深刻揭示了中国共产党的本质特征，集中体现了党的性质、宗旨和任务，为解决新世纪党的建设历史性课题，实现党的建设伟大工程指明了前行方向，是各项现代化建设事业的发展指针，是中国共产党的立党之本、执政之基、力量之源，进而有力地推动我国现代化事业的历史进程。

二、20 世纪中国三次历史性巨变研究

世纪之交，江泽民同志在党的十五大报告中提出 20 世纪的中国先后历经了三次历史巨变③，并指出："一个世纪以来，中国人民在前进道路上经历了三次历史性巨大变化，产生了三位站在时代前列的伟大人物：孙中山、毛泽东、邓小平。"④"三次历史性巨变"的提出

---

① 郑德荣：《中国特殊国情、特色道路与现代化》，《党史研究与教学》2002 年第 2 期。

② 郑德荣：《中国特殊国情、特色道路与现代化》，《党史研究与教学》2002 年第 2 期。

③ 三次历史性巨变分别是，第一次是辛亥革命，推翻统治中国几千年的君主专制制度。这是由孙中山领导的，开创了完全意义上的近代民族民主革命。第二次是中华人民共和国的成立和社会主义制度的建立。这是中国共产党成立后，在以毛泽东为核心的第一代中央领导集体的领导下完成的。第三次是改革开放，为实现社会主义现代化而奋斗。这是在以邓小平为核心的第二代中央领导集体的领导下开始的新的革命。

④ 《江泽民文选》第二卷，人民出版社 2006 年版，第 2—3 页。

是站在历史高度对波澜壮阔的 20 世纪中国革命历程的凝练与总结，为深入推进、拓展中共党史、中国革命史的理论研究工作提供了重要的历史主线与研究依据。党的十五大召开后，郑德荣相继完成了《20 世纪中国三次巨变的历史总结》《中国共产党领导的两次历史性巨变比较研究》《二十世纪中国三次历史性巨变研究》等学术论文、著作。其研究内容主要围绕着三次历史性巨变的历史进程、历史逻辑有序推进。

第一，关于"三次历史性巨变"的历史进程。在这部分研究成果中，郑德荣将三次历史性巨变与中国现代化进程结合起来，从现代化视角对三次历史性巨变的历史进程进行了梳理、阐释与说明。他认为："20 世纪三次历史性巨变虽然各具不同历史特点，但又都是从不同角度在不同程度上围绕着中国近代两大历史课题而展开，其核心是开创和推进中国现代化进程。"[1] 首先，第一次历史性巨变是由伟大的民主革命先驱者孙中山领导的辛亥革命引发的，辛亥革命的成功一举打开了中国进步的闸门，启动了中国现代化的历史进程。"这一次历史性巨变造成了中国传统社会的总危机，使一个充满矛盾与冲突的危机时代伴随着充满希望与生机的更新时代展现在中国，尤其是辛亥革命所唤起的民主精神与爱国热情，为民族资本主义工业的发展和走向现代化创造了有利的社会的、思想的条件。"[2] 辛亥革命后的中国呈现出前所未有的兴建近代企业的浪潮，特别是第一次世界大战爆发后，中国现代经济从规模、发展速度上出现了一个"黄金年代"，这种情况的出现固然有帝国主义忙于战争、无暇东顾等方面的原因，同时也是辛亥革命后掀起的资本主义浪潮趋势的必然，"应当视为第一次历史巨变启动了中国现代化历史走向的必然结果和历史表征"[3]。

---

[1] 郑德荣：《20 世纪中国三次巨变的历史结论》，《东北师大学报（哲学社会科学版）》2002 年第 6 期。

[2] 郑德荣：《二十世纪中国三次历史性巨变研究》，东北师范大学出版社 2002 年版，第 377 页。

[3] 郑德荣：《二十世纪中国三次历史性巨变研究》，东北师范大学出版社 2002 年版，第 377 页。

其次，第二次历史性巨变是以毛泽东为核心的中国共产党第一代领导集体以马克思主义理论勇气和科学精神，在对中国特殊国情进行慎重分析的基础上，提出了从新民主主义到社会主义的现代化发展理论，以实现中国传统社会走向现代化的伟大变革，开创了一条有中国特色的革命道路。而这一道路的实质则为解放生产力，发展生产力，为实现中国的工业化、现代化创造前提条件，奠定物质基础。中华人民共和国的成立和社会主义制度的确立开辟了中国历史发展新纪元，标志着20世纪中国社会第二次历史性的巨大变化，为中国由落后的农业国变为现代化的工业国创造了条件，开辟了广阔天地。从此，中华民族迈开了实现现代化宏伟目标的步伐。尤其在新中国成立后，社会主义制度的正式确立，尤其是过渡时期总路线的实施和"一五"计划的提前完成，一个比较完整的工业体系与国民经济体系的建立，我国社会生产力有了大幅度的发展，中华民族迈开了走上现代化的实质性步伐。

最后，第三次历史性巨变是以党的十一届三中全会为开端，以中国特色社会主义建设为基本内容，开辟出了一条从社会主义初级阶段基本国情出发的中国式的社会主义现代化道路。因此，"如果说20世纪中国社会第二次历史性巨变为现代化建设创造了前提，开辟了广阔天地，那么，第三次历史性巨变本身就是中国现代化建设的伟大实践，是中国现代化历史进程中的质的变化"①。具体表现在：从党的十一届三中全会到20世纪末，在以"一个中心，两个基本点"为核心的基本路线指引下，随着改革开放的深入发展，国家社会经济结构、产业结构、区域经济和生产力布局都发生了重大变化，国民经济总产值持续健康发展，高新技术和产业信息产业迅猛发展，综合国力显著提升，人民生活由贫穷达到小康，实现了"翻两番"。与此同

---

① 郑德荣：《二十世纪中国三次历史性巨变研究》，东北师范大学出版社2002年版，第377页。

时，政治现代化的推进，依法治国方略的确立与实施，民主建设的加强，科技兴国战略的实施，有力地推进了现代化历史进程。这一时期，"物质文明建设、精神文明建设、政治文明建设相互促进，成为我国社会主义现代化的一大特征"①。

第二，关于三次历史性巨变的历史逻辑。在这部分研究内容中，郑德荣通过对三次历史性巨变之间的内在逻辑关系的梳理、各自特点的揭示，相互间共同点、差异性的思考与分析，进而达到厘清历史逻辑的研究目的。"三次巨变各具不同的历史特点和不同的历史地位，是 20 世纪中国历史发展特殊规律的反应，具有内在的历史逻辑的必然联系。"首先，关于第一次历史性巨变与第二次历史性巨变的逻辑关系。郑德荣认为，就两者逻辑关系而言，"第二次历史性巨变是第一次历史性巨变后中国历史发展的必然走势，两次巨变各具不同特点，各有不可替代的历史地位，又有内在的历史逻辑的必然"②。第一次历史性巨变是以城市武装起义为突破点，以结束中国君主专制制度，建立"中华民国"为主要标志。其最大特点是既结束了君主专制制度，又未能摧毁君主专制的经济基础和改变社会性质，而以"民国"的名义掩盖下的封建军阀统治代替了君主专制的封建主义。第二次历史性巨变是在马克思主义旗帜下由中国共产党领导的，以农村包围城市、武装夺取全国政权，推翻国民党反动统治，建立人民共和国，进而确立社会主义制度为主要标志。其主要特点是以彻底摧毁反动政权，从根本上解决上层建筑为突破口，继而解决经济基础，建立崭新的社会经济制度，从而解放和发展生产力，为社会主义现代化建设创造前提，奠定物质基础，而且就其深度和广度远远超越了第一次历史巨变。由此可见，两次历史性巨变都是中国近代社会基本矛盾

① 郑德荣：《20 世纪中国三次巨变的历史结论》，《东北师大学报（哲学社会科学版）》2002 年第 6 期。

② 郑德荣：《20 世纪中国三次巨变的历史结论》，《东北师大学报（哲学社会科学版）》2002 年第 6 期。

运动的结果，近代中国社会两大主要矛盾和革命的历史任务是基本相同的。因此，两种革命尽管有新旧之分，属于两种思想体系、两个范畴，但两者又同属资产阶级性质的民主革命，都是反帝、反封建的，在这一点上是一致的。可以说，新民主主义革命是孙中山民主革命事业的继承和发展，是在新的国际环境里中国工人阶级（通过共产党）领导的解决中国社会两大矛盾的中国革命的历史必然。

其次，第二次历史性巨变与第三次历史性巨变的逻辑关系。郑德荣认为："20 世纪的中国在共产党领导下，继第一次历史性巨变又经历了两次历史性巨变。这两次历史性巨变既有不同点又有共同点，两者有着内在逻辑关系及共同规律。"① 两者的区别和特点在于：两次历史巨变的性质和任务不同。第二次历史巨变是以毛泽东为核心的第一代中央领导集体领导下完成的。其中心任务是推翻帝国主义、封建主义和官僚资本主义在中国的统治，夺取新民主主义革命的胜利，进而在全国通过社会主义革命消灭剥削阶级，建立社会主义制度，把旧中国改造成独立的人民当家作主的新中国，实现国家独立和人民解放。第三次历史性巨变是在党的十一届三中全会以后，在以邓小平为核心的第二代中央领导集体的领导下进行的一场新革命。它的中心任务是解决人口多、底子薄、经济文化比较落后的中国如何建设社会主义、实现现代化，如何巩固和发展社会主义，实现国家繁荣富强、人民富裕这样一个重大历史课题。两次历史性巨变的内容和表征不同。第二次历史性巨变的显著标志是中华人民共和国的成立和社会主义制度的建立，主要内容和表征包括：中华人民共和国的建立，废除了帝国主义在华一切特权，实现了国家独立；中国人民当家作主，建立了工人阶级领导的，以工农联盟为基础的人民民主专政的国家政权，人民代表大会是最高权力机构，实行共产党领导下民主党派参加的多党

---

① 郑德荣：《中国共产党领导的三次历史性巨变比较研究》，《中共党史研究》1999
年第 6 期。

合作与政治协商制度；基本上消灭了剥削制度和剥削阶级，全面确立了社会主义制度，实现了国家几千年来最深刻、最伟大的社会变革。第三次历史性巨变的显著标志是改革开放和社会主义现代化建设的全方面展开。主要内容与表征包括：改革全方位推进；对外开放全面展开；国民经济持续快速健康发展，综合国力显著增强，人民生活明显提高。两者之间的共同点在于：两次历史性巨变都是马克思主义基本原理同中国实际相结合的物化结果；两次历史性巨变都是在既反"左"又反右，主要是反对"左"的倾向斗争中实现的；两次历史性巨变的实现都体现了独立自主、自力更生的基本原则。两次历史巨变的逻辑关系在于：第二次历史性巨变为第三次历史性巨变创造了基本前提和基本条件，没有第二次历史巨变，第三次历史巨变将成为无源之水、无本之木；第三次历史巨变是在第二次历史巨变基础上合乎逻辑的继续和发展，从而进一步巩固与发展了第二次历史巨变的伟大成果。两次历史性巨变的意义在于：这是中华民族历史上的两次辉煌。前者给中国人民带来了民族尊严和自豪，后者初步改变了中国贫穷落后的面貌，使中华民族历史再度显现出辉煌。它使社会主义旗帜在国际共产主义运动陷入低潮的严峻形势下，依然高高飘扬。它为马克思主义理论宝库增添了新色彩，把马克思主义推向新阶段。

三、中国共产党的奋斗历程研究

中国共产党领导中国人民在艰难困苦纷繁复杂的环境中奋斗百年，为实现中华民族伟大复兴的宏伟目标披荆斩棘、筚路蓝缕，历经沧桑。作为中共党史学者，郑德荣怀揣着一份深沉、浓郁的爱党爱国情感，并将这份情感化为推动科研工作的蓬勃力量，在建党、建国等重大历史节点，撰写多篇高质量学术论文，如《中国历史的伟大新纪元——纪念中华人民共和国诞辰六十周年》《新中国的诞生与中华民族的伟大复兴》《中国共产党 80 年奋斗的历史本质》《中国共产党 90 年风雨历程》《中国共产党 90 年奋斗的历史本质》等。以上论文通过回顾党的光辉历程，从中汲取力量与智慧，进而揭示其中所蕴含的历史经验和发展规律。

第一，关于中国共产党的革命历程与奋斗本质。在《中国共产党 80 年奋斗的历史本质》一文中，郑德荣以科学理论、特色道路、历史巨变三个维度来进行破题。首先，科学理论。马列主义与中国实际相结合的理论成果是在中国革命、建设、改革开放的过程中逐步发展形成的，是时代呼唤出的科学理论，是党和人民实践经验的总结和集体智慧的结晶。其次，特色道路。在中国共产党的奋斗历程中先后开辟出了两条道路：中国特色革命道路与中国特色社会主义道路。中国特色革命道路是以毛泽东为代表的中国共产党人，在血与火的斗争中，运用马克思主义的基本原理，正确地把握中国国情基础上开辟的。中国特色社会主义道路是以邓小平为代表的中国共产党人，"继毛泽东为半殖民地半封建的中国找到一条具有中国特色的革命道路之后，为社会主义现代化所找到的又一条特色道路"①。最后，历史巨变。郑德荣关于 20 世纪中国共产党领导中国人民完成的两次历史性巨变的研究成果前文已有介绍，这里不做赘述。

在《中国共产党 90 年奋斗的历史本质》一文中，郑德荣在前文基础上，又进行了更深入的思考。文中，他将中国共产党的发展历程从三个阶段进行了划分及梳理，并揭示出中国共产党的奋斗历史本质。第一个阶段是开辟中国特色革命道路，建立新中国，确立社会主义制度，实现民族独立和人民解放，为解放和发展生产力奠定了制度基础和政治保障。这一阶段"历史的本质就是马克思主义中国化，走中国特色革命道路，实现了民族独立和人民解放，为社会主义工业化建设创造前提、奠定制度基础"②。第二个阶段是全面建设社会主义取得重大成就，建立独立的比较完整的国民经济体系和工业体系，

① 郑德荣：《中国共产党 80 年奋斗的历史本质》，《东北师大学报（哲学社会科学版）》2001 年第 3 期。

② 郑德荣：《中国共产党 90 年奋斗的历史本质》，《中共党史研究》2011 年第 8 期。

探索符合中国国情的社会主义建设道路，积累正反两方面历史经验，为由农业国到社会主义工业国奠定物质基础。这一阶段"历史的本质就是为社会主义工业化奠定物质基础。"① 第三个阶段是开辟中国特色社会主义道路，改革开放，建立社会主义市场经济体制，科学发展，奔向小康，由比较落后的农业国逐步发展为社会主义工业国。这一阶段"历史的本质就是走中国特色社会主义道路，建立社会主义市场经济体制，全面建设小康社会"。通过对以上不同时期历史的考察及本质的揭示，郑德荣认为："中国共产党90年奋斗的历史本质就是把马列主义基本原理同中国实际相结合走自己的路，变农业国为工业国，逐步实现社会主义现代化、人民幸福和民族复兴。"②

第二，关于新中国的诞生与中华民族伟大复兴。在《中国历史的伟大新纪元——纪念中华人民共和国诞辰六十周年》一文中，郑德荣围绕着新中国的建立与发展着重回答了三个问题。首先，新中国成立的基本条件。他认为，新中国之所以能够诞生，能够筹建并不是历史的偶然，而是中国人民在党的领导下经过长期浴血奋战，摧毁了代表帝国主义、封建主义、官僚资本主义统治的国民党政府的统治，在取得新民主主义革命伟大胜利基础上建立的。具体来讲，新中国成立应具备五个条件：一是理论基础。毛泽东关于新民主主义与人民民主专政理论的形成与成熟，为新中国的诞生奠定了坚实的理论基础。二是政治前提。中国共产党领导各族人民经过长期浴血奋战取得新民主主义革命的伟大胜利，为新中国的诞生奠定了根本的政治前提。三是社会基础。革命统一战线的形成与发展为新中国的诞生奠定了广泛的社会基础。四是实践经验。中国共产党长期的革命根据地和解放区建设为新中国的建设实践提供了宝贵经验。五是合法依据。中国人民政治协商会议的胜利召开与《共同纲领》的通过为新中国成立提供

---

① 郑德荣：《中国共产党90年奋斗的历史本质》，《中共党史研究》2011年第8期。
② 郑德荣：《中国共产党90年奋斗的历史本质》，《中共党史研究》2011年第8期。

了合法依据。其次，新中国成立后的发展轨迹。他认为："建国以来六十年的发展历程可以以 1978 年 12 月党的十一届三中全会为一个历史转折，分为前三十年和后三十年。"① 第一个三十年是 1949 年到 1979 年，在这三十年间，社会主义革命取得重大胜利，大规模社会主义建设取得辉煌成就，为中国特色社会主义道路创造了根本政治前提和制度基础；在这三十年间，以毛泽东为核心的第一代中央领导集体探索中国特色社会主义建设道路并取得积极成果和深刻历史教训；在这三十年间，中国人民意气风发、斗志昂扬、自强不息的民族精神得到了大发扬；在这三十年间，国家领土主权得到了捍卫，中国在国际舞台崭露头角，为走向世界大国奠定基础。第二个三十年是 1979 年到 2009 年，在这三十年间，社会主义中国的巨大优势和独特魅力得到了充分发挥；在这三十年间，中华人民共和国的国际地位和世界影响力迅速增强；在这三十年间，中华人民共和国的国家形象大为改观；在这三十年间，中国文化走向世界。最后，新中国成立的伟大意义。在对建国六十年发展历程进行梳理和概括的基础上，郑德荣将新中国成立的意义总结为三个方面：一是从中国现代化的时代眼光回眸伟大的历史新纪元。"中华人民共和国的建立和社会主义制度的确立，为中国现代化和当代中国一切发展进步奠定了根本政治前提。"② 二是从国际影响力的世界视域透视伟大的历史新纪元。"中华人民共和国的建立和社会主义制度的确立，结束了近代中国一个多世纪任人宰割的屈辱历史，为中国重新迈进世界大国奠定了基石。"③ 三是从中华民族伟大复兴的宽阔视野展望伟大的历史新纪元。"中华人民共和国的建立和社会主义制度的确立，结束了长期以来中华民族战乱不断和一盘散沙的动荡局面，成为由落后的农业国发展为先进的现代化

---

① 郑德荣：《郑德荣文存》第四卷，吉林人民出版社 2011 年版，第 448 页。
② 郑德荣：《郑德荣文存》第四卷，吉林人民出版社 2011 年版，第 456 页。
③ 郑德荣：《郑德荣文存》第四卷，吉林人民出版社 2011 年版，第 458 页。

工业国，实现中华民族伟大复兴的全新起点。"① 郑德荣正是通过对以上三个问题的集中阐释，对新中国开辟历史新纪元的发展历程、丰富内涵及深远意义进行了解答。

此外，在《新中国诞生与中华民族伟大复兴》一文中，郑德荣还分别从三个方面对新中国诞生与中华民族伟大复兴的关系进行了深入的探讨与分析。一是新中国的成立是真正实现中国人民当家作主的伟大开端。"社会主义中国的建立，结束了中国持续了四千多年的剥削制度，从根本上改变了中国的国家性质和社会制度，实现了由专制统治向人民民主的伟大跨越。"② 二是新中国的成立为中国成功迈向社会主义现代化提供了根本前提。"社会主义中国的建立，为中国现代化和当代中国的一切发展进步奠定了根本的政治前提、制度基础和物质基石。"③ 三是新中国的成立是中国重新走向世界大国的全新起点。"社会主义中国的建立，结束了近代中国一个多世纪任人宰割的屈辱历史，成为中国重新迈向世界大国的全新起点。"④

第四节　对中共党史或中国革命史
其他问题的研究

除了以上三个部分列举的内容外，郑德荣在中共党史、中国革命史研究方面还有一些其他的学术成果，它们是郑德荣学术思想的重要组成部分，同时也是我们研究过程中不能忽视的重要内容。

一、关于陈云在伟大历史转折关头的杰出贡献

在《陈云在伟大历史转折关头的杰出贡献（1976—1982）》一文

---

① 郑德荣：《郑德荣文存》第四卷，吉林人民出版社 2011 年版，第 459 页。
② 郑德荣：《新中国诞生与中华民族伟大复兴》，《高校理论战线》2009 年第 7 期。
③ 郑德荣：《新中国诞生与中华民族伟大复兴》，《高校理论战线》2009 年第 7 期。
④ 郑德荣：《新中国诞生与中华民族伟大复兴》，《高校理论战线》2009 年第 7 期。

中，郑德荣从六个方面比较详尽地概括了陈云在十一届三中全会前后在国家面临伟大历史转折的重要关头所作出的杰出贡献。他认为："党的十一届三中全会召开前，陈云在思想上反对'两个凡是'，推动各方面的拨乱反正；在组织上大胆疾呼平反冤假错案，安定了党心民心；在经济上力主国民经济调整，促进经济健康发展。十一届三中全会后，陈云与邓小平相互支持、密切配合，正确解决了一系列经济社会发展和党的建设中的重大问题，为实现党的伟大历史转折发挥了别人无法替代的作用，做出了卓越贡献。"① 具体体现在：一是大胆倡导解放思想，实事求是，冲破"两个凡是"的禁锢。"四人帮"被粉碎后，陈云冒着政治风险发表的书面讲话与"两个凡是"针锋相对，同邓小平在 1978 年中央工作会议上发表的《解放思想，实事求是，团结一致向前看》重要讲话为呼应，为十一届三中全会的胜利召开奠定了基础。二是率先提出并积极推动拨乱反正，平反冤假错案，拥护邓小平复出。在陈云等老一辈革命家的强烈呼吁下，党中央停止批邓，并于 1977 年 7 月恢复了邓小平在中央的领导职务，正是由于邓小平的复出，大批冤假错案得以平反，使一大批被"四人帮"迫害的领导干部重新走上领导岗位，为推动历史转折提供了组织保证。三是正确评价毛泽东的历史地位，坚持毛泽东思想的指导。在粉碎"四人帮"，冲破"两个凡是"方针，进行拨乱反正的历史转折关头，陈云和邓小平一道，以大局为重，以历史唯物主义和实事求是原则为指导，对毛泽东的功过是非做了客观判断。四是力主国民经济调整，推动经济体制改革。一方面，从 1978 年 11 月到 1980 年 12 月中共工作会议期间，陈云先后五次呼吁并积极推动经济调整，不仅为20 世纪 80 年代中国经济的振兴打下了基础，也为经济体制改革的起步创造了比较宽松的经济环境。另一方面，在经济改革中，"陈云强

---

① 郑德荣：《陈云在伟大历史转折关头的杰出贡献（1976—1982）》，《东北师大学报（哲学社会科学版）》2005 年第 5 期。

调要充分发挥市场调节作用，按价值规律办事，增强利润观念，改革大少爷办经济的局面，调动广大工人、农民、知识分子和干部进行四化建设的积极性，使我国的生产力获得一次新的大解放"①。五是大力呼吁发扬党内民主，健全民主集中制，严格党风党纪。一方面，改革开放后，为了从制度和机制上确保维护党规党法，健全民主集中制，搞好党风，陈云领导制定了《关于党内政治生活的若干准则（草案）》，从制度和机制上确保民主集中制的贯彻执行；另一方面，陈云在担任中央纪律监察委员会第一书记后，针对党的作风建设作出了系列论述，在总结我党执政 30 年和其他各国党执政的经验教训的基础上，"揭示了社会主义时期执政党建设的重要规律，具有独创性，标志着我们党在党风问题上的认识水平有了一个新的飞跃。"②六是重视干部队伍和领导班子建设，参与制定干部队伍革命化、年轻化、知识化、专业化的方针。经过陈云的积极推动，以邓小平为核心的第二代领导集体的形成，使大批德才兼备的中青年干部走上了领导岗位，从而为实现伟大历史转折提供了组织保障。

除了以上对陈云在伟大历史转折关头所作出的杰出贡献进行归纳与提炼的同时，郑德荣还对其能够作出贡献原因进行了深刻剖析。他认为：陈云之所以能够在历史转折关头作出杰出贡献，"一方面与他在党内所处的地位和长期革命斗争中形成的威望有着密切联系；另一方面是与他在长期革命斗争实践中形成的崇高革命精神、高尚的政治品格、无产阶级革命家的远见卓识和杰出领导才能分不开的"③。具体来讲，崇高的共产主义理想和对党对人民无限忠诚的革命精神；坚强的党性修养和坚持实事求是的优良品格；无产阶

---

① 郑德荣：《陈云在伟大历史转折关头的杰出贡献（1976—1982）》，《东北师大学报（哲学社会科学版）》2005 年第 5 期。

② 郑德荣：《陈云在伟大历史转折关头的杰出贡献（1976—1982）》，《东北师大学报（哲学社会科学版）》2005 年第 5 期。

③ 郑德荣：《陈云在伟大历史转折关头的杰出贡献（1976—1982）》，《东北师大学报（哲学社会科学版）》2005 年第 5 期。

级革命家的远见卓识和杰出的领导才能。与此同时，郑德荣认为，陈云之所以能够成为一名远见卓识和杰出领导才能的无产阶级革命家，与其自身的学习、工作经历有着密不可分的联系。因为他具有长期领导革命斗争的实践经验和丰富阅历；陈云重视借鉴历史经验；陈云多年来刻苦学习，奋发图强，深入思考事关社会主义建设全局的重大实际问题。

二、关于在抗战时期国共两党之间的一场论战

在《抗日战争时期国共两党围绕三民主义的一场论战》一文中，郑德荣围绕着抗日战争时期发生在国共两党之间一场论战的过程及内容进行了梳理与论述。首先，郑德荣将论战的过程划分为两个阶段。"第一个阶段，1939—1940 年前后，是国共两党论战的第一个高潮"。"第二个阶段，1943 年共产国际解散后，国共两党的论战进入一个新的高潮。"① 与此同时，郑德荣对论战的具体内容进行了阐释。

第一，关于坚持三民主义的问题。一方面国民党主张"建国大业以三民主义为最高指导原理"②。另一方面又背离国民党"一大""宣言"的精神，曲解三民主义，提出必须把维护大地主大资产阶级的"国家利益"放在第一位，发展民力，增进民权，都要纳入国民党系统，只能限制在不妨碍国民党独裁统治的范围内。共产党从两个方面驳斥了国民党的主张：首先，中国共产党人指出，三民主义有真假的区别，所谓的真三民主义是 1924 年孙中山在国民党"一大"宣言中所解释的以联俄、联共、扶助农工三大政策为基础的三民主义。除此以外，其他的"三民主义"都是假三民主义。其次，"针对国民党宣传的抗战时期各政党要放弃本阶级的利益，不许进行阶级斗争的

---

① 《中国国民党历次代表大会及中央全会资料》下册，第 466 页。

② 郑德荣：《抗日战争时期国共两党围绕三民主义的一场论战》，《中共党史资料》
　　1995 年第 54 辑。

观点，中国共产党人阐明了抗战时期阶级斗争与民族斗争的关系"①。

　　第二，关于中国革命是否需要马克思主义指导，能否用三民主义取代共产主义的问题。郑德荣认为："要不要以马克思主义来指导中国革命，是抗日战争时期中国共产党同国民党论战的一个核心问题。"② 国民党以国共建立统一战线，共产党赞成以孙中山的三民主义作为国共合作的政治纲领为借口，叫嚷共产主义不符合中国国情，三民主义比共产主义"完备"，要用三民主义代替共产主义。对于国民党的攻击，中国共产党人从两个方面予以驳斥。首先，中国共产党人指明："马克思主义之所以能够在中国获得广泛传播，因为它是革命斗争中产生的科学真理，揭示了人类社会发展的一般规律，为人们正确地认识世界和改造世界提供了科学的世界观和方法论，中国无产阶级和广大人民群众要得到解放，就必须以马克思主义为指导。"③其次，针对国民党顽固派主张的三民主义与共产主义相同，可以用三民主义代替共产主义的观点，共产党人指出："三民主义与共产主义有着许多的重要区别，彼此不能随意混淆。以民主革命阶段上的一部分纲领来看，共产主义的全部民主革命纲领中有彻底实现人民权利、八小时工作制和彻底的土地革命纲领，三民主义则没有这些部分。从革命阶段上看，共产主义在民主革命阶级之外，还有一个社会主义革命的阶段，因此，于最低纲领之外，还有最高纲领。三民主义只有民主革命阶段，没有社会主义革命的阶段，因此它只有最低纲领，没有最高纲领。从宇宙观来看，共产主义的宇宙观是辩证唯物主义和历史唯物论。从革命的彻底性来看，共产主义者是理论和实践相一致的，

---

① 郑德荣：《抗日战争时期国共两党围绕三民主义的一场论战》，《中共党史资料》1995 年第 54 辑。

② 郑德荣：《抗日战争时期国共两党围绕三民主义的一场论战》，《中共党史资料》1995 年第 54 辑。

③ 郑德荣：《抗日战争时期国共两党围绕三民主义的一场论战》，《中共党史资料》1995 年第 54 辑。

即有革命的彻底性。三民主义者除了那些最忠实于革命和真理的人们之外，是理论和实践不一致的，讲的和做的相互矛盾，没有革命的彻底性。"①

第三，关于取消共产党、八路军和革命根据地的问题。国民党顽固派主张实行"一个主义、一个政党、一个领袖"，认为中共建立自己的组织、政权和军队是搞"封建割据"，妨碍国家"统一"，要求消灭中国共产党，取消边区政府，取消八路军、新四军。中国共产党则从三个方面驳斥了国民党顽固派的攻击。中国共产党是中国人民的领导核心，只有在中国共产党的领导下，才能取得抗日战争的胜利，争取中华民族的解放。陕甘宁边区和各敌后抗日根据地是中国抗日的重要基地，也是全中国政权建设的楷模，是不能取消的。八路军、新四军是中国抗击日本侵略者的重要力量，取消八路军、新四军，只能有损于中国的抗日战争，有损于中华民族的解放事业。

第四，关于文化统一的问题。国民党顽固派认为，中国只有促成政治统一的文化，没有助长封建割据的文化。中国文化的发扬光大都在于政治统一的时期，主张统一中国的文化。中国共产党则指出，我们所要建立的新政治是新民主主义的政治，建立的新经济是新民主主义的经济，因此，要建立的文化不能是别的文化，只能是新民主主义的文化，即以无产阶级共产主义文化思想为领导人民大众反帝反封建的文化。

三、关于国民党派系的角逐与南京政府在全国统治的建立

在《国民党派系的角逐与南京政府在全国统治的建立》一文中，郑德荣通过全面的梳理、考证从 1927 年 7 月 15 日至 1928 年 12 月 29 日国民党内部争权夺利的历史，进而揭示了国民党内各派系、政治势

---

① 郑德荣：《抗日战争时期国共两党围绕三民主义的一场论战》，《中共党史资料》1995 年第 54 辑。

力置国家民族的利益及民众的安危于不顾，为了满足一己私利，相互间尔虞我诈、穷兵黩武的反动本质。文中，着重按照时间顺序从两个方面展开。

第一，对宁汉合流政治背景，及宁汉合流前夕蒋介石宣布下野的原因进行了介绍与分析。在汪精卫发动"七一五"反革命政变后，宁汉之间仍处于对立之中。但是由于双方矛盾的性质已从革命与反革命的斗争转为国民党不同派系间的矛盾和斗争，且在反共反人民反革命这一点上是完全一致的。"因此，大革命失败后，国民党各派反动势力经过一番角逐后很快在反共基础上开始合流"。不过，"汉方同意宁汉合流还有一个条件，那就是蒋介石必须下野"。[①] 在这种形势下，迫于各方压力，蒋介石只能宣布下野。具体而言，迫使蒋介石下野的原因主要有三点：一是蒋介石是以反共起家，他之所以敢对抗武汉国民党中央，主要在于它的反共获得了国民党右派势力的谅解和支持。但是，在武汉方面反共后，蒋介石失去了其攻击的目标，而武汉的地位从党的关系方面说又优于南京，再加上当时国民党内反蒋呼声很高，蒋只好暂时下台，伺机东山再起。二是由于蒋介石在北伐中盲目地扩张军事实力，导致其所辖部队良莠不齐，内部矛盾尖锐，战斗力急剧下降，再加上在军事上指挥调度失策，遭遇连番惨败，不得不宣布下野。三是蒋介石叛变革命时，国内外反动派对其抱有殷切希望，但时隔不久，蒋介石在各方面的表现却差强人意，内部分崩离析、军事接连失利、外交毫无进展，导致蒋在国民党内的威望一落千丈，遭受多方指责，使其不得不暂时下野，以寻求新的出路。

第二，对蒋介石下野后国民党内部的情况，及蒋介石重新上台的原因进行了介绍与分析。"蒋介石的下野，促进了宁汉合流，但没有解决引起国民党内部纠纷的根本原因，即以谁为中心来实现国民党的

---

① 郑德荣：《国民党派系的角逐与南京政府在全国统治的建立》，《中共党史研究》1988 年第 5 期。

'统一'。因此，国民党各派又开始了新的冲突和争斗。"① 这种矛盾与斗争体现在：首先，蒋介石下野后，南京内部党政军事务陷入停顿，北洋军阀借机出兵，妄图"东山再起"，中国再次陷入内战的旋涡。其次，在宁汉合作打退北洋军阀的进攻，解除其对北方的威胁后，宁汉之间为争夺国民党中央权力又互相倾轧，使国民党的内部派系斗争愈演愈烈，最终导致宁汉之战的爆发，蒋介石趁机再次上台。蒋介石之所以能够重新上台，原因有四：一是蒋介石虽然下台了，但他的反革命势力并没有因此而被削弱，在政治、军事以至经济上，仍具有支配时局的力量。二是蒋介石虽下台，但各帝国主义仍然把他作为中国最有实力的新军阀代表人物来看待。三是蒋介石虽下台了，但国民党却并未由此而实现"统一"，国民党内部的混乱局势以及北洋军阀的死灰复燃，对蒋重新上台是十分有利的。四是蒋介石的重新上台，与冯玉祥、阎锡山对他的支持有直接关系。在蒋介石上台后，通过国民党二届四中全会暂时平息了国民党内部的派系斗争，从内部"统一"了国民党，一方面通过北伐将奉系军阀赶出山海关，从外部扫除"统一"全国政权的障碍；另一方面，南京政府又致力于采用和平方法使东北易帜，使国民党政权取得了形式上的"统一"。

---

① 郑德荣：《国民党派系的角逐与南京政府在全国统治的建立》，《中共党史研究》1988 年第 5 期。

第五章　关于郑德荣的治学思想

郑德荣教授从教 67 载，不仅在学术上取得了累累硕果，更是在治学上给后人留下了一笔宝贵的财富。首先，从"立德、立言、立功"三个方面成就斐然，成为当代知识分子"经世致用"的典范；其次，始终秉着"育人为本、德育为先、为人师表、诲人不倦、言传身教"的教学理念以及"理想、勤奋、毅力、进取"的治学精神，堪为人师楷模；最后，在学术研究上刻苦钻研，路径上独树一帜，形成了一套真正属于自己的研究方法。

第一节　郑德荣的治学成就

纵观郑德荣一生的治学成就，可以从立德、立言、立功加以概括和总结。所谓的立德就是信仰笃定，胸怀天下；所谓的立言就是著书立说，流传后世；所谓的立功就是学以致用，服务社会。郑德荣之所以获得如此成就，源于他对马克思主义信念的坚定，对共产主义事业的无限忠诚，也源于他对中共党史研究的"不忘初心"。

一、立德：信仰坚定，精神楷模

师德是中华民族传统文化中的精粹，是教师整体素质的核心所在。陶行知先生说过，教师要有"爱满天下"的宽广胸怀，具有良好师德的教师自身就会具有很强的人格魅力。一个道德高尚、治学严谨的教师能够给予学生的，绝不仅仅是知识，他对学生思想道德观念的影响也一定是极其广泛、深刻和持久的。人的一生或许短暂，但对真理的追求永无终点。正如习近平总书记所言："一个政党，如一个人一样，最宝贵的是历尽沧桑，还怀有一颗赤子之心。"① 作为马克思主义笃定执着的信仰者，以及马克思主义理论的传播者，郑德荣留下的不只是宝贵的真理和知识，更有不竭的精神财富！

"在马言马"高擎信仰的"精神之炬"。郑德荣信念坚定，对党忠诚，矢志不移地信仰马克思主义，把一生献给了研究宣传马克思主义的伟大事业，始终高举旗帜跟党走，是党性原则和科学追求相结合的光辉典范，被誉为"红色理论家"。郑德荣不仅具有坚定的马克思主义信仰和社会主义、共产主义信念，而且咬定青山不放松，坚定执着、深沉持久，一生把研究宣传马克思主义作为自己的生活习惯和精神追求，不仅是一位孜孜以求、持续奋斗的马克思主义理论工作者，更是一位坚定的共产主义信仰者；不仅是执着的马克思主义理论宣传者，更是身体力行的践行者，是党性原则与科学追求相结合的典范。对于郑德荣身上所蕴含的精神力量，他的学生从三个方面进行了解读："郑德荣的精神首先表现在对事业的无限热爱，对事业的热爱是做好一切工作的基础，有了爱才会满腔热忱地投入到事业之中。先生对自己所从事的事业的爱，是发自内心深处的，纯朴、真诚、坦率、明朗。这方面我想与先生有过接触的人都会有同感。因为有这种爱，先生在半个多世纪的执教和研究生涯中才锲而不舍，从不懈怠，咬定青山不放松；因为有了这种爱，他始终充满朝气和动力，永葆学术青春和活力。郑先生的精神还体现在对事业的无比忠诚，先生这一代人，经历过许多坎坷，一些人因此发过牢骚，甚至有不满情绪；但先生没有，相反始终忠诚于自己的事业。先生对事业的忠诚，体现在不

---

① 习近平：《在庆祝中国共产党成立 95 周年大会上的讲话》，人民出版社 2016 年版，第 12 页。

计得失，无怨无悔，始终从大局考虑问题，目光远大，相信未来；先生对事业的忠诚，体现在坚持多年心犁笔耕，不断地发光发热，以丰硕的学术成果贡献于世；先生对事业的忠诚，体现在为使事业兴旺，努力培养接班人，大力奖掖后进。郑先生的精神也反映在对事业的执着追求。先生的学问早在 20 世纪 80 年代已蜚声海内外，但先生从不自满，而是以不待明日的执着精神努力开拓进取，再创辉煌。时代在发展，认识在进步，先生对历史的理解是与时俱进的。经多年的潜心执着研究，无论从中共党史到中国革命史，还是从新民主主义到中国特色社会主义，抑或是从毛泽东思想到邓小平理论，先生都提出了许多深刻独到的见解，建树颇多。"①

习近平总书记在北京大学考察时将"马院姓马，在马言马"作为高校马克思主义学院的鲜明导向和办学原则。郑德荣一生致力于中共党史、毛泽东思想、马克思主义中国化、中国特色社会主义理论体系等诸多领域的教学研究。这些工作与中国共产党的意识形态建设紧密相关，与坚持马克思主义在哲学社会科学领域的指导地位紧密相连，与宣传贯彻执行党的路线方针政策高度一致。从中国共产党建党 60 周年纪念活动开始，每逢中国共产党建立的重大纪念活动，从毛泽东诞辰 100 周年开始，每逢纪念毛泽东诞辰的重大纪念活动，以及有关周恩来、邓小平、陈云等党和国家领导人的重大纪念活动，均著文参会，正面发声。20 世纪 90 年代，与时俱进，科学思辨，深刻阐释了毛泽东思想与中国特色社会主义理论体系的关系；年逾九旬，信念弥坚，将研究方向拓展到习近平新时代中国特色社会主义思想研究，连续发表了关于习近平的中国传统文化观、"五位一体"总体布局的理论特征等内容的 10 余篇高水平论文。为当代人民教师、共产党人提供了"在马言马"的光辉典范。

① 鲁广锦：《丹心难写是精神》，原载于《红色理论家——全国优秀共产党员郑德荣》，东北师范大学出版社 2019 年版，第 394—395 页。

"立德树人"传承理想的"红色基因"。郑德荣将"明师道、铸师魂、讲师德、怀师爱"作为毕生教书育人的追求。从教 67 年来，郑德荣不因现实复杂而放弃梦想，不因理想遥远而忘记初心，始终坚守在教学一线，把自己的温暖和情感倾注到每个学生身上，将爱国爱党的家国情怀和党性原则贯穿学生培养的全过程，注重红色基因的传承，培养出一批又一批对党忠诚、为党分忧、为党尽职、为民造福的高学历人才，教育理念始终与党和国家事业发展同向同行。他勤奋创新、以德立身、以勤展业，是严师典范、良师表率和人师楷模。郑德荣在夏季时一般是早晨六点到南湖散步，七点左右回到家中，到家的第一件事是给博士生打电话，把自己散步时的学术思考告诉博士生，有时是修改文章框架，有时是发现新的文献，有时则是约博士生前来面谈。这种勤奋的工作状态及永不止息的学术文化精神已经影响并涵濡浸渍到每个学生的内心深处，"其濡染观摩之效自不求而至，不为而成"。学生们以郑德荣为榜样，都有着坚定的前进定力，锲而不舍、驰而不息，以满腔的政治热情和高度的社会责任感，运用自己的学术思想和理论成就，为社会服务，为现实服务，为党的中心工作服务。他以"严谨求实、探索创新"的学风育人育才，坚持立德树人，以身垂范，言传身教，既严谨治学，又对学生宽厚仁爱，桃李满天下，60 岁之后开始培养博士生，30 年间先后培养了 49 名博士生，培养的学生中多人成为中共党史学科和毛泽东思想研究领域的教授、博士生导师，成为社会各界领军人才。李蓉，1989 年入学，（原）中共中央党史研究室第一研究部副主任、研究员。李蓉研究员长期从事党史研究工作，是全国知名的中共党史专家，先后参与《中国共产党历史（第一卷）》《中国共产党简史》等的修订和写作，出版《中华民族抗日战争史》《人民民主——毛泽东的理想和实践》《走向辉煌——毛泽东统一战线理论的形成和发展》《中国共产党第七次全国代表大会研究》《朱德与毛泽东》等著作多部；发表有关抗日战争时期的中国共产党、国共关系、共产国际与中国共产党、沦陷区人民抗日斗争、大后方民主运动、中共七大等方面的论文多篇。刘喜发，1991 年入学，现为中共南京市委党校副校长，南京市行政学院副院长，全国知名中共党史专家、毛泽东思想研究专家，主要从事中共党史与党的建设研究与教学工作。刘喜发教授在抗日战争史、毛泽东思想史论、执政党建设等研究领域造诣很深，出版《盟友与对手——抗战胜利前后的三国四方关系》《皖南事变史论》等多部专著；在《邓小平研究》《长白学刊》《南京社会科学》《唐都学刊》《江南大学学报（哲学社会科学版）》等刊物上公开发表学术论文近百篇。其关于中国新民主主义革命开端、关于毛泽东思想形成标志、关于皖南事变发生原因与新四军失败的责任等问题的研究都具有自己独到的见解，研究成果得到学术界同人的高度重视与认可。刘世华，1997 年入学，现为东北师范大学马克思主义学部教授、博士生导师，全国知名中国近现代史研究专家，主要从事中国近现代史、毛泽东思想、中国近现代民主问题的教学与研究。出版《中国共产党与孙中山的承传关系研究》《中共三代领导集体与政治文明建设研究》《中国民主政治模式研究》等多部著作，在《社会科学战线》《东北师大学报（哲学社会科学版）》《北方论丛》《思想理论教育导刊》等刊物上发表论文多篇。李洪河，2000 年入学博士研究生，现为河南师范大学特聘教授、政治与公共管理学院院长，全国知名中共党史专家，近年来主要从事中共党史和中华人民共和国史的教学与研究工作，学术旨趣在 20 世纪 50 年代的中国政治和社会。出版《往者可鉴：中国共产党领导卫生防疫事业的历史经验研究》《新中国成立初期的疾疫防控、环境和卫生——一项社会史的探索》《历史辉映未来——执政时期党的全国代表大会比较研究》等多部著作；在《中共党史研究》《党的文献》《当代中国史研究》《党史研究与教学》等刊物上发表论文百余篇。王占仁，2004 年入学，教育部"长江学者奖励计划"青年学者，教育部"新世纪优秀人才支持计划"入选者，教育部"思想政治教育中青年杰出人才支持计划"入选者，吉林省人民政府

"长白山学者"特聘教授。现任西北师范大学校长、党委副书记、博士生导师。从事大学生思想政治教育研究与教学工作。出版《"广谱式"创新创业教育导论》《"广谱式"创新创业教育概论》《中国创新创业教育大事记（1978—2018）》等专著，在《中国高校社会科学》《人民论坛·学术前沿》《思想理论教育》《华东师范大学学报（教育科学版）》《东北师大学报（哲学社会科学版）》等刊物上公开发表论文百余篇。

二、立言：教化苍生，泽被后世①

自古以来，凡属学术大家在治学生涯中，除教书育人，必将自己多年来的所感、所思、所悟记录于册，后经整理、丰富与拓展以书籍的形式流传于后世，以起到教化苍生，泽被后世的目的。郑德荣作为享誉国内外的著名中共党史学家，近七十年如一日，殚精竭虑、笔耕不辍相继完成著作50余部，论文260余篇。其中，由他主编的多部教材被教育部推荐为全国文科通用教材，为国内多所高校采用并再版多次，影响数代人。由他独立（或合著）完成的多部专著，或开创学科领域研究之先河；或推陈出新，提出独树一帜的理论体系与学术观点。不仅由郑德荣主编的书籍被国内各大图书馆收藏，在美国国立图书馆、哈佛大学图书馆等也均有藏书，郑德荣本人也被多次纳入世界名人录，其著作亦在国内外产生较大影响，进而为推动马克思主义中国化理论研究的历史进程作出重大贡献。在郑德荣撰写的教材、专著中，最具有标志性的是完成改革开放后的三个"首部"。完成首部全国高校文科通用教材：《中国共产党历史讲义（上、下）》②（吉林人民出版社）是粉碎"四人帮"后推出的一本最早的中共党史教材，1979年即被教育部推荐给包括北京大学国际政治系在内的全国高等

---

① 文中列出的教材、著作所获奖项详见附录1。
② 该书由郑德荣、朱阳主编。

学校文科作为教材，并被北方 13 省、市、自治区出版界评为优秀教
科书。"该书坚持实事求是的原则，贯彻拨乱反正精神，以翔实的文
献资料为基础，比较系统和完整地阐述了中国共产党领导中国人民进
行新民主主义革命、社会主义革命和社会主义建设，经过曲折道路取
得伟大胜利的历史；阐述了中国共产党把马克思列宁主义的普遍真理
同中国革命的具体实践日益结合并形成和发展为毛泽东思想的历史；
阐述了党在领导革命和建设中的历史。""1981 年以来，由吉林人民
出版社出版五版，约百万册，影响很大"。包括北京大学国际政治系
在内的许多高校都使用过此书。著名中共党史学家、中国人民大学中
共党史系教授胡华认为，这是"迄今为止比较系统和完整的党史教
科书，社会主义时期这部分本来很难写，本讲义作了很大努力。在内
容上吸收了党史界最新的学术成果，结构严谨，文字也较通顺，为国
内所采用"①。此书在美国芝加哥图书馆，哈佛图书馆均有藏书。苏
联《远东问题》杂志 1985 年第 3 期发表的《中国学者论中华人民共
和国成立后的中共党史问题》的论文，曾两次提到吉林版党史讲义，
给予较大重视。② 完成首部研究毛泽东思想体系专著：《毛泽东思想
史稿（新民主主义革命时期）》③（甘肃人民出版社）是全国首部研
究毛泽东思想体系的学术专著，开创了研究毛泽东思想史科学体系的
先河。《毛泽东思想研究》《毛泽东哲学思想研究动态》等刊物也都
有介绍和反映。美国国会图书馆有藏书。该书无论在体系上还是内容
上都有自己的特点，《光明日报》评介文章认为，该书"是目前比较
系统地阐述毛泽东思想史的一部书稿"。指出它有三个特点："对
毛泽东思想的发展作了比较系统的阐述"；"按照历史和逻辑相结合
的原则对毛泽东思想的基本内容作了概括"；"较好地表述了毛泽东

---

① 胡华手书《中国共产党历史讲义（上、下）》学术鉴定表，1983 年 2 月 2 日。

② 参见魏岩：《郑德荣著述评介》，《东北师大学报（哲学社会科学版）》1988 年第
　1 期。

③ 该书由郑德荣、黄景芳、陈一华合著。

思想'是中国共产党集体智慧的结晶''毛泽东同志的科学著作是它的集中概括'这一正确的结论"①。1990 年出版的《毛泽东思想史稿（修订本）》，由中共中央办公厅为中央政治局委员配发。完成首部概论体系教材《毛泽东思想概论》②（东北师范大学出版社）是全国首部创立概论体系教材，多次被列为《光明日报》高校征购教材书目，再版 13 次，共发行一百多万册，至今仍被全国多所高校使用。《毛泽东思想概论》是最早一部创立了概论体系的著作，广为高校和中央党校所采用，多次被列为《光明日报》高校征购教材书目。至 2015 年 9 月已 13 次印刷。《毛泽东思想新论》在全面照顾到毛泽东思想的整个体系的同时，更加突出和充分体现毛泽东思想的当代价值和现实指导意义。"该书出版对于理论界同行在深入研究毛泽东思想中会有引领和启示作用，从而推动毛泽东思想的研究向纵深发展。"③

　　除了以上三个"首部"外，郑德荣还完成了多部高质量、高水平的教材与专著，这里仅就其中具有代表性的进行介绍。《毛泽东与马克思主义中国化》（东北师范大学出版社）系国家"八五"社科规划项目"毛泽东与马克思主义中国化"最终成果。书中首次提出毛泽东是马克思主义中国化的奠基人；用马克思主义指导中国革命的真谛在于用中国化的马克思主义等独到见解。该书集作者多年研究成果，被誉为"从宏观和微观相结合的角度研究毛泽东思想的一部新作"，"著作内容全面系统，重点突出，既有宏观驾驭，又有微观分析，使人感到在体例上恢宏大气，在内容上丰富具体。同时著作以史实反映思想，以思想统领史实，既有纵向历史考察，又有横向理论研究，既有历史的阐述，又有实践的分析，而且资料翔实，使人感到论

---

① 甘国治、唐曼珍：《〈毛泽东思想史稿〉评介》，《光明日报》1983 年 12 月 26 日。
② 该书由郑德荣、黄景芳分别担任正、副主编。
③ 栾雪飞：《深化与拓展毛泽东思想研究新领域的一部力作——〈毛泽东思想新论〉评介》，《毛泽东思想研究》2007 年第 1 期。

理严谨深刻，能从中得到启示和教益"①"是全方位、多角度地从宏观与微观的结合上研究毛泽东思想的新成果，但又不是重复以往的研究，而是充满了探索和创新"②"不仅是毛泽东思想研究领域的新成果，是关于马克思主义中国化宏观研究方面的拓荒之作，而且也是我们深入学习和研究邓小平理论，贯彻落实党的十五大精神的重要的理论参考书"③。《毛泽东思想论纲（上、中、下）》（甘肃人民出版社），是国内全面系统研究毛泽东思想体系的鸿篇巨著。评介文章认为该书有三个显著的特点："首先是这部著作的体系完整、架构科学。""其次是这部著作的观点鲜明、论述透彻。""最后是这部著作的视野开阔、内容新颖。""是一部从毛泽东思想科学体系及其发展的总体上，比较全面、系统、严谨地论述和评介毛泽东思想的专著。""颇具有自己特点，很有力度，内容十分丰富而又大量反映了学术研究最新成果的学术专著。"④《新中国纪事》（东北师范大学出版社），"该书从历史实际出发，以历史文献、资料为依据，力求对于中华人民共和国成立35年来的重要历史事件的正确分析，并力求对于此期间的重要历史人物的是非功过作出正确的评价"⑤。中共中央党史研究室副主任廖盖隆研究员为本书作序。认为"这部书是中华人民共和国头三十五年历史的真实记录"。"这部书写的是中华人民共和国的历史，是我们每个人都以这样或那样的方式参与创造的历史，所以我们读起来是会感到浓厚的兴趣，并且定能从中取得教益的。"因此他"奉劝一切愿意为把我国建设成为现代化的，高度民

---

① 吴敏先：《研究毛泽东思想的一部新作》，《中共党史研究》1998年第6期。

② 薛忠义、刘世华：《毛泽东思想研究的新成果——读〈毛泽东与马克思主义中国化〉》，《毛泽东思想研究》1998年第3期。

③ 刘喜发：《毛泽东是马克思主义中国化的奠基人——读〈毛泽东与马克思主义中国化〉有感》，《东北师大学报》1998年第1期。

④ 何世芬：《理论研究园地里一株绽开的鲜花——〈毛泽东思想论纲〉评介》，《东北师大学报》1995年第1期。

⑤ 巍岩：《郑德荣著述评介》，《东北师大学报（哲学社会科学版）》1988年第1期。

主、高度文明的社会主义国家的伟大事业贡献自己的最大力量的广大干部和青年，奉劝一切立志改革的党内外人士，都来认真地读一读这部书"。① 胡华教授认为该书十分有价值，是党史研究方面一部很好的工具书。《社会主义初级阶段论》（山东人民出版社），该书是由教育部邓小平理论研究中心组织编写的有中国特色社会主义论丛（12卷）之一。② 该书"以深邃的理论思维，丰富翔实的资料，理论研究与改革实践密切结合的方法，对社会主义初级阶段理论的形成、发展、基本内容与其重要历史意义，进行了全方位的系统考察，是一部集学术性、现实性和可读性于一体的著作，对于我们深入学习和研究邓小平理论有着重要的参考价值"③。《毛泽东思想纵横观》是一本深入研究马克思主义中国化问题的重要著作，也是作者深化毛泽东思想研究的一项重要成果，"该书文笔凝练，字斟句酌，既高屋建瓴又恰到好处地将长期积累的研究成果加以体系化，从而为读者展现了一个内容极为丰富但又言简意赅、重点突出的毛泽东思想宝库，一个既为人们熟悉但又充满新意的毛泽东思想体系"④。《国情·道路·现代化》（东北师范大学出版社），是由国家新闻出版总署审定的纪念中国共产党成立 80 周年百部重点图书之一，党史学家龚育之为该书题词："叙百年历史，议自己道路。"⑤ 党史学家廖盖隆为该书作序，高度评价该书具有"跨度广""容量大""视角新""新意迭见""情感激扬"⑥ 的特点。评介文章认为该书"以独特的视角，严谨的逻辑，巧妙的布局和明快的格调将党史与现代化研究熔为一炉，令人耳目一

① 郑德荣等：《新中国记事（1949—1984）》，东北师范大学出版社 1986 年版，第 1 页。
② 参见王占仁、李洪河：《郑德荣治学、资政、育人的成就及启示》，《学位与研究生教育》2016 年第 4 期。
③ 刘喜发：《国情决定和制约着社会发展道路——读〈社会主义初级阶段论〉》，《高校理论战线》2000 年第 8 期。
④ 李蓉：《深化毛泽东思想研究的重要成果——读郑德荣的〈毛泽东思想纵横观〉》，《光明日报》2015 年 8 月 8 日。
⑤ 龚育之为《国情·道路·现代化》题词原件，2001 年 3 月 3 日。
⑥ 廖盖隆：《国情·道路·现代化》，吉林文史出版社 2001 年版，"序言"。

新";"堪称集思想性、学术性、可读性于一身的精品之作。"① 《二十世纪中国三次历史性巨变研究》（东北师范大学出版社），从宏观研究与微观研究相结合的视角，展现了一幅中华民族殚精竭虑、激浊扬清，实现从沉睡到觉醒、从积贫积弱到繁荣富强的历史性巨变的生动图景。"以深邃的理论思维，丰富翔实的资料，对近现代的中国革命、建设和改革的历史进程进行了全方位的系统考察，对中国特色的革命和建设道路的历史必然性进行了深刻的揭示，是一部富于理论创新的学术力作。该书的出版不仅能够为中国近现代史、中共党史以及毛泽东思想、邓小平理论和'三个代表'思想的教学与研究提供可资借鉴的学术滋养，而且能够激发当代中国人的历史责任感，振奋民族精神，为中华民族的伟大复兴而努力奋斗。"② 是国家教委"七五"文科教科书编选计划项目，由高等教育出版社面向全国征订的教材。《中国特色社会主义道路基本问题研究》（人民出版社）视野开阔、体系完整、构架科学、观点鲜明。"全书紧紧围绕中国特色社会主义道路的基本问题谋篇布局，运用洗练的文字、严密的逻辑、透彻的论述，深刻再现了党在十一届三中全会以来对发展道路艰辛探索的理论创新和辉煌成就，充分体现了思想性与科学性、理论性与时代性、针对性与资政性的高度统一，读罢引人思索、给人启迪。""此外，书中还在中国特色社会主义道路的基本特征、历史由来等方面提出新颖观点。"③ 《"中华民族伟大复兴中国梦"系列丛书》（共十册），是由郑德荣主编的系列丛书，该丛书系中共中央宣传部主题出版重点出版物、国家出版基金项目。"本书着重探究了中国如何走上社会主义现代化发展道路

---

① 张喜德、谢振澜：《将 80 年党史挥写在中国现代化的历史画卷上——评〈国情·道路·现代化〉一书》，《理论前沿》2002 年第 13 期。

② 曲庆彪：《百年追求　世纪梦圆——读〈20 世纪中国三次历史性巨变研究〉》，《辽宁师范大学学报》2003 年第 4 期。

③ 王晶：《历史必然：波澜壮阔的复兴之路——读〈中国特色社会主义道路基本问题研究〉》，《光明日报》2012 年 10 月 13 日。

的历程，总结了新中国 70 多年来各重大方面所取得的历史性成就和所实现的历史性变革，得出了中国社会主义现代化的发展历程继承了自近代以来中国人民为实现中华民族伟大复兴的光荣梦想、见证了中华民族从被奴役到发展的伟大历史进程的重要结论。"① 该书具有跨度大，容量大；视角独特；史论结合、感情丰富；取精用宏，评价公允等特点。

在完成多部著作的同时，郑德荣还公开发表论文 180 余篇，其中既有对中共党史和毛泽东思想的宏观研究成果，也有对若干具体问题的剖析，大都具有针对性强和理论性强的特点，在许多问题上都突破了学术界的传统观点，提出了自己独树一帜的见解②。

三、立功：经世致用，堪为典范

所谓"经世"即治世之意，"致用"就是集中力量、意志等致力于实践。"中国的知识分子向来以经世致用为最高使命，他们以积极入世的价值观、政治本位的人生观、为实现服务的实践观来实现这一特有的主导意识。"③ 作为党史学家，研究历史、关注现实是郑德荣一贯的学术品格，既从现实社会中发现历史研究的紧迫问题，又着力从历史研究中寻求解决现实问题的思想资源。同时将自己的思想、观点广泛传播，以达到教书育人、教研结合的目的。几十年来，他始终在这样一条学术道路上不断探索前行，用累累硕果践行着一位中共党史学家的时代担当。

改革开放后，中国经济社会在得到巨大发展的同时，在意识形态领域则出现了不同的声音，尤其从 20 世纪 80 年代中期开始，历史虚无主义思潮泛起，社会上甚至党内有一些人妄图全面否定毛泽东的历史

① 李洪河：《毛泽东思想研究》，《将中国梦写在中国现代化的历史画卷上——评〈中国社会主义现代化的发展历程〉》2020 年第 4 期。
② 关于郑德荣提出的具有创新性、突破性的学术论断、观点在前四章内容中均有论及，这里不做重复介绍。
③ 刘信君：《中国知识分子"经世致用"的典范》，《东北师大报》2018 年 5 月 28 日。

地位，进而全面否定中国共产党。就在此时，郑德荣以卓越的政治胆识、巨大的理论勇气在东北师范大学牵头成立了毛泽东思想研究所。他遵循《关于建国以来党的若干历史问题的决议》精神，旗帜鲜明地宣传毛泽东的丰功伟绩，同时把毛泽东晚年的错误和前期功绩区分开，把毛泽东思想研究体系化、系统化、理论化，科学评价毛泽东和毛泽东思想，维护了毛泽东个人形象，也维护了党的形象，最终维护了党的利益。2015 年，郑德荣在接受记者采访时，当记者提出如何看待社会上对毛泽东思想的种种质疑时，他是这样回答的："有人用毛泽东时代的计划经济体制与当今蓬勃发展的市场经济作比较，借此否定毛泽东思想的历史地位与当代价值。关于这个问题，有一个观察和评价历史的思想方法问题，最近习近平总书记明确指出，不能用今天的时代条件、发展水平、认识水平去衡量和要求前人，不能苛求前人干出只有后人才能干出的业绩来。在一个落后的国家搞社会主义建设，是一项史无前例的伟大工程。以我国当时的社会经济状况而言，计划经济是迅速恢复经济生产，实现工业化的必然选择。此外，早在20 世纪 50 年代后期，毛泽东就强调，社会主义也要'利用价值法则，发展商品经济'，商品经济不能与资本主义混为一谈，商品经济可以有资本主义商品经济，也可以有社会主义商品经济。邓小平在 1992 年南方谈话中指出，计划经济不等于社会主义，资本主义也有计划；市场经济不等于资本主义，社会主义也有市场。计划和市场都是经济手段。这就表明，毛泽东即使在计划经济年代，也有市场经济的萌芽。况且经济管理体制仅仅只是毛泽东思想的一个组成部分，不能由此质疑毛泽东思想的指导地位。"① 他不仅是这样说的，同样也是这样做的，在很多公开学术场合他用自己的实际行动维护了党的形象和利益。1996 年西安事变 60 周年时，郑德荣到美国参加西安事变国际研讨

---

① 郑德荣：《党史：资政育人最好的教科书——与党史学家郑德荣面对面》，《吉林日报》2015 年 1 月 6 日。

会，他感觉到台湾学者对中国共产党在西安事变中的作用只字未提。因此，他在发言时，以史实为根据，着重指出中国共产党在西安事变和平解决过程当中发挥的重要作用，得到了各国学者的一致认可。2008 年，在一次国际学术研讨会上，一名学者为毛泽东同志打抱不平，"为什么十七大将邓小平理论、三个代表重要思想、科学发展观概括为中国特色社会主义理论体系，而不包括毛泽东思想？"在当时来看，这是很多学者心中都有的疑惑。受邀参会并即将做大会主题发言的郑德荣利用午休时间，重新写了大会发言提纲，之后在会上着重阐述了毛泽东思想和中国特色社会主义理论体系的关系，提出"中国特色社会主义理论体系与毛泽东思想是一脉相传与时俱进的关系"。既阐明毛泽东思想的当代价值，又系统说明了不列入中国特色社会主义理论体系并没有降低毛泽东思想的地位。大会发言经修改后在当年《思想理论导刊》第 8 期上发表，成为广大思政课教师推进十七大精神进课堂难得的参考资料。就这样，他做到了党史工作所要求的党性原则与科学精神的高度统一，在更大范围内有力地维护了党的利益。他谆谆告诫党史工作者要牢牢树立马克思主义世界观、人生观、价值观，要学会用马克思主义的立场观点方法，观察社会研究党史。

　　注重发挥专业特长，以满腔的政治热情和高度的社会责任感，运用自己的学术思想和理论成就，为社会服务，为现实服务，为党的中心工作服务，特别是为地方的理论工作服务。20 世纪 90 年代，他在主持领导吉林省党史学会工作期间，高度注重学会研究和工作的政治导向，始终把坚持党的领导放在第一位。每逢重大党史纪念日，他都亲自倡导、积极组织纪念研讨活动，并亲自撰写高水平的文章，阐发党的科学理论内涵，扩大党的政治影响。审读党史理论文章时，他严格把关，把政治立场、政治方向放在首要位置。长期以来，郑德荣对吉林省党建工作给予高度关心和大力支持，满腔热情地用自己的学术成果和智慧为吉林省服务。对此，中共吉林省党史研究室给出了这样的评价："郑德荣同志因工作关系与中共吉林省委党史研究室有着密切来往。他在与省委党史工作部门交往中总是和蔼可亲，有事情处处与党史研究室有关领导协商解决。他对省委党史研究室的工作给予很大关心与支持。如有重大工作项目，只要省委党史研究室请求他帮助，他总是有求必应。《中国共产党吉林历史》第一、二卷的大纲审定工作和成稿后的修改工作，他都高度重视，认真审读，并提出许多很有价值的意见和建议，为我吉林党史基本著作的形成作出了重要贡献。省委党史研究室的同志现在都还记得，2010 年炎热的夏天，他为了提高吉林省纪念抗日战争胜利 65 周年学术座谈会的层次和质量，当时以 84 岁高龄参会并作重点发言，并对大家进行殷殷勉励，令与会党史工作者特别是年轻人深受感动。他长期关心支持省委党史研究室学术刊物的编辑质量，经常抽时间为刊物撰写文章，他的一些新观点就是在这些文章中发表的。就是在生命处于余晖之际，他还是深情地关心着省委党史研究室的工作。2017 年，他欣然同意在我室新创刊的内部期刊《吉林党史》上，发表由他执笔的《中国历史的伟大新纪元——中华人民共和国成立的历程和条件》一文，着实给省委党史研究室同志以莫大鼓舞。"[1]

　　郑德荣做学问不局限于书斋，高度的政治责任感和社会使命感使郑德荣始终牢记并践行党史专业"资政育人"的社会功能。多年来，他以满腔的政治热情，宣传党的基本理论、基本路线、基本经验，产生了很好的社会效益。20 世纪 80 年代以来，他多次应邀到北京、辽宁、山东、四川、浙江、广东等 15 个省市，中国人民大学、南开大学等多所大学，教育部、党校、军校等系统讲学，学术足迹遍及大半个中国。在北京市党史学会举办的专场报告，由北京市社科联作长篇报道；在石家庄举办的教育部讲习班、西安举办的西北教材编写会讲学

---

[1]　中共吉林省党史研究室：《党史工作者的光荣——深切缅怀郑德荣同志》，《吉林日报》2018 年 5 月 31 日。

时，时任教育部政教司李正文司长均全程听讲，倍加称赞；2001 年，郑德荣以饱满的政治热情积极投身纪念建党 80 周年活动。作为吉林省委学习江泽民同志 "七一" 讲话宣讲团成员，他不顾盛夏酷热和自己 75 岁高龄，在长春、四平、通化等地作 12 场宣讲报告，受到广大干部群众的热烈欢迎；仅在 2001 年他就两次接受中央电视台新闻采访，分别在 "新闻联播" "焦点访谈" 栏目播出；两次接受新华社记者采访，多次接受吉林电视台、吉林人民广播电台、长春电视台等新闻媒体采访，以实际行动体现了党史 "资政育人" 的目的；2002 年 11 月，郑德荣又被选为吉林省委学习十六大精神宣讲团成员，是全省高校系统仅有的两名成员之一。为宣传好十六大精神，他反复研读十六大报告原文，虚心参加省委组织的集体备课，并远赴松原，为全市干部群众作了长达 3 个小时的宣讲报告，引起了强烈反响，松原市领导激动地说："您的报告讲得太好了，有气势，更有激情！"2009 年，适逢新中国成立 60 周年之际，郑德荣应绍兴文理学院之邀，不远千里赴绍兴文理学院参加 "风则江大讲堂"，以 "中国历史的伟大新纪元——纪念中华人民共和国诞辰六十周年" 为题，为绍兴文理学院的师生做讲座，受到学校师生的热烈欢迎，并在会后针对学生提出的问题做了细致回答。① 党的十九大召开后，郑德荣先生又以 90 余岁的高龄，积极宣传党的十九大精神和习近平新时代中国特色社会主义思想。郑德荣经世致用的思想和实践，得到了社会上的充分认可。吉林省委宣传部高度评价道："郑教授学术造诣高深，理论功底深厚，在我省学术界、社科理论界有很高的威望和学术地位。多年来，他运用渊博的学识和作为著名学者在社科理论界和社会上的影响，为我省的理论工作作出了重大贡献。" 中国现代史学会会长、著名专家郭德宏先生评价说，认真研究郑德荣先生的学术思想，"对于加强中共党史、马克思主义理论等学科的建设，深化中共党史、

———————

① 当日讲稿收录中国社会科学出版社 2011 年出版的《风则江大讲堂》第四辑。

毛泽东思想、邓小平理论等方面的研究，都有重要的意义"。全国人大常委、原中共中央文献研究室主任逄先知评价说："郑德荣是享誉全国的中共党史和毛泽东思想研究学者，为党的思想理论建设，为培养大批党史学界优秀人才，作出了突出贡献。"

由于在资政育人、理论宣传等社会活动中的突出表现和业绩，2003年1月，中共吉林省委宣传部特致函东北师范大学党委，对他为全省理论工作的特殊贡献给予了高度评价，高度赞誉了郑德荣为吉林省社科理论发展所作出的突出贡献。信中写道："郑教授学术造诣高深，理论功底深厚，在我省学术界、社科理论界有很高的威望和学术地位。多年来，他运用渊博的学识和作为著名学者在社科理论界和社会上的影响，为我省的理论工作做出了重大贡献。"只要省委需要，郑德荣有求必应。他不计名利，甘于奉献，为吉林省的宣传思想工作贡献了相当多的时间和精力，更贡献了巨大的理论资源和精神财富。正如吉林省委宣传部的感谢信中所写到的："郑德荣教授曾任吉林省委重大决策专家咨询组成员，为吉林省重大决策作理论咨询，出谋划策。被省委宣传部聘为专家顾问，对全省理论工作的策划提供咨询意见，对我省宣传思想战线重大活动给予指导和建议。"郑德荣教授多次应邀参加由吉林省委宣传部组织召开的社科理论界座谈会，"每一次他都认真准备，并第一个发言，发言质量非常高。参加会议的同志一方面受到教育，另一方面又为他的精神所感动"①。2015年，《吉林日报》记者围绕如何定义党史学科、党史研究对于当下的意义和价值、毛泽东思想的历史地位和当代价值、研究型大学教师如何权衡理论研究和课程教学之间的关系等问题对郑德荣教授进行专访，并以《党史：资政育人的最好教科书》为题发表在《吉林日报》上。②

---

① 中共吉林省委宣传部致东北师范大学党委函。
② 《党史：资政育人的最好教科书——与党史学家郑德荣面对面》，《吉林日报》2015年1月6日。

第二节　郑德荣的治学理念

郑德荣作为东北师大荣誉（终身）教授，一直奋战在教学科研的第一线，把教书育人作为自己的天职。从教以来，他始终秉着"育人为本、德育为先、为人师表、诲人不倦、言传身教"的教学理念以及"理想、勤奋、毅力、进取"的治学精神；自 1987 年担任博士生导师至生命的最后一刻，他一以贯之地把德育为先教书育人、培养独立科研能力、培养良好学风贯穿于指导博士生的始终。德育为先教书育人是前提，培养独立科研能力是重要目标，培养良好学风是关键，三者有机结合统一于指导博士生的全过程，这些是郑德荣指导博士生治学理念的核心与精华。

一、德育为先：以身垂范言传身教

郑德荣有着坚定的马克思主义理想信念和党性原则，对马克思主义真学真信真懂真用；有着德学双馨、淡泊名利、无私奉献的人格魅力；有着虚怀若谷、锐意创新、精益求精的大师风范，言传身教，以身垂范，春风化雨，在潜移默化中从心灵深处影响、感染、塑造着每一个学生。一般来说，人们往往认为研究生阶段"三观"已经形成，在学业上更应该侧重于对专业知识的提升与把握，却在一定程度上忽视了对学生德行方面的培育。而郑德荣对于学生的德育问题却有着自己独到、精辟的见解。他认为，教师的职责归结起来就是教书育人。既要教会学生怎样做学问，又要教会怎样做人。特别是今天，在社会主义市场经济条件下，要培养社会主义建设者和接班人，要经受住西方思想的强烈冲击和"糖衣炮弹"的诱惑考验，要求我们更加需要把德育放在首位，加强思想政治教育工作，把德育贯彻教学始终。身教重于言教。教书育人，为人师表是人民教师应尽的职责和必备的素质。两者是不可分割的有机体。前者是教师职责、任务和目的，后者是教师尽到职责，圆满完成任务的基本条件和支撑。一名人民教师，首先要有坚定的政治信念、高尚的道德情操及良好的学风。教师的形象直接影响学生心目中的威信和教学效果。一个没有坚定的理想信念，道德素养差和学风不正的教师，言行不一，说一套，做一套，"传道授业"不能现身说法，只能赤口白舌，难以令人信服，更无感染力、感召力。显然，不会达到教书育人的目的，到头来只能被嗤之以鼻！为人师表，并非表面装作所能奏效，而是取决于人的世界观、人生观和价值观。"三观"决定一个人的言行，言行是"三观"的流露和鲜明体现。要树立正确的世界观、人生观和价值观，才能真正做到为人师表，尽到教书育人的职责，示范于学生们。① 因此，他常说："才者德之资、德者才之帅"，"人必须以德为帅，学党史的博士生更要培养马克思主义的党性原则和道德情操，这是由中共党史学科性质和特点所决定的"，而作为"社会科学工作者生活的全部意义，在于把自己的智慧和才干，贡献给祖国和人民，在知识的海洋里劈波斩浪，使人生的征帆沿着正确的航向驶向理想的彼岸"。正是基于党史这门学科的特殊性和极端重要性，郑德荣把立德树人贯穿于培养博士生的全过程，教育理念始终与党和国家事业发展同向同行。他结合中共党史学科性质和特点，通过学习研究党的历史，教书育人，使学生不仅掌握了专业知识、提高了业务能力，而且坚定了马克思主义理想信念、继承了党的光荣传统和优良作风，从而更坚定了学生们为党的事业不懈奋斗的历史使命感和政治责任感。在每届学生的第一堂课，郑德荣都不会讲授专业知识，而是进行寓意深刻、阐述精辟的思想政治教育，要求学生牢牢树立马克思主义世界观、人生观、价值观，并在日常教学和科研实践中深入推进。在毕业前的最后一课也是再三叮嘱坚定理想信念、爱岗敬业。对于郑德荣的"第一堂课"，他的学生是这样回忆的："我与郑先生已经相识多年，但是每当想起先

---

① 参见《郑德荣文存》第三卷，辽宁人民出版社 2006 年版，第 1259—1260 页。

生给我们博士研究生上的第一课，我都历历在目，永生难忘。这一
课，不是冠冕堂皇、油水分离的政治说教，也不是对专业知识夸夸其
谈的津津乐道，而是寓意深刻、阐述精辟的德、智、体即红与专融为
一体的'治学之道'。……在奋斗目标上，这一课首先给我们规定了
攻博的政治标准。郑教授根据我们这届党史博士研究生都是有多年党
龄的中共党员这一实际情况，提出了更高的政治要求。他说，我们博
士生党员，不仅在业务上要使自己成为国家的高级人才，而且在政治
上、道德上应使自己成为共产主义战士，不管在什么样的政治风浪
中，都要始终坚持坚定正确的政治方向，站稳立场，保持高尚的共产
主义情操。其次，郑教授给我们指出了攻博的业务标准，即我国当代
博士生要有伟大的抱负和远大的理想，应该成为掌握高深知识、具备
较强科研能力的本专业学术带头人。通过老师的言传身教，后来我自
己渐渐地感觉到（包括我当了老师，做了党校的领导），己所不欲勿
施于人，你讲的东西，如果你自己不信，想骗大学生信，想骗别人信
是不行的。"① 郑德荣把学生的思想政治素养提升到党性原则的高度，
把学生学习目的提高到树立崇高的共产主义理想和为人民服务的献身
精神的高度，将爱国爱党的家国情怀和党性原则贯穿学生培养的始
终，培养出一批又一批对党忠诚、为党分忧、为党尽职、为民造福的
高层次领军人才。

二、精神追求：理想勤奋毅力进取

治学是个抽象概念，它会因人、因时代、因研究领域而有不同的
内容和方法。因此，古今中外，名家大师，治学之道各有所成，各有
千秋。郑德荣根据自己多年来的从教经验，总结出了一套卓有成效的
治学理念。他认为，虽然治学之道应因人而异，内容模式也不尽相

① 刘喜发：《大永远师没有离去》，载《红色理论家——全国优秀共产党员郑德
荣》，东北师范大学出版社 2019 年版，第 396 页。

同，但却有个基本经验和共同规律，就是不论何人，在何时、何种模式下治学，都必须要秉持一种坚忍不拔、自强不息的治学精神，这是治学的根基所在。他将这种治学精神提炼为"理想、勤奋、毅力、进取"，并将其作为自己的人生座右铭，恪守终身。首先，理想。崇高的理想，明确的奋斗目标，是攀登科学高峰的精神动力。郑德荣指出："学必有志，它是前进的方向和奋斗目标。有了奋斗目标，事业才有成功的希望。"[①] 缺乏雄心壮志，无法攀登高峰。志向有长远和近期之分，长远指人生奋斗目标，近期是现阶段治学目标。要实现雄心壮志，必须脚踏实地，一步一个脚印地完成近期目标"。治学要有崇高的志向、高尚的精神境界、宏伟的奋斗目标，有为研究和宣传马克思主义、发展社会科学，为我国的社会主义现代化建设事业作出贡献的雄心壮志，而不是鼠目寸光、胸无大志。一个人追求的目标越高，他才有可能发展得越快，对社会就越有益；一个没有理想的人，只能是忙忙碌碌、平平庸庸，人生的价值也就暗淡无光。马克思指出：科学绝不是一种自私自利的享乐，有幸能够致力于科学研究的人，首先应该拿自己的学识为人类服务。伟大的理想，产生伟大的实践。理想是前进的动力、力量的源泉；也是自我鞭策的标杆，人生观价值观的一种体现。青年时代的郑德荣学业坎坷，曾经先后在伪满洲国及国民党治下的多所大学读书，可是始终未能看到国家、民族的光明与希望。直至 1948 年投奔解放区，进入东北大学学习，受到成仿吾、公木、张如心等老一辈革命家、教育家的熏陶及感染，对马克思主义、中共党史产生了浓厚的兴趣，并最终建立了无产阶级革命信仰，毕业后成为一名人民教师，开启了他长达 67 年的治学生涯。"专研红色理论""传播红色基因""培育红色英才"，不仅成为他的治学之道根基，而且是他安身立命之本。不管经过多少风吹浪打，曲

---

① 郑德荣：《志向　勤奋　毅力　进取》，转引自《郑德荣文存》第三卷，辽宁人民出版社 2006 年版，第 1258 页。

折磨难，载沉载浮，或荣或辱，他誓为实现共产主义事业奋斗终生的理想追求、信仰信念从未有过丝毫动摇。

其次，勤奋。就是要奋发图强，孜孜不倦。郑德荣指出："要想做一个勤奋者，就要刻苦钻研，孜孜不倦，多读书，勤思考，常动手"[1]。读书要向时间要效益，时间对每个人都是平等的，但效率却有差异，如果说实践是智慧的源泉，也是一个人磨炼意志、砥砺品格的有效途径的话，勤奋就是实现志向和目标的关键和桥梁。在智力、机遇和勤奋成功三要素中，最能动的是勤奋，智力靠勤奋来开发，机遇靠勤奋去寻找、把握。最聪明的人，不一定最有成就，最有成就的也不一定最聪明，然而却都是最勤奋者；如果没有勤奋精神，理想也只能是一纸空文，流于幻想，必将一事无成。郑德荣是这样说的，同样也是这样做的。他一生早起晚睡，勤奋好学，尤其到了60岁以后更是在生活中严格控制自己的作息时间，充分利用每一分钟投入到教学科研中。他早上5点起床、洗漱；6点钟去附近的南湖公园散步，往返九千步，一个小时；7:00回到家中；8:30学生登门，开始授课；11:30学生离开后，他吃过午饭休息一会儿；14:00又会有下一批的学生登门；17:00送走了第二批学生后，还要阅读当天的报纸，然后是进晚餐；19:00点整他坐在电视机前观看新闻联播；19:30看完新闻联播就会坐回到他的书桌前，打开台灯，戴起老花镜，又开始了新一轮的读书学习直至深夜。这样的作息时间他一坚持就是几十年，除了生病、外出参会等特殊情况，从未有过大的调整与改变。

再次，毅力。就是要持之以恒，百折不挠。郑德荣指出："有毅力就是要面对挫折和风浪的考验，胜不骄，败不馁，坚持不懈。一曝十寒并不难，贵在持之以恒，有愚公移山之志、铁杵磨成针的毅力"[2]。

---

[1]　郑德荣：《志向　勤奋　毅力　进取》，《郑德荣文存》第三卷，辽宁人民出版社2006年版，第1258页。

[2]　郑德荣：《志向　勤奋　毅力　进取》，《郑德荣文存》第三卷，辽宁人民出版社2006年版，第1259页。

攀登科学高峰，绝非一日之功，不是短跑，而是马拉松；不是一帆风顺，而是崎岖曲折。不经一番寒彻骨，怎得梅花扑鼻香。一阵子劲足并不难，一曝十寒最无益，贵在坚持不懈，不畏艰险，坚忍不拔。要有愚公移山之志，铁杵磨成针的毅力。郑德荣从教以来视事业为自己的生命，即便身染重疾卧病在床也坚持工作、学习，直到生命的最后时刻。2018 年是马克思诞辰 200 周年，年初郑德荣因癌症复发，被迫在家中卧床休息。但是，当学生将中宣部八部委联合下发的征文通知交到他的手里时，他不顾病情立即投入到了文稿的写作当中，并且坚持手写完成了八页文稿，然后将文稿交给学生进行进一步的整理补充。4 月中旬由于病情一再恶化他被迫从家中搬去医院接受治疗，4 月下旬稿件整理完成，此时他只能靠吸氧来延续生命，学生拿着文稿来到他的病榻前，他坚持让学生把上万字的文稿从头至尾读了一遍，学生读完以后，含着泪问老师的修改意见。他抬起手来用尽力气拔掉氧气管，断断续续地说出了几个字："要分段，要有条理。"这就是一位在教育战线耕耘了 67 年的人民教师，在人生的最后阶段也是最后一次辅导他的学生，当时在场的人都被深深地震撼到了。这一幕仅仅只是郑德荣人生中的一个缩影，类似的事情不知道在他身上发生过多少次。他用自己的实际行动向人们生动地诠释了"生命不息　奋斗不止"的真正含义。

最后，进取，就是要永不满足，绝不停滞，精益求精，不断前进。郑德荣强调，"学海无涯，真理无尽，治学永远在路上"。真理无穷尽，学海无涯，高峰无尽，只有那些不断进取的人，才能永葆青春，攀登科学高峰，变理想为现实，勤奋结硕果，学有所成，建功立业。郑德荣 1986 年从东北师范大学副校长领导岗位退下来时，曾经激情满怀地"规划"了自己的"未来"："要培养 10 个博士生，出10 部专著。"一个已经年逾 60 岁的老人有此宏愿，在当时颇有些语惊四座。弹指一挥间，30 年过去了，郑德荣已经超额完成了这些当年看似不可能的"规划"。培养博士生的数量是计划数的五倍，出版专著的数量是计划数的四倍，此外还发表了两百余篇学术论文。平均计算，每年出专著一部，培养博士两人，发表文章五篇。尤其是 80 岁到 90 岁这 10 年，郑德荣著述的节奏不但没有放缓，反而是有"大弦嘈嘈如急雨"之势，真如"大珠小珠落玉盘"一般，新见迭出，成就斐然，近十年来，郑德荣共承担国家项目 3 项，出版专著 5 部，发表论文 70 余篇。仅 2011 年，就发表文章 14 篇。这是一个中青年教授也望而生畏的成果数量。他的学生将老师近十年来刚健有为、积极进取的为学状态形容为"秉烛之明、耄耋勃发"。

三、教学相长：培养独立科研能力

"教学相长"一词出于中国古代最早的一部专门论述教育教学问题的论著——《学记》，意指教与学的相互促进。对于学生而言，仿效老师学习与自己自觉学习在个体发展中有相同的益处。在郑德荣的从教生涯中，从不搞填鸭式的教学，也不拿教案照本宣科，而是根据课程内容和学生实际情况，采取多种多样、灵活的教学方式。他总是根据培养博士生的目标要求，把"让学生切实感悟到通过导师的培养能够得到收益和进步"作为衡量自己教学效果的价值准则，把培养独立科研能力作为指导博士生的重要目标。对此，他曾反复强调："培养独立科研能力并非一日之功，难以立竿见影，必须从博士生入学之日起，就着眼于独立科研能力的培养，并把这项工作贯穿于全部培养过程的始终，寓于教学与科研工作的各个环节之中。"①

第一，教学和科研相结合，以科研带动教学，培养学生独立科研能力。郑德荣以任务带动科研，以科研成就保证教学质量。科研和教学相互促进是他指导学生学习的基本思路。他认为："培养博士生绝不能止于知识的传承，要把教学和科研紧密结合在一起，以教学任务带动促进科研工作，以科研成果充实深化教学内容，良性互动，

① 郑德荣：《把培养独立科研能力贯穿于指导博士生工作的始终》，《学位与研究生教育》1991 年第 4 期。

互为补益，这样既能提高教学质量，又能培养学生科研能力"。就一节专题课来说，郑德荣课前要求学生大量阅读该专题学术前沿和研究动态，把握新资料新观点，课上要求学生综述式总结并提出学习中的问题，他再讲授并穿插答疑解难，又提出新问题要学生独立思考，互动讨论问题和重要观点，最后作小结并根据不同情况布置出评介、索引、文献专题研究等多种形式的作业。这种方法，使博士生处于课前独立准备、课上独立思考、课后独立钻研的良性循环之中，对培养学生的独立科研能力非常有效。郑德荣对学生每次写的文章（作业）都不厌其烦地认真批阅评析，从写法、优点、存在不足等诸方面提出指导性意见，学生对此体味深刻，几次下来，进步极快。

郑德荣还带动学生合作搞科研，在具体科研实践中提高学生综合科研能力。方法主要有：合写一篇选题较为宏观的学术文章，参与导师主编著作的撰写，参与导师的科研项目等。在合作搞科研的过程中，郑德荣从选题、论证、学术价值和收集资料，到拟提纲、讨论文章的基本思路、框架、重点难点、中心思想、文章修改，最后定稿，他在每个环节都不厌其烦地精心讲解反复讨论，小到标点符号，大到立场观点，郑德荣毫无保留地把他毕生思想和智慧传授给学生们，通过最终科研成果的取得充分鼓舞学生科研积极性。这种"手把手"式的科研实战指导让学生充分感受到学术水平和科研能力的切实提高。为培养出善于思考创新型的高质量学生，不断探讨教学方法的改革，善于联想和富有启发性是郑德荣的教学风格，全脱稿讲授，使他的课堂生动深透，并有思想和新意；独创了提示、讨论、小结、作业四段授课法，使博士生处于课前独立准备、课上独立思考、课后独立钻研的良性循环之中，培养了博士生独立思考能力。

第二，实行"读书、思考、讨论、答疑、交流"的开放式教学模式，促使学生多思考、多提问，以锻炼学生的思维能力和多视角分析问题的能力为主，着力营造民主、轻松的教学氛围。教学效果是衡量一位教师水平和教学能力的主要标志。郑德荣特别重视如何在有限授课时间内把教学效果最大化。为此，他根据所设课程的性质、教学内容，充分发挥逾半世纪的知识财富和理论底蕴，运用自己多年的教研经验，精心备课、精巧设计教学各环节，有针对性、有重点地进行精而深的讲授，常采用生动深透的开放式教学，促使学生多思考、多提问，锻炼学生思维能力和多视角分析问题的能力。在方式方法上，他多采用讨论式授课和启发式教学，与学生充分地沟通交流，他在与学生讨论交流时特别民主谦和，学生在他面前可以畅所欲言，在互动讨论中启迪思想的火花，在思想碰撞中收获更多智慧的火种。他常说："这样的师生互动能够启发我，同时让我教学相长"。郑德荣充分尊重学生的积极创新，善于挖掘学生的闪光点，善用表扬激励的方法鼓舞学生。他那声情并茂、出口成章的知识讲解，那洞若观火、鞭辟入里的观点评析，那切中肯綮、简明扼要的方法提炼，那循循善诱、画龙点睛的智慧启迪，无不让学生们在导师的熏陶下吸收知识的精华，每次都能够在短短的两个学时里掌握特别多的知识信息量，收到很好的教学效果。"听郑老师讲课，既像学术讲座，又像上讨论课，内容丰富，生动活泼。"[1] "郑德荣高深精妙的思想境界，厚积薄发的智慧火花，灵动活跃的思维艺术，让学生几乎忘记他已年逾八旬，唯有那满头白发才能提醒。郑德荣的教学艺术深为听课者所津津乐道、回味无穷。他才思敏捷、思想深邃、逻辑严密，授课深入浅出、有理有据、滔滔不绝，学生生怕课堂上疏忽了漏听了他的哪句话，都纷纷录音反复聆听理解消化。有的远在外地的学生每次都非常积极主动地不远万里回来只为聆听老师上课，有的在职学生把老师的教学方法和经验吸收转化为自己的教学能力，有的已毕业学生还托在

---

① 董世明：《学习的楷模——记与郑德荣老师交往的几件事》，载《学高德馨为世范—郑德荣从教65周年纪念文集》，吉林人民出版社2016年版，第144页。

读的学弟、学妹寄去老师的课堂教学录音，说是为了深化更新知识结构和学习教学方法。原教育部政教司李正文司长曾两次自始至终地亲自听郑德荣教授讲学，课后倍加称赞。"[①] 中国人民大学博士生导师彦奇教授（优秀教学成果鉴定委员会负责人）在听了郑德荣的课后认为，郑德荣教授"教学经验丰富、方法灵活、熟练地掌握教学内容。资料翔实，论述透彻，不断以新的科研成果更新、充实教学内容。授课少而精，重点突出，逻辑性强，具有很强的吸引力和说服力，富有启发性，深受学生欢迎。教学水平居于国内领先地位，该同志既教书，又育人；既能严格要求，又多方关怀学生的成长与进步；以身作则，为人师表，事迹突出，效果卓著，堪称教师中的佼佼者"[②]。

第三，以学生为主体，根据博士生的个体差异，因人施教，保证必要的精力投入。郑德荣极为重视指导博士生的时间和精力投入，平均每周要指导低年级博士生 12 学时以上，同时根据每个学生的基础，为他们提供阅读书目，并要求学生有计划地大量地阅读国内外历史文献，一年至少阅读 1000 万字，然后用马克思主义立场观点方法分析文献资料。其间，穿插进行讨论与评介，根据不同情况分别写出综述、评介、索引、文献专题研究等多种形式的成果。既可作为成绩考核的依据，又可督促学习，这样，学生感到学习充实，方法好，收效大。平均每年的阅读量不能低于 1000 万字，每隔一段时间就要将近期读书的心得向老师汇报。郑德荣善于把握博士生的特点，根据在职学生和脱产学生在学习时间投入上的差异，在教学方法、课程设置上匠心独具，照顾到每个博士生的情况，把专业方向课分解成不同的专题，精心备课，生动讲解，平均每月都能精练深刻地讲授一个专题，这样一个学年下来，各个专题能够汇集成一个系统的专业课程体系。

---

① 王占仁：《马克思主义教育战线上的常青树——郑德荣教学理念与方法述略》，《东北师大学报（哲学社会科学版）》2016 年第 2 期。

② 彦奇手书优秀教学成果考核鉴定表。

郑德荣在授课时，总是能做到"以人为本""目中有人"，既严苛又充满温情。郑德荣的时间观念极强，工作和生活十分规律，非常珍惜并科学合理地统筹安排利用时间，工作起来从来不分节假日，有时生病还坚持指导学生，住院还不忘批阅学生文章。"郑老师经验丰富，很注重因材施教，比如认为我很聪明，但是有些懒惰，需要催促着往前走，因此额外布置给了我一些书目和任务，然后拿着读书笔记给他看，通过这样的方法来不断地缩小与老师要求的差距。接下来从博士论文的选题到撰写，郑老师同样倾注了大量心血，尤其是博士论文成稿之后，那时老师身体有些欠佳，但仍不厌其烦地字斟句酌、反复提修改意见，即便一个注解不够准确，郑老师都建议再次查阅清楚，使论文更加科学而完善。"①

与此同时，郑德荣在教学过程中，始终注重将课堂讲授、学术研究与社会实践相结合，实现了教学、科研、社会工作三结合。他认为，教学和科研是高等学校的两个中心任务。对于一个高校教师来说，要做到学有成就，就要处理好教学与科研的关系。应以教学任务带动科研工作，以科研成果充实教学内容，提高教学质量，使两个方面互相促进，而不能只顾一个方面，忽视另一方面。在处理好教学与科研工作关系的同时，要以自己的教学、科研成果为社会服务，多出人才，多出成果，对于一个社会科学工作者来说如果协调得当，科研工作和社会工作是可以达到统一并互为补益的。

四、培育学风：严谨求实探索创新

学风是教学科研的灵魂和生命。郑德荣高度重视学风问题，把培育优良学风作为培养优秀博士生的关键并将其贯穿于教学、科研的始终。郑德荣认为攀登科学高峰，不仅要有"理想、勤奋、毅力、进

---

① 郑莹：《身正为范，学高为师——贺郑老师从教65年》，载《学高德馨为世范—郑德荣从教65周年纪念文集》，吉林人民出版社2016年版，第258页。

取"的精神追求，还要有"严谨、求实、探索、创新"的优良学风。对于如何理解"严谨、求实、探索、创新"这八个字的含义，他曾在不同的场合，先后多次进行了阐释。所谓的严谨、求实，就是要严肃认真、扎扎实实，要言之有理，论之有据，实事求是，不凭主观臆断，不要漂浮，不要危言耸听。科学没有也不容许半点虚假，不能浮躁，不能凭空臆想，说空话。所谓的探索、创新，就是要解放思想、实事求是，有所发现，有所发明，有所创造，谦虚谨慎，集百家之长，采新颖之果，善于思考，善于总结新鲜经验，勇于探索，开拓前进。要想学有所成，严谨、求实与探索、创新必须紧密结合，"离开严谨求实，不称其谓科学，不探索创新，不称其谓研究"。对于在治学过程中怎样培育学生的优良学风，郑德荣也有着自己的方法与途径。他认为，基本功是治学的基石，有了基本功，才能做到根基深，后劲大。就中共党史和中国革命史学科来说，基本功主要有三个方面：一是要有深厚的马列主义、毛泽东思想、邓小平理论修养；二是要掌握丰富的历史文献资料；三是掌握学术前沿。这些基本功对于开阔眼界，更新知识，活跃思想都是十分有利的，很有坚持之必要。而要做到以上三个方面，就必须从端正、培育优良的学风做起。

第一，扩大知识面，占有第一手资料，辅以调查考证，培养严谨求实的品质。郑德荣认为，要做到严谨求实，首先要扎扎实实地学习、读书。要多读书、勤思考、常议论、勤写作，以问题促进思考，以任务带动学习。"读书破万卷，下笔如有神"，"广博的知识是一种潜在的能力和智慧"。具体到中共党史学科，他认为，学科性质和特点决定了必须立足文献，辅以调查考证，才能写出有较高质量的有理有据的论著。学习研究党史，必须大量占有第一手资料，这是取得发言权的必备条件。"只有大量掌握占有第一手资料，才能产生思想，做到论从史出、言之有据、严谨求实。否则就是空谈，掌握文献乃是搞好科研的基石，是智慧开发的源泉，也是培养'严谨求实探索创新'学风的基本途径。"① 因此，郑德荣特别重视并要求学生掌握文献，在课程设置上，把"文献研究"作为重点的专业基础课之一。郑德荣在这方面也为学生做出了表率：立足于文献，他写成了《略论共产国际和李立三"左"倾机会主义》。中共中央党史研究室原常务副主任廖盖隆研究员做鉴定时说："根据大量文献资料……这是党史界正确地说明共产国际和李立三'左'倾错误的关系的第一篇文章……对于共产国际和中国革命的关系问题，以及李立三左倾错误来源问题的科学研究，是一个贡献"；立足于文献，对20世纪80年代初党史学界不太清楚的中国六届四中全会及王明上台的情况进行了有根据的分析和说明；立足文献，对张国焘"密电"的由来与历史真相也进行了翔实的调查考证，澄清了真相；立足文献，通过考证，纠正了《关于若干历史问题的决议》中关于宁都会议召开时间的表述，胡乔木曾对此项研究成果给予充分肯定。郑德荣扎根文献、一丝不苟，写作时细到标点符号都精心推敲，有一点点疑问的微不足道的小问题都细心考证，同时一直要求学生也必须严谨求实，牢记学术道德规范，切忌学术不端行为。"2014年出版的《毛泽东思想纵横观》是老师多年来潜心从事毛泽东思想研究的集大成之作。人民出版社在2013年9月寄来出版前的清样请老师花半个月时间进行最终审阅，本以为经过前几次的修改，这次审阅只算是走过场。没想到老师在经过三天的阅读后，找出文字中诸多亟待改善的地方。时间紧，任务重，但是老师还是仅花十天时间就完成了修改工作。这十天中，老师每天晚睡早起，只要醒着就会进行书稿的修改工作。清样的修改，必须得尊重清样的文字量与排版，尽量不出现多字、多段的情况。在修改的过程中，有时老师会否定原有的一节内容，冥思苦想许久后重新起草并多次打磨最终成型，最后与清样相比不多一个字，也不少一个

---

① 转引自王占仁：《马克思主义教育战线上的常青树——郑德荣教学理念与方法述略》，《东北师大学报（哲学社会科学版）》2016年第2期。

字，阅读起来却比清样更为干净简洁有力。"[1] 此外，在如何学习党史的问题上郑德荣也提出了自己的见解。他认为研究党史不能局限于掌握党史本身知识，必须扩大知识面，掌握与之相关的中外近现代史、中国近现代经济史、政治思想史，中外关系史、国际共运史、科学社会主义以及哲学、外语等学科知识。只有这样，党史研究才能高屋建瓴、开阔视野、论据充分、有所创见。"作为一个中共党史工作者，老师对于文、史、哲、经都拿得起来，总能提出很有见地的看法，这样的大家确实不多见。为什么老师能够做到这样？我想这同老师'好读书，亦求甚解'有关。他经常告诉我，不能就中共党史这门专业而陷于所谓的框框中，要跳出固有的专业局限。中共党史，不仅和政治、历史有关，还同经济、文化等专业紧密结合。作为一个有志于投身于此专业的学生，必须争取读得多，品种多，特别是年轻时，广泛涉猎总会有些印象。对于读书，老师主张专精结合。他说过：读书可以快读，读得多了，自然知道有些书不需要逐字逐句看，即使是经典作家的著作，也不需要每篇都当经典读，很多篇章可以快速浏览过去，给脑海中造成一种印象。真正要精读的书，不会很多；也只有精读的书，才需要耐心细致将其嚼烂，变成自己的东西。我记得有一次为老师带去一本新版的师哲回忆录，不到三天，老师已通读一遍，勾画出许多重要论断，同时在笔记本上写下读书笔记，并在后续的课程中提出了很多富有新意的写作题目。"[2]

第二，与时俱进，掌握学术前沿和研究动态，关注学术界新成果，开阔研究视野，培养探索创新精神。学术研究贵在创新。郑德荣认为："中共党史要求资政育人，是一门政治性、实践性很强的学

---

[1]　彭波：《师者，人之范也——我心中的郑德荣老师》，载《学高德馨为世范——郑德荣从教 65 周年纪念文集》，吉林人民出版社 2016 年版，第 286—287 页。

[2]　彭波：《师者，人之范也——我心中的郑德荣老师》，载《学高德馨为世范——郑德荣从教 65 周年纪念文集》，吉林人民出版社 2016 年版，第 286 页。

科，党史学者要继承马克思主义史学研究的优良传统，又必须结合现实不断探索创新，同时要坚持创新性与党性和科学性的统一，理论联系实际。"① 90 余年的中共党史，伴随着千万个人物、事件的历史巨幕，有许多领域、许多人物、许多事件需要我们深入探究。"人们对于历史事件的认识和评价自觉不自觉地具有时代的局限性，党史有很大研究空间，需要不断地探索创新，与时俱进。"② 如果我们墨守成规，就会原地踏步，像书虫一样，在故纸堆里爬来爬去而找不到出口。为了掌握最新学术动态，不断开拓学术视野，他夜以继日地阅读了大量期刊、报纸、文献，不仅仅只是读，而且还写了很多读书笔记，并与自己的学生讨论、分享，每天的学习已经成为他的日常生活习惯。学术思想深邃，独到见解新颖，是他教学科研的鲜明特征。在自己的教学科研实践中不断地学习和反思，在教学科研内容和方法上不断地探索和创新。他勤于吸取新信息、新知识、新理论，不断充实自己，教学科研中重视思想性和创新性的统一，不断完善自己的知识结构。他长期坚持学习、自强不息，年逾八旬的名教授，依然孜孜不倦地翻阅文献，去学校期刊室大量浏览学术期刊，努力遨游在知识的海洋里，奋勇拼搏在学术的征程上。

在教学实践中，郑德荣尤为重视培养学生与时俱进的探索创新精神。他常说："现代社会日新月异，指导博士生必须与时俱进，不断更新自己的知识结构，用最新的科研成果不断提高教学质量，这样才能培养出高层次的人才。"③ 在博士生培养方案中，将"学术前沿研究"定为专业必修课。郑德荣指出："博士生在学术上是个新兵，起步晚，然而，如果能掌握学术前沿，即可以起点高、速度快、后劲

① 转引自王占仁：《马克思主义教育战线上的常青树——郑德荣教学理念与方法述略》，《东北师大学报（哲学社会科学版）》2016 年第 2 期。
② 转引自王占仁：《马克思主义教育战线上的常青树——郑德荣教学理念与方法述略》，《东北师大学报（哲学社会科学版）》2016 年第 2 期。
③ 转引自王占仁：《马克思主义教育战线上的常青树——郑德荣教学理念与方法述略》，《东北师大学报（哲学社会科学版）》2016 年第 2 期。

大。指导博士生掌握学术前沿，乃是培养博士生科研能力的一个重要条件。"① 为此，郑德荣要求博士生平时对本学科专业性的报刊，要经常阅读，注意了解研究课题及动向，把握新资料新观点，定期讨论，对某些学术成果和观点进行评议。这样，帮助我们吸收新成果，开阔视野，活跃学术思想，培养鉴别评析学术成果能力。"入学前，有一段时间我曾经觉得中共党史无文可作，无题可究。在郑教授的指点下，中共党史在我面前呈现出丰富多彩的面貌，可究之题层出不穷，不胜枚举。我就是在严谨、求实、探索、创新这一治学态度的鞭策下，通过阅读大量第一手资料，提出了毛泽东思想的形成与共产国际的关系问题，不仅肯定了毛泽东思想的形成与共产国际错误相斗争一面，而且提出了毛泽东思想的形成与共产国际正确意见相统一、相联系与继承的一面。我的这些观点，得到了导师的赞许，并先后发表了《毛泽东着重思想建党原则形成的实践条件》《中国共产党人对马克思主义党内两条战线斗争理论的丰富发展》《王明是反"立三路线"的英雄吗?》等文章。"②

第三节　郑德荣的治学路径

郑德荣诸多治学成就的取得，与其独到的治学路径密切相关。他之所以能够保持旺盛的学术创造力，除其"集百家之长，采新颖之果，善于思考，勇于探索"的科学态度外，还在于他在研究路径上独树一帜，经过长期的持续积累、耐心打磨，形成了一套真正属于自己的研究路径与方法。

---

① 转引自王占仁：《马克思主义教育战线上的常青树——郑德荣教学理念与方法述略》，《东北师大学报（哲学社会科学版）》2016 年第 2 期。
② 程舒伟、王占仁主编：《学高德馨为世范》，吉林人民出版社 2016 年版，第149 页。

一、论从史出，史为论据，史论结合

郑德荣是当代著名的中共党史学者，多年的史学研究生涯让他积淀了深厚的历史文化底蕴，同时在治学中也逐渐养成了"论从史出，史论结合"的学术风格，即在研究、阐释理论问题时决不是空洞地就理论言理论，而是注重从历史的视角切入，以尊重客观历史事实为前提，在积极进行社会调研，参与各类学术活动，查阅大量第一手历史文献的基础上，从既往历史中去探究理论的源头与依据，去探寻理论形成的轨迹与路径，去探求理论未来走向与趋势，使理论更具有系统性、逻辑性、针对性、权威性、延展性、创新性，以达到通过理论揭示历史发展规律，总结历史发展经验，指导社会发展实践的目的。

在中共党史学科的研究过程中，一方面，郑德荣非常重视对史料的挖掘，在他看来史料是从事研究工作的基础，犹如房屋的地基，如果缺乏史料或者史料错误就会影响对历史作出全面的分析与评价，只有从史的角度客观、公正地看待和研究中共党史，得出的观点、结论才能"掷地有声、言之有据"。20 世纪 80 年代初，郑德荣被借调中共中央党史研究室任土地革命战争时期编写组副组长（主持工作），参加由中共中央党史研究室主持的《中国共产党历史（民主革命时期)》第一稿和《中共党史大事年表》编写工作。在此期间，他夜以继日地从事史料的收集、编撰工作，短短两年多的时间，他几乎翻遍了中央档案馆所有关于土地革命战争史的史料，当时的档案馆条件比较简陋，中午连休息的地方都没有，而且所有档案资料只能看，不允许抄录带走，就这样他白天把看过的所有资料记在脑子里，晚上回到住处凭借记忆将白天看过的内容转述给编写组的其他成员，同时还要将一些重要发现及时向上级领导口头汇报。晚年的他曾回忆起这段往事，"搞学术研究、党史研究、历史研究，必须要依据历史文献资料，论从史出，这是做学问的原则，如果没看到原始材料，很难做到论从史出。由于我有机会阅读大量文献，可以说高校其他任何老师没看过，或者说 80 年代没人看，当年在档案馆看材料的时候，档案馆

接待我们的利用部主任和我说一些材料建国以来我是第二个看到的，没有另外一个人查这些材料，所以这个材料非常珍贵"。"以六届四中全会的会议记录为例。1931 年 1 月 7 日党的六届四中全会在上海召开，会议本身在中国共产党历史上没有任何积极意义，但没有这个会议，王明不能从一个一般宣传部门工作人员成为中央领导人，这是共产国际扶植王明的一次重要会议。这个会议是在上海地下党中央极端秘密环境下召开的，当年的会议记录稿能得以保存，可想而知当年的共产党人冒了巨大的风险，没有这种精神保存相关文献和记录稿，党史工作者就不能看到，后人就不能搞清楚这段历史，对此我非常感动，感谢老一辈共产党人"①。由此可见，正是这个时期的工作经历，为郑德荣后来能够取得丰硕的学术成果打下了坚实的史料根基，同时也养成了他在研究党史相关理论问题时注重"论从史出"的学术风格。如，在《中国特色社会主义道路基本问题研究》一书中，郑德荣"运用了大量翔实可靠的文献资料，多达 176 种。其中经典著作 60 余种，从马克思、恩格斯、列宁、斯大林到毛泽东、周恩来、刘少奇、邓小平、江泽民、胡锦涛；中共中央文献 30 余种，学术论著 80 余种。这些资料有关该题的研究，不仅翔实、可靠，而且权威、新颖，反映了该题研究的最新成果。该作正是运用了这些珍贵的文献资料，对所述问题进行研究，言之成理，论之有据，从而使该作具有坚实的资料支撑、厚实的研究基础，站在学术研究尖端，探索道路问题前沿"②。

另一方面，郑德荣善于以史料为基础展开理论阐释，尤其是从理论层面揭示历史规律，总结历史经验，以解决现实问题为基准有针对性地进行理论创新。在他看来，收集、阅读、引用史料并不是一头扎进故纸堆里进行简单的文献堆砌，而是要从历史中汲取养分，并将其

①　郑德荣口述，东北师范大学整理汇编：《郑德荣口述史》，未刊稿，第 154 页。
②　张喜德：《深邃的思想　精彩的篇章——评〈中国特色社会主义道路基本问题研究〉》，《河北师范大学学报（哲学社会科学版）》2013 年第 3 期。

升华到理论的高度结合时代特征加以阐述。对历史事实进行客观公正描述与梳理仅仅只是迈出了"万里长征第一步"，接下来还要将对史料的把握与对现实问题的思考紧密地结合起来，从历史发展脉络、历史发展经验、历史发展规律中提炼、概括出具有时代性、创新性、指导性的学术观点与看法，继而做到知古鉴今，古为今用。例如，在毛泽东思想研究领域，郑德荣针对社会上存在的对毛泽东思想是否"过时了"这样的质疑，相继撰写了《毛泽东思想的历史地位与当代价值》《毛泽东思想的历史地位与当代价值新论》《中国特色社会主义理论体系的思想先导——兼论毛泽东思想的时代价值》等多篇文章，从历史与现实、理论与实践、继承与发展等多个维度，系统论证了毛泽东思想的历史地位与当代价值，彻底回应了一部分人的疑问，助力毛泽东思想的伟大旗帜在华夏大地上高高飘扬。又如，在新时期新时代，如何应对频繁而至的重大突发事件，提升广大党员干部应对重大风险挑战的能力无疑是一个具有重要研究价值的现实问题。郑德荣以中国共产党应对重大突发事件为主要研究方向，先后撰写了《西安事变与中共应对突发事件能力论析》《皖南事变与中国共产党应对突发事件的历史经验与现实启迪》《中国共产党对九一八事变的应对》《民主革命时期中共应对突发事件能力探析》等系列文章，文中在全面回顾中国共产党应对若干重大突发事件的全过程的基础上，在总结其中蕴含历史经验的同时，对今天如何应对重大突发事件进行了深入思考，揭示历史规律，提出了具有针对性的对策建议。再如，对中国特色社会主义道路的研究。党的十六大以来，郑德荣以中国特色社会主义道路为主要研究对象，相继主持完成《中国特色社会主义道路基本问题研究》《中国特色社会主义道路基本特征研究》两个国家社科基金课题，并发表多篇相关文章以及多部学术专著。在研究过程中，他不仅注重对中国特色社会主义道路历史发展脉络的梳理与回顾，更加注重从百年党建的历史高度阐述开辟中国特色社会主义道路的重大现实意义，实现了从历史到现实的跨越，从基础理论研究到社会实践应用的突破。尤为值得一提的是，郑德荣在相继回答了中国特色社会主义道路历史逻辑与现实依据以及中国特色社会主义道路的内涵与本质等问题的基础上提炼概括出了中国特色社会主义道路的诸多基本特征，并将其定位为一个完整的内容体系，这是他晚年的重大理论创新。

二、横向梳理，纵向比较，纵横开阖

纵有横，纵横结合是郑德荣在从事科研工作中最为常用的一种思维与写作方式。他认为，所谓的纵横观就是要打破传统固化思维，习惯从多个不同的视角去观察、阐释问题。具体来讲，在学术研究过程中既要注重对历史层面的考察、定位，上挂下联实现纵向贯通，又要强调对理论体系内部的剖析解构，以点及面实现横向衔接，最后将纵向与横向相结合。

在对毛泽东思想的研究过程中，一方面他通过对毛泽东思想形成渊源的追溯，将毛泽东思想与马列主义、中国传统文化之间一脉相承的理论、思想逻辑进行了梳理与阐释，认为"毛泽东思想的理论基础是马克思列宁主义，其思想渊源不仅是西方的马克思列宁主义，同时也是批判继承了中华民族传统文化的精华，使之融为一体，成为当代中国化马克思主义的伟大成果"[1]，实现了对毛泽东思想的历史定位。同时，又通过对毛泽东思想与中国特色社会主义理论体系之间的关系的剖析，尤其是针对"党的十七大报告为什么没有把毛泽东思想纳入到中国特色社会主义理论体系之中"这一问题的解答以及对毛泽东思想当代价值与现实意义的论述，实现了对毛泽东思想的现实定位，进而从横向达到了"上挂下联、纵向贯通"的目的。另一方面，他通过对毛泽东思想的形成轨迹、科学内涵、体系结构、基本内容等诸多方面的深刻分析、阐释，尤其是对毛泽东思想科学体系结构

① 郑德荣：《郑德荣文存》第一卷，辽宁人民出版社 2006 年版，第 296 页。

的解析，实现了对毛泽东思想以点及面的横向衔接，将毛泽东思想科学体系完整地呈现出来。如，《毛泽东思想论纲》一书，"在体系构架上采取了纵向延伸和横向展开相结合的方法。在上卷中主要采取了纵向延伸的方法来论述毛泽东思想的内容以反映其在不同时期的历史发展关系；中下两卷则主要是采取了横向展开的方法来论述毛泽东思想的内容以表现其在不同方面的结构层次关系。当然作者在采取纵向延伸方法表现各篇关系时，在篇下各章的论述中也有横向展开的表现；在采取横向展开的方法来表现各篇关系时，在篇下各章的论述中也反映了它们之间的纵向延伸的关系。这样，作者就通过纵向延伸和横向展开相结合的方法，构筑了一个能够充分论述毛泽东思想丰富内容的完整的体系"[①]。再如，《毛泽东思想纵横观》一书的主要特点是："将研究对象的纵向和横向进行了有机结合和辩证统一的处理。全书分为总论篇、体系篇、内容篇。总论篇涉及了四个重要问题，即毛泽东是马克思主义中国化的奠基人、毛泽东思想的历史地位与当代价值、毛泽东思想和中国特色革命道路、毛泽东思想与中国特色社会主义理论体系的关系。体系篇包括毛泽东思想形成发展的历史轨迹和毛泽东思想科学体系结构。内容篇包括：新民主主义革命理论、中国革命三大法宝、社会主义改造理论、社会主义建设理论。历史是最好的教科书，因此作者将历史和现实有机结合起来考察，立足当今中国社会的发展和中国共产党加强执政能力和执政水平提升的需要，将凝聚了中国共产党历史经验和心血结晶的毛泽东思想娓娓道来，具有很强的理论说服力和启示意义。"[②] 此外，郑德荣还善于运用纵横比较法来研究问题，所谓的纵横比较法是指通过各种现象进行时间系列上的前后阶段的纵向比较研究，或空间上的同一阶段的横向比较研究，

---

① 何世芬：《理论园地里一株绽开的鲜花——〈毛泽东思想论纲〉评介》，《东北师大学报（哲学社会科学版）》1995 年第 1 期。

② 李蓉：《深化毛泽东思想的重要成果——读郑德荣的〈毛泽东思想纵横观〉》，《光明日报》2015 年 8 月 8 日。

乃至于用不同国家、政党之间的比较来阐明或佐证自己的观点或看法。郑德荣用这种方法对党史人物、事件、理论乃至错误都进行了既有纵向也有横向的比较研究，做出了较为客观的历史定位，同时也提出了一些令人耳目一新的观点。如，在《毛泽东思想与邓小平理论比较研究》一文中，宏观上从理论来源、理论内容、理论特征、理论风格等多方面对毛泽东思想与邓小平理论进行比较，展示了两大理论的异同点和内在联系，概括出两者逻辑上的因果关系：毛泽东思想是邓小平理论的思想来源和理论基础，邓小平理论是新时期毛泽东思想发展的新成果。如，在《中国特色社会主义道路基本问题研究》一书中，不仅阐述了中国特色社会主义道路对苏联社会主义模式的突破与扬弃、对资本主义的利用和超越，而且还阐述了对民主社会主义的辨析与借鉴。尤其是在对资本主义的利用和超越中，不仅阐述了合理利用资本主义是建设社会主义的内在要求，而且还阐述了吸收和借鉴资本主义文明成果是中国特色社会主义道路的显著特征。通过这样的比较，进一步凸显出了中国特色社会主义道路的优越性。再如，在《共产国际在两次国共合作中的作用评析》《共产国际与马克思主义中国化双效应》《共产国际与中国党的三次"左"倾错误》等文章中，郑德荣通过对共产国际与两次国共合作的关系进行综合比较，在归纳其共性的同时，着力分析其差异，并从战略上肯定了共产国际倡导和推动国共合作的积极作用，同时又指出其在处理两党关系和统一战线问题时，在策略上犯有右倾的不可推卸的责任。并在总结共产国际指导两次国共合作的经验教训时指出，中国共产党将马克思主义与中国革命的具体实际相结合，依靠独立自主、自力更生，把一切工作放在自己力量的基点上，这是历史的结论。① 这就进一步深化了对共产国际与中国革命关系的认识。

---

① 郑德荣：《共产国际在两次国共合作中的作用评析》，《东北师大学报（哲学社会科学版）》1997 年第 1 期。

三、有分有总，分总结合，整体推进

在我们梳理郑德荣的研究成果时会发现，他在写作过程中经常会采用有分有总、分总结合、整体推进的研究思路、模式。所谓的有分有总，就是既有从微观层面对某一具体事件的实证考察、客观分析与深度解读，又有从宏观层面对某一历史时期或某一类型事件的整体把握，概括提炼与经验总结。所谓的分总结合，就是既要自下而上地通过对具体事例的分析来达到揭示客观发展规律、总结经验教训的目的；又要自上而下地在总结出经验启示的同时，通过对具体事例的分析来验证结论的正确性与合理性。所谓的整体推进，就是他对问题的研究经历了一个从分到总，从局部到整体的系统推进，逐步完善的过程。

在中共党史与中国革命史的研究过程中，一方面，郑德荣通过翻阅大量历史文献及耐心、细致的历史考证，对中共党史与中国革命史的若干问题进行切实的微观研究。对此，他也时常谈及，作为一名党史工作者，要利用种种微观的实证研究努力去抖落历史的尘埃，还其以本来面目。郑德荣的这些微观研究与某些研究者一味追求琐碎细节的陈述和考证不大相同，而是将更多的时间、精力用在对史料的深度分析与思考阐释上，经过持之以恒的挖掘与论证努力使其学术研究实现更高层次理论上的升华。他的研究成果或提出独到见解，或提出新的思考，或匡正旧谬提出新说，无不给人以启发或启示。如，关于对中共六届四中全会相关情况的考证；对西安事变中南京、西安、延安三方面共同协力最终促成西安事变和平解决的考证；关于对"张国焘"密电相关情况的考察；关于对宁都会议召开时间的考证；关于对共产国际与李立三"左"倾错误关系的考证；等等。另一方面，郑德荣不仅非常熟悉并且注重历史学的微观研究，而且更善于从宏观上以全局的视角去思考、研究问题。如，在《中国共产党与马克思主义中国化》《中国共产党九十年奋斗的历史本质》两篇文章中，前者从中国共产党领导中国革命、建设和改革的实践过程出发，非常宏观地论述了马克思主义中国化的历史意义、历史过程，并且根据中国共产党理论发展史的客观事实，认为马克思主义中国化的过程就是马克思主义基本原理与中国具体实际相结合的过程，而这一过程其实质就是马克思主义"民族化"和"当代化"的过程。后者则从中国共产党创造的革命、建设和改革三条道路出发，论证了新中国建立和社会主义制度确立背景下的政治保障和制度基础，全面建设社会主义探索中国自己道路背景下由农业国到社会主义工业国的物质基础，中国特色社会主义道路开辟基础上的科学发展，从而揭示出中国共产党90年奋斗的历史本质就是把马列主义基本原理同中国实际相结合走自己的路，变农业国为工业国，逐步实现社会主义现代化、人民幸福和民族伟大复兴。

　　除了从微观与宏观两个维度分别研究、思考问题外，郑德荣更加注重从局部研究向整体研究的逐步过渡或从整体研究向局部研究的不断深化，以达到以点及面，由面到点，点面结合的研究目的。如，在对中国共产党应对突发事件的研究过程中，他从具体历史事件入手，先后撰写《西安事变与中共应对突发事件能力论析》《中国共产党对九一八事变的应对》《皖南事变与中国共产党应对突发事件能力探析》等多篇论文，通过对民主革命时期中国共产党应对个别突发事件的研究揭示其中蕴含的历史规律与经验启示，并在此基础上，最终完成了《民主革命时期中共应对突发事件的历史经验与现实启迪》一文，实现了从点及面的完整过渡。再如，从2004年始，郑德荣开启了对中国特色社会主义道路的研究工作，相继完成了《中国特色社会主义道路的社会形态与基本特征》《论中国特色社会主义道路》《深刻把握中国特色社会主义道路的几个基本问题》《中国特色社会主义道路的历史逻辑》《中国特色社会主义道路基本问题论要》等数十篇高质量的学术论文，分别从八个方面①对中国特色社会主义道路

---

① 具体内容请参照上文第三章第二节相关内容。

展开了全方位的理论与实证研究，2012 年由人民出版社出版发行的
《中国特色社会主义道路基本问题研究》一书，标志着他对中国特色
社会主义道路的整体研究阶段已告一段落；2012 年以后，在前期整
体研究的基础上，他将研究的范围进一步缩小并锁定为对中国特色社
会主义道路基本特征的研究，先是成功组织申报了国家社科基金项目
《中国特色社会主义道路的基本特征研究》，随即带领课题组成员开
启了长达五年的研究历程。在此期间，他及课题组成员在核心期刊上
发表了《中国特色社会主义道路基本特征论析》《中国特色社会主义
道路基本特征的历史逻辑》《中国特色社会主义道路基本特征的内涵
与本质》《中国特色社会主义道路基本特征体系论析》等多篇学术论
文，在学术取得重大突破性进展的同时课题也顺利结项。至此，实现
了从面到点的逐步具体、深化。不管是从点及面，还是从面到点，最
终殊途同归达到了点面结合的研究目的。

参考文献

［1］《马克思恩格斯选集》第 1、3、4 卷，人民出版社 1995 年版。

［2］《马克思恩格斯全集》第 3、21、22、23、25、42、46 卷，人民出版社 1960、1972、1965、1972、2001、1979、1979 年版。

［3］《列宁选集》第 1—4 卷，人民出版社 1995 年版。

［4］《列宁全集》第 27、36、37、41、43 卷，人民出版社 1990、1985、1986、1987、1986 年版。

［5］《毛泽东选集》第 1—4 卷，人民出版社 1991 年版。

［6］《毛泽东文集》第 1—8 卷，人民出版社 1999 年版。

［7］《建国以来毛泽东文稿》第一至六卷，中央文献出版社 1992 年版。

［8］《周恩来选集》（下），人民出版社 1984 年版。

［9］《周恩来经济文选》，中央文献出版社 1993 年版。

［10］《刘少奇论党的建设》，中央文献出版社 1991 年版。

［11］《邓小平文选》第二、三卷，人民出版社 1993 年版。

［12］《邓小平文集》（一九四九——一九七四）下卷，人民出版社 2014 年版。

［13］冷溶、汪作玲：《邓小平年谱（1975—1997）》上下卷，中央文献出版社 2004 年版。

［14］《江泽民文选》第三卷，人民出版社 2006 年版。

［15］《胡锦涛文选》，人民出版社 2016 年版。

［16］《习近平总书记系列重要讲话读本》，学习出版社 2014 年版。

［17］《习近平谈治国理政》第一卷，外文出版社 2015 年版。

［18］《习近平关于全面深化改革论述摘编》，中央文献出版社 2014 年版。

［19］《十一届三中全会以来党的历次全国代表大会中央全会重要文件选编》

（上），中央文献出版社 1997 年版。

　　［20］《改革开放以来历届三中全会汇编》，人民出版社 2013 年版。

　　［21］《三中全会以来重要文献选编》（上、下），人民出版社 1982 年版。

　　［22］《十二大以来重要文献选编》（上、中），人民出版社 1986 年版。

　　［23］《十三大以来重要文献选编》（上、中），人民出版社 1993 年版。

　　［24］《十四大以来重要文献选编》（上），人民出版社 1997 年版。

　　［25］《十五大以来重要文献选编》（上），中央文献出版社 2000 年版。

　　［26］《十六大以来重要文献选编》（上），中央文献出版社 2005 年版。

　　［27］《十七大以来重要文献选编》（上），中央文献出版社 2009 年版。

　　［28］《十八大以来重要文献选编》（上），人民出版社 2014 年版。

　　［29］《十九大以来重要文献选编》（上），中央文献出版社 2019 年版。

　　［30］《关于建国以来党的若干历史问题的决议（注释本）》，人民出版社 1983 年版。

　　［31］中共中央文献研究室编：《江泽民论有中国特色社会主义（专题摘编）》，中央文献出版社 2002 年版。

　　［32］《中国特色社会主义学习读本》，学习出版社 2013 年版。

　　［33］中共中央宣传部编：《中国特色社会主义学习读本》，学习出版社 2013 年版。

　　［34］《中国共产党历史（1921—1949）》上册，中共党史出版社 2002 年版。

　　［35］《中国共产党历史》第二卷（1949—1978）下册，中共党史出版社 2011 年版。

　　［36］郑德荣、王占仁：《马克思主义中国化纵横观》，人民出版社 2015 年版。

　　［37］郑德荣、王占仁：《毛泽东思想纵横观》，人民出版社 2014 年版。

　　［38］郑德荣、王占仁：《中共党史若干问题纵横观》，人民出版社 2014 年版。

　　［39］郑德荣：《郑德荣文存》第一至三卷，辽宁人民出版社 2006 年版。

　　［40］郑德荣：《郑德荣文存》第四至五卷，吉林人民出版社 2016 年版。

　　［41］郑德荣等：《中国特色社会主义基本问题研究》，人民出版社 2012 年版。

［42］郑德荣：《毛泽东思想新论》，东北师范大学出版社 2005 年版。

［43］郑德荣：《二十世纪中国三次历史性巨变研究》，东北师范大学出版社 2002 年版。

［44］郑德荣：《国情·道路·现代化》，吉林文史出版社 2001 年版。

［45］郑德荣：《社会主义初级阶段论》，山东人民出版社 1999 年版。

［46］郑德荣：《毛泽东与马克思主义中国化》，东北师范大学出版社 1997 年版。

［47］郑德荣等：《毛泽东思想科学体系论》，吉林人民出版社 1997 年版。

［48］郑德荣等：《毛泽东思想概论》，东北师范出版社 1994 年版。

［49］郑德荣等：《毛泽东思想论纲》（上、中、下），甘肃人民出版社 1993 年版。

［50］郑德荣：《延安时期与毛泽东思想》，东北师范大学出版社 1993 年版。

［51］郑德荣：《毛泽东思想发展史（上下）》，吉林大学出版社 1991 年版。

［52］郑德荣等：《中国社会主义建设》，黑龙江教育出版社 1987 年版。

［53］郑德荣等：《中国革命史教科书》，高等教育出版社 1991 年版。

［54］郑德荣等：《毛泽东思想史稿》（修订本），甘肃人民出版社 1990 年版。

［55］郑德荣：《国共政权十年对峙史》，高等教育出版社 1990 年版。

［56］郑德荣等：《中国革命史长编》，吉林人民出版社 1991 年版。

［57］郑德荣等：《中共党史教程》，高等教育出版社 1989 年版。

［58］郑德荣等：《社会主义初级阶段论》，山东人民出版社 1999 年版。

［59］郑德荣：《中国特色社会主义的真谛和要义论析》，《毛泽东邓小平理论研究》2017 年第 10 期。

［60］郑德荣、邱潇：《习近平传统文化观的历史渊源与思想精髓》，《毛泽东邓小平理论研究》2016 年第 7 期。

［61］郑德荣、邱潇：《毛泽东长征途中应对严峻挑战的三大抉择》，《东北师大学报（哲学社会科学版）》2016 年第 6 期。

［62］郑德荣、彭波：《毛泽东思想活的灵魂是党的思想方法与根本路线》，《思想理论教育导刊》2015 年第 8 期。

［63］郑德荣、彭波：《从"破冰再行"到"乘风破浪"——邓小平南方谈

话思想奠定全面深化改革的理论基础》，《东北师大学报（哲学社会科学版）》2015 年第 1 期。

[64] 郑德荣、彭波：《中国特色社会主义道路基本特征论析》，《东北师大学报（哲学社会科学版）》2015 年第 4 期。

[65] 郑德荣：《抗日战争：近代中华民族历史命运的大转折》，《社会科学战线》2015 年第 4 期。

[66] 郑德荣、彭波：《毛泽东抗日战争的战略构想与顶层设计》，《毛泽东邓小平理论研究》2015 年第 5 期。

[67] 郑德荣、牟蕾：《毛泽东对中国社会三次历史性跨越的重大贡献》，《社会科学战线》2013 年第 12 期。

[68] 郑德荣：《毛泽东对中国社会经济历史性跨越的重大贡献——独立的比较完整的国民经济体系的建立》，《毛泽东邓小平理论研究》2013 年第 10 期。

[69] 郑德荣：《毛泽东思想的历史地位与当代价值新论》，《马克思主义研究》2013 年第 5 期。

[70] 郑德荣、裴斌：《"两个务必"提出的思想动因及其当代价值》，《毛泽东邓小平理论研究》2012 年第 7 期。

[71] 郑德荣：《皖南事变与中国共产党应对突发事件能力探析》，《社会科学战线》2012 年第 6 期。

[72] 郑德荣：《乐以终身治学科研　悦以必胜授业解惑——60 年学术道路回顾》，《毛泽东邓小平理论研究》2011 年第 8 期。

[73] 郑德荣、牟蕾：《中国共产党九十年奋斗的历史本质》，《中共党史研究》2011 年第 8 期。

[74] 郑德荣、牟蕾：《马克思主义中国化时代化大众化的历史轨迹和宝贵经验》，《东北师大学报（哲学社会科学版）》2011 年第 4 期。

[75] 郑德荣：《马克思主义中国化实践规律探析》，《马克思主义研究》2011 年第 4 期。

[76] 郑德荣：《马克思主义中国化时代化大众化纵横观》，《马克思主义与现实》2011 年第 2 期。

[77] 郑德荣：《中国特色社会主义道路基本问题论要》，《高校理论战线》2011 年第 3 期。

［78］郑德荣：《中国特色社会主义理论体系研究中的几个值得探讨的问题》，《科学社会主义》2011 年第 1 期。

［79］郑德荣：《"四个统一"——毛泽东党建理论的突出特点》，《党的文献》2011 年第 2 期。

［80］郑德荣：《马克思主义中国化的艰难起步》，《毛泽东邓小平理论研究》2011 年第 1 期。

［81］郑德荣：《中国特色社会主义理论体系逻辑结构剖析》，《思想理论教育导刊》2010 年第 12 期。

［82］郑德荣：《毛泽东思想的历史地位与当代价值》，《马克思主义与现实》2010 年第 6 期。

［83］郑德荣、黄伟：《中华民族走向复兴的历史枢纽——纪念抗日战争胜利 65 周年》，《高校理论战线》2010 年第 9 期。

［84］郑德荣：《科学发展观与全面建设小康社会关系的理性思考》，《毛泽东邓小平理论研究》2010 年第 4 期。

［85］郑德荣：《科学社会主义在当代中国的创新模式》，《中国特色社会主义研究》2010 年第 1 期。

［86］郑德荣：《十二大以来党对马克思主义中国化的卓越贡献》，《中国浦东干部学院学报》2009 年第 6 期。

［87］郑德荣、梁继超：《中国特色社会主义道路的社会形态和基本特征》，《东北师大学报（哲学社会科学版）》2009 年第 6 期。

［88］郑德荣、姜淑兰：《论毛泽东思想与中国特色社会主义理论体系的关系》，《毛泽东研究》2009 年第 9 期。

［89］郑德荣：《毛泽东新民主主义革命理论实践的集中成果：中华人民共和国的成立》，《毛泽东思想研究》2009 年第 5 期。

［90］郑德荣、梁继超：《新中国诞生与中华民族的伟大复兴》，《高校理论战线》2009 年第 4 期。

［91］郑德荣、姜淑兰：《深刻理解和把握中国特色社会主义道路的几个基本问题》，《毛泽东思想研究》2009 年第 2 期。

［92］郑德荣：《坚持马克思主义基本原理与推进马克思主义中国化相结合的真谛》，《理论与改革》2009 年第 4 期。

［93］郑德荣、姜淑兰：《论毛泽东思想与中国特色社会主义理论体系的关系》，《思想理论教育导刊》2008 年第 8 期。

［94］郑德荣：《坚定不移地走中国特色社会主义道路》，《新长征》2008 年第 11 期。

［95］郑德荣、宋海儆：《中国特色社会主义理论：从探索到形成》，《高校理论战线》2007 年第 11 期。

［96］郑德荣：《党的四线路线：马克思主义中国化的生命线》，《东北师大学报（哲学社会科学版）》2009 年第 6 期。

［97］郑德荣、梁继超：《马克思主义中国化的基本要素论析》，《毛泽东思想研究》2007 年第 4 期。

［98］郑德荣、王占仁：《西安事变与中共应对突发事件能力探析》，《高校理论战线》2006 年第 12 期。

［99］郑德荣、王占仁：《全面准确理解中国特色革命道路》，《毛泽东思想研究》2006 年第 2 期。

［100］郑德荣、王占仁：《马克思主义中国化命题的形成内涵及重大意义》，《中国特色社会主义研究》2005 年第 5 期。

［101］郑德荣、王占仁：《抗日战争与马克思主义中国化的历史进程》，《高校理论战线》2005 年第 7 期。

［102］郑德荣、陈前：《发展是硬道理——邓小平对社会主义现代化检核本质和规律的深刻揭示》，《高校理论战线》2004 年第 5 期。

［103］郑德荣：《邓小平"发展才是硬道理"的真谛探析》，《河南师范大学学报（哲学社会科学版）》2004 年第 4 期。

［104］郑德荣、陈前：《党的理论创新基本经验探析》，《新长征》2004 年第 7 期。

［105］郑德荣：《马克思主义中国化的伟大奠基人》，《高校理论战线》2004 年第 2 期。

［106］郑德荣：《面向 21 世纪中国化的马克思主义——"三个代表"重要思想》，《毛泽东思想研究》2004 年第 1 期。

［107］郑德荣：《"三个代表"重要思想在马克思主义中国化进程中的历史地位》，《东北师大学报（哲学社会科学版）》2004 年第 1 期。

[108] 郑德荣：《"三个代表"重要思想的深厚理论底蕴》，《高校理论战线》2003 年第 2 期。

[109] 郑德荣：《20 世纪中国三次巨变的历史结论》，《东北师大学报（哲学社会科学版）》2002 年第 6 期。

[110] 郑德荣、李洪河：《中国特殊国情、特殊道路与现代化》，《党史研究与教学》2004 年第 3 期。

[111] 郑德荣、孔德生：《国情·道路·现代化》，《东北师大学报（哲学社会科学版）》2002 年第 1 期。

[112] 郑德荣、王晶：《中国共产党关于新民主主义革命发展战略与"三个代表"的思想》，《长春市委党校学报》2001 年第 4 期。

[113] 郑德荣、李洪河：《中国现代化历程与"三个代表"》，《新长征》2001 年第 6 期。

[114] 郑德荣、王晶：《中国共产党 80 年奋斗的历史本质》，《东北师大学报（哲学社会科学版）》2001 年第 3 期。

[115] 郑德荣：《马克思主义指导中国革命的真谛》，《长春市委党校学报》2000 年第 1 期。

[116] 郑德荣、柳国庆：《毛泽东"新民主主义的资本主义"思想述略》，《党的文献》2000 年第 1 期。

[117] 郑德荣、柳国庆：《中国共产党领导的两次历史性巨变比较研究》，《中共党史研究》1999 年第 11 期。

[118] 郑德荣：《马克思主义中国化的伟大旗手与奠基人——毛泽东》，《东北师大学报（哲学社会科学版）》1999 年第 2 期。

[119] 郑德荣：《毛泽东与马克思主义中国化》，《东北师大学报（哲学社会科学版）》1998 年第 1 期。

[120] 郑德荣、张亚斌：《邓小平对传统社会主义观的重大突破》，《东北师大学报（哲学社会科学版）》1996 年第 5 期。

[121] 郑德荣：《略论邓小平初级社会主义阶段的论断》，《新长征》1995 年第 2 期。

[122] 郑德荣：《略论毛泽东的独立自主思想》，《毛泽东思想论坛》1995 年第 1 期。

［123］郑德荣、彭明榜：《共产国际与马克思主义中国化》，《东北师大学报（哲学社会科学版）》1993 年第 3 期。

［124］郑德荣、阎治才：《毛泽东关于农村根据地的战略思想论析》，《中共党史研究》1992 年第 6 期。

［125］郑德荣：《毛泽东对马克思主义中国化的卓越贡献》，《求是》1993 年第 22 期。

［126］郑德荣、田克勤：《抗日战争与毛泽东思想科学体系的形成》，《东北师大学报（哲学社会科学版）》1992 年第 4 期。

［127］郑德荣、董世明：《毛泽东新民主主义革命理论研究述评》，《毛泽东研究述评》1992 年第 4 期。

［128］郑德荣：《中国特色革命道路论析——兼谈新民主主义理论的历史地位》，《长白学刊》1992 年第 3 期。

［129］郑德荣：《毛泽东对民主革命时期国情的分析和研究》，《求是》1992 年第 9 期。

［130］郑德荣、曲庆彪：《试析新民主主义与中国特色社会主义的必然联系》，《毛泽东思想研究》1991 年第 4 期。

［131］郑德荣：《毛泽东的社会主义观与中国特色的社会主义理论》，《毛泽东思想论坛》1991 年第 4 期。

［132］郑德荣：《毛泽东思想纵横观》，《长白学刊》1991 年第 3 期。

［133］郑德荣、曲庆彪：《中国特色社会主义的由来和依据》，《东北师大学报（哲学社会科学版）》1991 年第 3 期。

［134］郑德荣、黄景芳、田克勤：《论毛泽东思想的成熟及其在全党指导地位的确立》，《东北师大学报（哲学社会科学版）》1986 年第 5 期。

［135］郑德荣、陈一华等：《毛泽东思想是我们事业胜利的指针》，《东北师大学报（哲学社会科学版）》1981 年第 4 期。

［136］郑德荣：《邓小平"走自己的路"思想动因探析》，《光明日报》2014 年 11 月 19 日。

［137］郑德荣：《中国共产党对"九一八"事变的应对》，《光明日报》2011 年 9 月 14 日。

［138］郑德荣：《中国共产党与中国特色道路》，《中国社会科学版》2011

年 6 月 30 日。

[139] 郑德荣：《顾全大局　相忍为党》，《光明日报》2011 年 1 月 13 日。

[140] 郑德荣：《中国特色社会主义是科学社会主义在当代中国的创新》，《光明日报》2008 年 7 月 22 日。

[141] 郑德荣：《坚持和发展中国特色社会主义》，《吉林日报》2007 年 8 月 4 日。

[142] 郑德荣：《中国共产党与马克思主义中国化》，《人民日报》2006 年 6 月 28 日。

[143] 郑德荣：《马克思主义中国化的历史性文献》，《吉林日报》2006 年 8 月 31 日。

[144] 郑德荣：《陈云在伟大历史转折关头的杰出贡献》，《吉林日报》2005 年 6 月 11 日。

[145] 郑德荣：《抗日战争与中华民族历史命运的伟大转机》，《吉林日报》2005 年 9 月 17 日。

[146] 郑德荣：《党的指导思想新的历史丰碑》，《吉林日报》2002 年 12 月 3 日。

[147] 郑德荣：《倾听时代声音　回答现实问题》，《吉林日报》2002 年 11 月 4 日。

[148] 郑德荣：《坚定不移地走自己的路》，《吉林日报》2001 年 7 月 19 日。

[149] 郑德荣：《中国现代化历程与"三个代表"》，《吉林日报》2001 年 6 月 28 日。

[150] 郑德荣：《增强理论工作的实效性》，《吉林日报》2000 年 10 月 25 日。

附录：郑德荣学术年谱

郑德荣（1921.1—2018.5），是我国著名的中共党史专家，马克思主义中国化理论研究的推动者，中共党史学科的开拓者与奠基人之一。他毕生致力于中共党史、马克思主义中国化、中国特色社会主义的研究与教学，著述宏富，桃李天下，享誉海内外，是当之无愧的"红色理论家"。为了便于各界同人进一步深入了解与认识郑德荣教授的生平学术事迹，推动郑德荣先进事迹的推广与学习，撰写《郑德荣先生学术年谱》①。本文共分为 6 个阶段，旨在巡礼先生早年求学和从教 67 年的学术思想历程，弘扬先生"严谨、求实、探索、创新"的治学理念，总结他为中共党史研究领域所作出的杰出贡献。

一、鸿蒙初辟

1926 年（1 岁）。2 月 21 日，农历丙寅虎年正月初九，生于吉林省延吉县龙井村。其父郑聘卿，早年读过几年私塾，后在邮局工作历

---

① 本文所记史实主要根据郑德荣教授回忆录《郑德荣学术思想口述史》《郑德荣自传》《郑德荣传略》《学高德馨为世范——郑德荣教授从教 65 年纪念文集》《乐以终身治学科研　悦以毕生授业解惑——60 年学术道路回顾》《郑德荣教授治学、资政、育人的成就及启示》《学识、胆量、求是、创新——郑德荣教授学术思想评介》等著作、论文集、学术论文及部分手稿、书信，以及相关采访笔录编写；列出的文章著作主要根据《郑德荣文存》（1—5 卷），中国期刊网收录相关论文、中国人民大学复印报刊资料全文转载情况编写，著作均标识出版日期、月份及出版社，学术论文标出文章名、刊物名称、公开发表日期。

任办事员、局长。母亲郑苏氏。

1931年（5岁）。"九一八"事变爆发，父亲由延吉县龙井村邮局调任开山屯邮局工作，举家迁往开山屯，开山屯距龙井大约八十里，是一个图们江的沿岸小农村，我的儿时童年就是在这儿度过的。①

1934年（8岁）。4月，入开山屯满民学校（小学）读书，以《百家姓》《千字文》《弟子规》开蒙。艰苦求学岁月中，倍加珍惜读书机会，在学业上对自己要求极其严格，经常诵读至深夜。②

1936年（10岁）。3月，入东山国民学校（小学）读书，由于学习成绩突出，深得老师赏识，被委任为班长并组织同学参加祭孔大典。③

1938年（12岁）。2月，入郑家屯国民学校（小学）读书，上学往返需乘坐清油车④，后搬入龙井村旧宅居住。同年以优异的成绩完成四年国民学校的学习任务，获得由县长签发的小学毕业证，顺利升入国民优质学校（高小）。⑤

1939年（13岁）。3月，入新兴国民优级学校（高小）读书。同年，投稿哈尔滨《大北新报》，被采纳，接受记者采访，在儿童栏中刊登稿件、儿童介绍及照片，并获得报社的奖励。通读并背诵《古文观止》《四书》之类的传统书籍，因文采斐然，颇受师长们的夸奖。⑥

1940年（14岁）。12月，以全校第一名的成绩完成高小学业，

---

① 东北师范大学汇编：《郑德荣学术思想口述史》，未刊稿，第1页。注：伪满时期实行公务人员调转制，搬家非常频繁，经常调换学校。

② 郑德荣口述，东北师范大学整理汇编：《郑德荣学术思想口述史》，未刊稿，第3页。

③ 郑德荣口述，东北师范大学整理汇编：《郑德荣学术思想口述史》，未刊稿，第2页。

④ 清油车就是单独的一节车厢开在铁路上，以清油作为燃料。

⑤ 伪满时期小学阶段实行六年制，1—4年级叫国民学校，5—6年级叫高小（国民优质学校）；国民学校、国民优质学校每届毕业生前三名的毕业证书由县长签发。

⑥ 郑德荣：《才者德之资　德者才之帅》，《郑德荣文存》第3卷，辽宁人民出版社2006年版，第1251页。

荣获由"县长"签发的国民优级毕业证，毕业后举家迁往辽宁省铁岭市西丰县。

1941年（15岁）。2月，从辽宁省西丰县出发赴奉天参加中学入学考试，并顺利通过考试被"奉天第三国民高等学校"录取。

3月，入"奉天第三国民高等学校"（中学）读书。读书期间参加沈阳大南门外崇文馆补习《四书》《古文观止》等国文知识，《滕王阁序》那时背得很熟，还有《桃花源记》，都是那时候学的。①

1945年（19岁）。1月，入"新京法政大学"（大学）读书；8月，与盖静安女士喜结连理；9月，肄业。12月，参加阜新县城小学组织的劳动锻炼进入长春铁北一家工厂学习打铁技术，进一步了解到了工人生活的疾苦，收获颇丰。②

1946年（20岁）。1月，任教于阜新市矿立太平小学；4月，入沈阳临时大学补习班学习；7月，入长春大学法学院学习。

1948年（22岁）。8月，在国共两党大决战前夕，以进步学生的身份投奔解放区；9月，入东北大学③二部二班学习，学习的方式以讲授为主，学习的内容包括两方面：一是要解决对中国共产党的认识；二是什么是社会主义苏联，什么是美帝国主义。④ 学习期间受到了无产阶级革命家、理论家、教育家成仿吾⑤、张松如

---

① 郑德荣口述，东北师范大学整理汇编：《郑德荣学术思想口述史》，未刊稿，第14—15页。

② 郑德荣：《郑德荣自传》。《郑德荣自传》系郑德荣教授早年亲笔撰写的档案材料。

③ 东北大学于1946年2月在本溪建校，是中国共产党在东北地区创建的第一所综合性大学；1949年7月定址于长春；1950年4月更名为东北师范大学；1958年10月，东北师范大学划归吉林省管理，更名为吉林师范大学；1980年8月，恢复东北师范大学校名。文中提到的"二部二班"为过渡性质的短训班。

④ 郑德荣口述，东北师范大学整理汇编：《郑德荣学术思想口述史》，未刊稿，第28—29页。

⑤ 成仿吾（1897—1984年），原名成灏，笔名石厚生、芳坞、澄实，出生在湖南省新化县知方团（今琅瑭乡）澧溪村一个知识分子家庭。是中国无产阶级革命家、忠诚的共产主义战士、新文化运动的重要代表、无产阶级教育家和社会科学家、文学家、翻译家。曾任东北师范大学校长兼党委书记。

（公木）①、智建中②等的影响开始初步接触并学习马克思主义。

1949 年（23 岁）。1 月，赴蛟河农村劳动锻炼参与当地土改；3 月，正式转入东北大学历史系学习。入学后曾一度自学弓弦乐器，尤擅长小提琴。

1950 年（24 岁）。5 月，在东北师范大学加入新民主主义青年团并长期任学院团支部书记；通过系统的理论学习已经基本掌握了马克思主义的基本原理，同时对中共党史也有较全面的了解与认识。③

1951 年（25 岁）。随着学习的不断深入，阅读大量马列专著及革命进步书籍。如，《共产党宣言》《资本论》《法兰西阶级斗争》《反杜林论》《国家与革命》《共产主义运动中的“左派”幼稚病》《实践论》《矛盾论》《论联合政府》等。④

1952 年（26 岁）。10 月，提前毕业留校，任教于中国革命史直属教研室（实习教员），并任中国革命史研究生的配课教师兼辅导员。

1953 年（27 岁）。10 月，正式宣誓加入中国共产党，并任党支部委员。

1954 年（28 岁）。上半年，积极响应毛主席提出的“知识分子应与工农相结合”的号召，带领学生到开源修铁路、挖土方。

1955 年（29 岁）。3 月，响应中共中央发出《关于宣传唯物主义

---

① 公木（1910—1998 年），原名张永年，又名张松甫、张松如，笔名有公木、木农等，河北省辛集市人，是中国著名诗人、学者、教育家，是《英雄赞歌》《八路军进行曲》的歌词作者。《八路军进行曲》1965 年改名为《中国人民解放军进行曲》，1988 年 7 月 25 日，被中共中央军事委员会确定为中国人民解放军军歌。

② 智建中，江苏盐城人。1937 年毕业于北京师范大学历史系。新中国成立后，历任东北师范大学教授、历史系主任、副教务长、研究部主任、副校长。曾任东北大学党委书记、教育长。

③ 郑德荣口述，东北师范大学整理汇编：《郑德荣学术思想口述史》，未刊稿，第 29 页。

④ 郑德荣口述，东北师范大学整理汇编：《郑德荣学术思想口述史》，未刊稿，第 30 页。

思想批判资产阶级唯心主义思想的指示》，脱产参与了原东北师范大学副校长智建中承担的"批判唯心主义，宣传唯物主义"的社会报告任务，在集中备课期间业务水平得到提升①；5月，作为青年教师党员参与"肃反运动"，赴西安、陕北、铜川进行调研。

二、初现锋芒

1956年（30岁）。7月，任东北师范大学马列主义教研室副主任；8月，参加全国第一次高校教师职称评定，晋级讲师，正式登上讲台。10月，给长春市宽城区党委业大宣讲马列课②，由于表达口齿清晰、理论讲解精辟博得了业大学生的欢迎，业大学生反映强烈，要求郑老师继续讲！③ 出版著作《中国共产党是怎样建立起来的》（吉林人民出版社）。

1958年（32岁）。2月，带领东北师范大学政治系学生进行社会实践，创建南岭人民公社，对人民公社有了更深入的了解与认识；8月，带领政治系学生参加长春市新立城水库的修建工作，主要工作是挖土、修坝，劳动锻炼树立了劳动观点，增强了劳动光荣观念，培育了对劳动人民的情感。④

1959年（33岁）。参加了吉林省委宣传部主持的大编哲学教材编写工作。

1960年（34岁）。8月，参加东北局宣传部主持的大编哲学教材编写工作，编写教材期间作为主笔人赴北京学习，曾先后到中共中央党校和解放军政治学院进行访学。

---

① 郑德荣口述，东北师范大学汇编：《郑德荣学术思想口述史》，未刊稿，第31页。
② 所谓业大就是业余学习马列大学，新中国成立初期各机关单位都设有业余大学，所有职工都要上业大。
③ 郑德荣口述，东北师范大学整理汇编：《郑德荣学术思想口述史》，未刊稿，第28页。
④ 郑德荣口述，东北师范大学整理汇编：《郑德荣学术思想口述史》，未刊稿，第32页。

发表论文《学习毛泽东同志关于无产阶级专政学说——读"论人民民主专政"一文的几点体会》《毛泽东同志对马克思列宁主义的不断革命论和革命发展阶段论的光辉发展》等。

1961 年（35 岁）。上半年，参与筹建吉林师范大学直属马列教研室，任副主任（主持工作）。下半年，结合中央制定的《高教六十条》承担大课堂教学任务并负责起草教师队伍建设规划方案。方案中强调马列教师必须过五关①，因工作态度积极认真，成绩突出，被学校誉为"又红又专"的教师代表。

1963 年（37 岁）。公开发表《我为人人　人人为我》（《吉林日报》）；出版教材《中国共产党历史讲义（试用本）》（辽宁人民出版社）。

1964 年（38 岁）。7 月，作为吉林省唯一的高校教师代表出席全国政治理论课教师代表会议。参会期间受到毛主席等党和国家领导人接见，并合影留念②。

三、峥嵘岁月

1967 年（41 岁）。主持制定《吉林师范大学教师队伍建设规划方案》。

1971 年（45 岁）。3 月，吉林师范大学政治系举办工农兵示范班，适逢大批教师下乡插队，在即将出发时被告知以受监督控制使用的教师身份留下参加办班；7 月，到吉林永吉县口前公社大河川大队开门办学，向刚刚招收的工农兵学员授课。③

1972 年（46 岁）。出版著作《历史（中国现代史）》（吉林人民出版社）。

---

① "五关"分别是外语关、经典著作关、教学关、科研关、古汉语关。
② 郑德荣：《乐以终身治学科研　悦以毕业授业解惑——60 年学术道路回顾》，《毛泽东邓小平理论研究》2011 年第 8 期。
③ 郑德荣口述，东北师范大学整理汇编：《郑德荣学术思想口述史》，未刊稿，第 56 页。

1973 年（47 岁）。响应毛泽东同志的号召，主持编写《中国共产党十次路线斗争史》。该书不仅在校内讲课用，而且被辽宁省干部学习班印刷成册作为学习教材，流传甚广。①

1977 年（51 岁）。出版著作《〈毛泽东选集〉一至四卷简介》《〈毛泽东选集〉第五卷简介》（吉林人民出版社）。

四、红霞满天

1978 年（52 岁）。1 月，参加由国家教委主持的《中国共产党史教学大纲》和《中国革命史教学大纲》的编写工作（任组长），是两名召集人、统稿人之一。9 月，被评为副教授，同时招收全国首批三年制硕士研究生，承担全部基础课、专业课和选修课并指导论文。

1979 年（53 岁）。7 月，教育部在武汉召开政治理论教材评审会，在会议召开期间与会人员共提交党史教材 17 部，《中国共产党历史讲义》经群众路线评审，教育部最后审定，确定为全国高校文科通用教材，并在会上发言；8 月，晋级副教授；11 月，在教育部召开课程改革和教材建设会议被指定作大会报告和发言，意见被重视并采纳。出版著作《重庆谈判》（吉林人民出版社）。

1980 年（54 岁）。4 月，被借调到中共中央党史研究室，参加由中共中央党史研究室主持编著的《中国共产党历史（民主革命时期）》和《中共党史大事年表》编写工作，任土地革命战争时期编写组副组长，主持工作②；7 月，中国中共党史学会成立，郑德荣教授

---

① 郑德荣口述，东北师范大学整理汇编：《郑德荣学术思想口述史》，未刊稿，第52 页。

② 1980 年初中央党史研究室成立，主任由中央书记处书记、中宣部部长胡乔木兼任，廖盖隆任副主任，中央党史研究室由一个办公室、五个编写组组成，主要任务是编写《中国共产党历史》及《中共党史大事年表》，郑德荣先生被教育部政教司推荐到中央党史研究室，被任命为土地革命战争时期编写组组长，负责主持工作。郑德荣：《乐以终身治学科研　悦以毕业授业解惑——60 年学术道路回顾》，《毛泽东邓小平理论研究》2011 年第 8 期。

任常务理事，并同时兼任学会下设的毛泽东思想专业委员会副主任。同月，应邀参加教育部在哈尔滨召开的北方十七省教材建设会议；11月，受聘于吉林省中共党史学会任吉林省中共党史学会理事长。发表论文《党内斗争历史经验初探》；出版教材《中国共产党历史教学大纲》（民主革命部分）（中国人民大学出版社）《中国共产党历史讲义》（吉林人民出版社）。

1981 年（55 岁）。5 月，东北师范大学毛泽东思想研究所正式挂牌成立，任所长；8 月，在借调中共中央党史研究室期间，通过查阅原始档案资料，考证清楚宁都会议的时间为 1932 年 10 月，随后这一观点被中共中央党史研究室 1981 年编辑出版的《中共党史大事年表》所采纳；10 月，赴四川成都参加中国党史学会年会。

发表论文《周恩来同志反对和纠正立三路线中的历史功绩》《毛泽东思想是我们事业胜利的指针》《略论共产国际与李立三的左倾冒险主义》等。

1982 年（56 岁）。3 月，赴首都师范大学讲授《怎样编写党史教材》；5 月，赴中国人民大学为党史系教师讲授《关于张国焘"密电"事件的定性问题》；7 月，参加中央党史委员会与中央党史研究室联合主办的纪念建党 61 年庆祝大会；8 月，赴北京市委党校讲授《关于共产国际与中共三次'左'倾错误的关系》。

发表论文《宁都会议与中央苏区第四次反"围剿"的军事方针》，《略论农村包围城市道路理论的形成》等；出版教材《中国共产党历史讲义》（上下）（吉林人民出版社）。

1983 年（57 岁）。3 月，被评为教授，成为当时全国四名党史教授之一；6 月，任东北师范大学副校长，主管教学与文科科研工作；8 月，兼任中共吉林省社会科学联合会副主席；9 月，为甘肃社会科学工作者讲授《毛泽东思想及其历史地位》；11 月，参加由中共中央党史研究室、全国中共党史研究会在广西南宁召开的"全国毛泽东思想讨论会暨全国中共党史研究会第四届学术年会"；12 月，赴西安为西北四所院校教材联合编写会讲授《关于党史教材编写规范相关问题》；同月，参加由中国党史学会举办的"共产国际与中国革命关系研讨会"。

发表论文《共产国际与中国党的三次"左"倾错误》《共产国际与党的六届四中全会》《毛泽东思想的形成发展与两条战线斗争》等；出版著作《毛泽东思想发展史讲座（新民主主义革命时期）》（甘肃人民出版社），《毛泽东思想史稿（新民主主义革命时期）》（甘肃人民出版社）。

1984 年（58 岁）。1 月，任中共大连市委党校兼职教授。

发表论文《毛泽东思想的形成发展与反教条主义》等；出版教材《中国共产党历史教学大纲》（中国人民大学出版社），《中国共产党历史讲义》（朝语版）（韩国出版社）。

1985 年（59 岁）。7 月，应邀参加教育部组织召开的"政治课中共党史改革会议"；8 月，参加由中央党校、中共党史研究室、全国党史研究会联合主办的，在北京中央党校举行的抗日战争胜利四十周年学术研讨会。

发表论文《遵义会议是毛泽东思想从形成到成熟的新起点》《关于中共党史课改为中国革命史课的几个问题》等；出版著作《中共党史重点问题答疑（社会主义时期）》（黑龙江人民出版社），《中共党史教程》（高等教育出版社），《毛泽东思想史稿（社会主义时期）》（甘肃人民出版社）。

1986 年（60 岁）。5 月，参加由教育部组织召开的课程改革和教材建设会议。6 月，被评为博士研究生导师，成为全国高校最早三个中共党史博士点之一的奠基人；同月，参加由教育部主办的"全国高等函授教育工作会议"；9 月，参加由 20 世纪中华历史研究会等三个学术团体发起的，在美国伊利诺伊州举行的"纪念西安事变 50 周年国际学术研讨会"，作《中国共产党在西安事变和平解决中的地位和作用》的大会发言，报告内容得到台湾《传记文学》长篇报道；

同月，受邀出席中国留学生在美国伊利诺伊州举办的国庆招待会；10月，赴广东省为高校党史教师作《关于参加国际学术会议的信息，对西安事变的研究状况，以及我的见解》①的学术报告；12月，在东北师范大学挂牌成立"毛泽东思想研究所"并兼任所长。

发表论文《论毛泽东思想的成熟及其在全党指导地位的确立》；出版著作《新中国纪事（1949—1984）》（东北师范大学出版社），《中国革命史纲》（中国展望出版社）；立项主持国家教委"七五"文科教科书编选计划项目"国共政权十年对峙史"。

五、老骥伏枥

1987 年（61 岁）。6 月，参加由教育部组织在东北师大召开的"高等学校中共党史课教学改革座谈会"；8 月，受聘于吉林省社会主义学院任兼职教授；9 月，开始招收首批全日制博士研究生并承担全部基础课、专业课和选修课并指导论文；10 月，受聘于吉林省党史研究室，任《革命春秋》杂志顾问。

发表论文《中国共产党与西安事变》《历史的启迪——纪念"七七"事变五十年》等；出版著作《马克思主义百科词典（上）》（东北师大出版社），《中国社会主义建设》（黑龙江教育出版社），《中国革命史教程》（吉林人民出版社），《中国经济体制改革纪事》（黑龙江人民出版社）。

1988 年（62 岁）。5 月，任吉林省社会科学哲学学科规划组成员。

发表论文《关于"两次历史性飞跃"的几点认识》《〈东北解放区财政经济史稿〉评介》《中共抗日民族统一战线政策与西安事变》《两次历史性飞跃的启迪》《国民党派系的角逐与南京政府在全国统

---

① 郑德荣口述，东北师范大学整理汇编：《郑德荣学术思想口述史》，未刊稿，第 91 页。

治的建立》等；出版著作《马克思主义百科词典（中）》（东北师大
出版社），《毛泽东思想概论》（东北师范大学出版社）。

1989 年（63 岁）。12 月，主讲的专题课程《中共党史、中国革
命史的课程改革和建设》被评为吉林省普通高等学校优秀教学成果，
东北师范大学优秀教学成果。

发表论文《略论马克思主义与中国实践相结合的第二次飞跃》
《试论"两次历史性飞跃"的基本经验》《从"九一八"到"七七"
日本侵华政策剖析》《第二次历史性飞跃是毛泽东思想科学体系的新
发展》《认真汲取马克思主义与中国实践相结合的历史经验——对第
二次历史性飞跃的探讨》等；出版著作《中国十年改革概览》（中国
展望出版社），《中共党史教程》（高等教育出版社）。

1990 年（64 岁）。6 月，被东北师范大学评为校级优秀共产党
员；8 月，被美国国际传记机构编入世界名人录。

发表论文《有益的尝试　丰满的硕果》《帝国主义本质不容忘
记——纪念火烧圆明园 130 周年》《历史规律不可抗拒——纪念鸦片
战争 150 周年》《日本侵华政策剖析》《治学之道语丝》等；出版著
作《国共十年对峙史（1927—1937）》（高等教育出版社），《中国革
命纪事》（东北师范大学出版社），《毛泽东思想史稿（修订本）》
（甘肃人民出版社），《马克思主义百科词典（下）》，《毛泽东思想发
展史（上）》（吉林大学出版社）；立项主持国家"七五"社科规划
项目"延安时期毛泽东思想研究"。

1991 年（65 岁）。9 月，荣获吉林省人民政府颁发的优秀教师
奖；10 月，荣获国务院颁发的政府特殊津贴及证书；同月，主持
的毛泽东思想研究所在国家教委所属院校 147 个社会科学研究机构
评估中荣登榜首，总分第一；12 月，参加"毛泽东思想研究综述
研讨会"。

发表论文《"九一八"事变的历史启迪》《新民主主义理论纵横
观》《毛泽东思想纵横观》《中国特色社会主义的由来和依据》《郑

德荣教授：把培养独立科研能力贯穿于指导博士研究生工作的始终》
《试析新民主主义与中国特色社会主义的必然联系》《论马克思主义
与革命和建设实际相结合的历史经验》等；出版著作《毛泽东思想
发展史（下）》（吉林大学出版社），《中国革命史教科书》（高等教
育出版社），《中国革命史长编（上下）》（吉林人民出版社）。

1992年（66岁）3月，被东北师范大学评为年度先进工作者；8
月，应邀参加"吉林省纪念延安整风50周年研讨会"；10月，受聘
于广播电视出版社，担任《现代中国政界要人传略大全》学术指导；
12月，任哈尔滨师范大学兼职教授。

发表论文《中国特色革命道路论析——兼谈新民主主义理论的
历史地位》《毛泽东对民主革命时期国情的分析和研究》《毛泽东新
民主主义革命理论研究述评》《抗日战争与毛泽东思想科学体系的形
成》《毛泽东思想科学体系试析》《毛泽东农村根据地战略思想论析》
等；主持立项东北师范大学校内社科基金项目"毛泽东思想论纲"，
主持立项吉林省社科重点项目"毛泽东思想概论"。

1993年（67岁）。3月，被东北师范大学评为年度先进工作者；
12月，荣获曾宪梓教育基金会授予的高等师范院校教师奖二等奖；
同月，参加由中共党史学会举办的"毛泽东生平和思想研讨会"。

发表论文《毛泽东思想继承与发展的历史丰碑》《坚持社会主义
思想文化建设的正确方向——重读〈在延安文艺座谈会上的讲话〉》
《毛泽东经济思想中的几个问题》《共产国际与马克思主义中国化双
效应》《毛泽东对马克思主义中国化的卓越贡献》等；出版著作《延
安时期与毛泽东思想》（东北师范大学出版社），《毛泽东思想论纲
（上、中、下）》（甘肃人民出版社），《毛泽东与中国》（吉林人民出
版社）；主持立项国家教委"八五"社科规划项目"毛泽东思想科学
体系论"；主持立项吉林省社科重点项目"毛泽东思想论纲"。

1994年（68岁）。3月，参加"吉林省学术代表团"，赴俄罗斯
科学院远东分院进行学术交流；4月，被东北师范大学授予"东北师

范大学模范教师"荣誉称号，任陕西师范大学兼职教授；7月，被长春市人民政府授予"长春市劳动模范"荣誉称号。

发表论文《中国抗日战争在世界反法西斯战争中的地位和作用》《关于改造与发展私有经济两种不同政策的论析》《毛泽东经济思想中的几个基本问题》《正确对待和科学评价革命领袖的光辉典范》等。

1995年（69岁）。7月，受邀参加由中共上海市委党史研究室、上海市中共党史学会在上海举办的"上海市纪念抗日战争50周年学术研讨会"，参加由教育部组织的"教育部首届社会科学成果评审会"。

发表论文《略论毛泽东的独立自主思想》《略论邓小平初级阶段的论断》《抗日战争胜利的历史地位及其作用》《历史的回顾——遵义会议，中国共产党历史上生死攸关的转折点》《论中国抗日战争的历史地位》《中国抗日战争对世界反法西斯战争的卓越贡献》《抗日战争的胜利与中华民族的崛起》等。

1996年（70岁）。12月，参加由全国政协文史学习委员会与陕西省政协联合举办的纪念西安事变60周年学术讨论会。

发表论文《经历三个严峻考验的英雄史篇——纪念红军长征胜利60周年》《邓小平对传统社会主义观的重大突破》等；立项主持国家教委"八五"社科规划项目《毛泽东思想体系论》。

1997年（71岁）。12月，受邀参加由中央党史研究室召开的"《中国共产党历史》上卷修订工作座谈会"。

发表论文《共产国际在两次国共合作中的作用评析》《西安事变若干问题的新思考》《邓小平爱国主义思想的特征》《初级阶段论是马克思主义理论的发展和完善》等；出版著作《毛泽东与马克思主义中国化》（东北师范大学出版社），《毛泽东思想科学体系论》（吉林人民出版社）；主持立项国家"八五"社科规划项目"毛泽东与马克思主义中国化"。

1998 年（72 岁）。2 月，参加"天津市纪念周恩来同志诞辰 100 周年暨第二届周恩来研究国际学术讨论会"；5 月，任吉林省中共党史学会名誉会长。

发表论文《毛泽东与马克思主义中国化》《对我国国情和历史方位的科学论断》《30 年代初的周恩来与共产国际》《社会主义初级阶段理论是警右、防"左"的基石》《迈向社会主义现代化的历史丰碑》等；主持立项教育部"九五"第二批规划项目：《二十世纪中国历史上的三次巨大变革研究》。

1999 年（73 岁）。5 月，参加中国中共党史学会常务理事全体会议；9 月，应邀参加回首 50 年展望新世纪——吉林省纪念新中国成立五十周年理论研讨会；10 月，参加中央党史研究室、中国中共党史学会"庆祝建国五十周年学术研讨会"；11 月，参加中央党史研究室召开的"全国党史研究主任会议"。

发表论文《毛泽东思想与邓小平理论比较研究》《马克思主义中国化的伟大旗手与奠基人——毛泽东》《中国共产党领导的中国两次历史巨变比较研究》等；出版著作《社会主义初级阶段论》（山东人民出版社）、《天地中国》（陕西人民出版社）、《郑德荣自选集》（吉林人民出版社）；立项主持教育部"九五"社科规划项目"20 世纪中国社会三次历史巨变比较研究"。

2000 年（74 岁）。9 月，被吉林省教育厅评为全省教育系统师德模范。

发表论文《毛泽东"新民主主义的资本主义"思想述略》《马克思主义指导中国革命的真谛》；出版著作《中国共产党优良作风鉴览（基本理论）》（吉林人民出版社）。

2001 年（75 岁）。5 月，被吉林省人民政府授予"吉林省教育系统师德模范"荣誉称号；6 月，参加教育部"全国高校纪念中国共产党成立 80 周年学术研讨会"；7 月，参加中组部、中宣部等召开的"纪念中国共产党成立 80 周年学术研讨会"。

发表论文《全面研究中国共产党与中国农民经济关系的创新之作——〈中国共产党与中国农民〉评介》《中国共产党 80 年奋斗的历史本质》《中国现代化历程与"三个代表"》《中国共产党与中国现代化》《学海无涯 治学有术》《中国共产党关于新民主主义革命发展战略与"三个代表"的思想》等。

出版著作《国情·道路·现代化》①（东北师大出版社）。

2002 年（76 岁）。1 月，吉林省政府授予吉林省荣誉省管专家；12 月，被选任吉林省委学习十六大精神宣讲团成员，是吉林省高校系统仅有的两名成员之一。

发表论文《国情·道路·现代化》《中国特殊国情、特色道路与现代化》《任人唯贤干部线路的时代内涵和现实意义》《宁都会议若干问题释疑》《20 世纪中国三次巨变的历史结论》《党在指导思想上新的历史丰碑》等；出版著作《二十世纪中国三次历史性巨变研究》（东北师大出版社）。

2003 年（77 岁）。5 月，参加由教育部邓小平理论研究中心、扬州大学召开的"'三个代表'重要思想理论研讨会"；6 月，任国家监察部与联合国开发设计署合作"中国廉政建设"项目《政务公开制度研究》课题领导专家论证评审组成员；9 月，获得吉林省教育系统"师德先进个人"荣誉称号；12 月，受邀参加由教育部召开的"全国高校纪念毛泽东同志诞辰 110 周年学术研讨会"。

发表论文《"三个代表"重要思想的深厚理论底蕴》《邓小平"发展才是硬道理"真谛探析》等。

2004 年（78 岁）。1 月，被吉林省社会科学联合会授予"从事社科研究 40 年以上有突出学术成就专家学者"称号并予以表彰奖励；2 月，被国家教育部评为东北师范大学荣誉（终身）教授；3 月，应

① 《国情·道路·现代化》2002 年 11 月荣获教育部中国高校人文社会科学研究优秀成果奖三等奖；2012 年 12 月荣获第六届吉林省政府优秀图书奖；2006 年 12 月荣获第四届中国高校人民社会科学优秀成果三等奖。

邀参加"邓小平百年纪念——全国邓小平生平和思想研究会"。

发表论文《"三个代表"重要思想在马克思主义中国化进程中的历史地位》《面向 21 世纪中国化的马克思主义——"三个代表"重要思想》《马克思主义中国化的伟大奠基人》《党的理论创新基本经验探析》《发展是硬道理：邓小平对社会主义现代化建设本质和规律的深刻揭示》等。

2005 年（79 岁）。4 月，参加由中国中共党史学会召开的"陈云生平与建设社会主义思想研讨会"。

发表论文《毛泽东与遵义会议》《抗日战争与中华民族历史命运的伟大转机》《抗日战争与马克思主义中国化的历史进程》《陈云在伟大历史转折关头的杰出贡献（1976—1982)》《马克思主义中国化命题的形成、内涵及重大意义》《坚定理想信念正确三观》等。

六、耄耋勃发

2006 年（80 岁）。6 月，参加北京市邓小平理论和"三个代表"重要思想研究中心在北京举办的"纪念建党 85 年——首届马克思主义中国化论坛"；11 月，参加由中共中央文献研究室当代文献研究中心主办的"纪念西安事变 70 年理论研讨会"；12 月，被教育部聘为"中央马克思主义理论研究与建设工程"重大项目历史组评委。

发表论文《全面准确理解中国特色革命道路》《中国共产党与马克思主义中国化》《西安事变与中共应对突发事件能力论析》等；出版著作：《郑德荣文存》（三卷本）（辽宁人民出版社），《毛泽东思想新论》（东北师范大学出版社）。

2007 年（81 岁）。6 月，参加北京邓小平研究中心和武汉大学举办的"马克思主义中国化论坛·2007"——马克思主义中国化的基本经验；8 月，应邀参加由中国中共党史学会举办的"'中国特色社会主义形成和发展'学术研讨会暨全国党校系统党史教学与研究专业委员会年会"。

发表论文《马克思主义中国化的基本要素探析》《开拓中国特色社会主义更为广阔的发展前景》《党的思想路线：马克思主义中国化的生命线》《中国特色社会主义道路的纲领性文献》《中国特色社会主义理论：从探索到形成》等。

2008 年（82 岁）。5 月，赴广州大学讲授《关于马克思主义中国化若干问题》；6 月，应邀参加国家编译局理论与现实研究中心、东北师范大学当代马克思主义研究中心举办的"中国特色社会主义理论与实践学术研讨会"；9 月，应邀参加由湘潭大学为纪念毛泽东诞辰 115 周年暨改革开放 30 周年举办的"现代化事业中的毛泽东思想研究国际学术研讨会"。

发表论文《毛泽东的世界观人生观价值观形成的历史考察》《抗日战争时期马克思主义与中国革命实践的双向互动》《中国特色社会主义是科学社会主义在当代中国的创新》《论毛泽东思想与中国特色社会主义理论体系的关系》《中国特色社会主义理论体系的思想先导——兼论毛泽东思想当代价值》《坚定不移地走中国特色社会主义道路》《论中国特色社会主义道路》等；主持立项 2008 年度国家社科基金项目"中国特色社会主义道路基本问题研究"。

2009 年（83 岁）。6 月，赴绍兴文理学院"风则江大讲堂"讲授《伟大的历史新纪元——纪念中华人民共和国成立 60 周年》；9 月，参加由中国中共文献研究会在湖南长沙召开"毛泽东与新中国"学术研讨会暨中国中共文献研究会毛泽东思想生平研究分会成立大会，被聘为该会仅有的两名顾问之一；10 月，参加中共中央文献研究室和中国中共文献研究会在北京举办的"新中国 60 年与执政党建设理论研讨会暨中国中共文献研究会年会"；12 月，参加中共中央文献研究室、江苏省委在苏州举办的"科学发展观与全面建设小康社会理论研讨会"。

发表论文《共产国际与毛泽东领导核心地位的最终确立》《"大跃进"时期毛泽东对调查研究的反思与实践》《深刻理解和把握中国

特色社会主义道路的几个基本问题》《坚持马克思主义基本原理与推进马克思主义中国化相结合的真谛》《论毛泽东思想与中国特色社会主义理论体系的关系》《新中国诞生与中华民族的伟大复兴》《毛泽东新民主主义革命理论实践的集中成果：中华人民共和国的成立》《中国特色社会主义道路的社会形态和基本特征》《毛泽东与中国发展道路》等。

2010 年（84 岁）。10 月，参加中共中央文献研究室等举办的"毛泽东与马克思主义政党建设""朱德与马克思主义政党建设"学术研讨会。

发表论文《科学社会主义在当代中国的创新模式——中国崛起的特色社会主义发展道路》《中国特色社会主义道路的历史逻辑》《党的基本路线是中国特色社会主义道路的核心和生命线》《科学发展观与全面建设小康社会关系的理性思考》《中华民族走向复兴的历史枢纽——纪念抗日战争胜利 65 年》《毛泽东思想的历史地位与当代价值》《中国特色社会主义理论体系逻辑结构剖析》等。

2011 年（85 岁）。6 月，参加"纪念建党九十周年暨郑德荣从教六十年学术思想座谈会"①；7 月，参加"全国纪念中国共产党成立90 年理论研讨会"②。11 月，应邀参加由中国中共文献研究会毛泽东思想生平研究分会和广州大学联合举办的"毛泽东与马克思主义中国化"学术研讨会。

发表论文《照顾大局相忍为党——周恩来 20 世纪 30 年代初的艰辛岁月》《马克思主义中国化的艰难起步》《"四个统一"——毛泽东党建理论的突出特点》《中国特色社会主义理论体系研究中几

---

① 大会共收到来自中国中共党史学会、中央党校及党史学家逄先知、龚育之、石仲泉等单位、个人的贺信、贺电 35 封，此外大会还收到十余家单位和个人赠送的花篮。

② 郑德荣向大会共提交征文两篇，经八部委评选，两篇论文均入选大会征文。一篇由中宣部推荐（推荐十篇选中四篇），一篇由吉林省委宣传部推荐（推荐四篇选中一篇）。

个值得探讨的问题》《马克思主义中国化时代化大众化纵横观》《中国特色社会主义道路基本问题论要》《马克思主义中国化实践规律探析——以新民主主义理论的创立为视角》《中国共产党与中国特色道路》《马克思主义中国化时代化大众化的历史轨迹和宝贵经验》《中国共产党 90 年不懈奋斗的历史本质》《乐以终身治学科研悦以毕生授业解惑——60 年学术道路回顾》等；出版著作《郑德荣文存（第四卷）》（吉林人民出版社）。

2012 年（86 岁）。发表论文《毛泽东与马列主义党建理论中国化》《中央苏区时期毛泽东反腐倡廉思想与实践》《延安整风：中国共产党自身建设史上的丰碑》《皖南事变与中国共产党应对突发事件能力探析》《毛泽东"寻乌调查"与党的思想路线形成论析》《"两个务必"提出的思想动因及其当代价值》；出版著作《中国特色社会主义道路基本问题研究》。

2013 年（87 岁）。4 月，任教育部与中共中央党史研究室"中国共产党革命精神与文化资源研究中心专家指导委员会"委员；同月，任教育部高等学校中国共产党革命精神与文化资源研究中心专家指导委员会委员；9 月，参加由中共中央文献研究室、中国中共文献研究会、毛泽东思想生平研究分会联合主办的"纪念毛泽东同志诞辰 120年学术研讨会暨 2013 年年会"；同月，任中国社科院《毛泽东思想研究》专家指导委员会委员；同月，任中国社科院《毛泽东思想研究》专家指导委员会委员。

发表论文《毛泽东思想的历史地位与当代价值新论》《民主革命时期中共应对突发事件的历史经验与现实启迪》《中国特色社会主义道路的开辟、推进和拓展》《中央苏区时期毛泽东的群众观与实践》《论乡村政治信任重建中的村民公共参与》《科学发展观的时代价值与实践意义新探》《毛泽东对中国社会经济历史性跨越的重大贡献——独立的比较完整的国民经济体系的建立》《毛泽东对中国社会三次历史性跨越的重大贡献》。

2014 年（88 岁）。7 月，任湖南省毛泽东研究中心湖南省毛泽东思想研究中心顾问；9 月，被吉林省公务员局、吉林省教育厅授予"吉林省优秀教师"荣誉称号；

发表论文《长征与新的革命战略基地的艰难抉择》《邓小平"走自己的路"思想动因探析》等；出版著作《毛泽东思想纵横观》（人民出版社）；立项主持国家社会科学基金年度项目"中国特色社会主义道路基本特征研究"。

2015 年（89 岁）。发表论文《从"破冰再行"到"乘风破浪"——邓小平南方谈话思想奠定全面深化改革的理论基础》《毛泽东抗日战争的战略构想与顶层设计》《中国特色社会主义基本特征论析》《抗日战争：改变近代中华民族历史命运的大转折》《毛泽东思想活的灵魂是党的思想方法与根本路线》等；出版著作《中共党史若干问题纵横观》（人民出版社）。

2016 年（90 岁）。6 月，在吉林省高校优秀共产党员、优秀党务工作者和先进基层党组织评选中荣获"优秀共产党员标兵"称号；7 月，参加"毛泽东思想的当代价值学术论坛暨郑德荣从教六十五年学术思想研讨会"。

发表论文《中国式工业化道路的探索与中国道路的开辟——邓小平对改革开放与前 30 年关系的深刻揭示》《"以苏为鉴"：探索中国特色社会主义道路的历史逻辑起点》《习近平传统文化观的历史渊源与思想精髓》《毛泽东长征途中应对严峻挑战的三大抉择》等。出版著作《马克思主义中国化纵横观》（人民出版社）；《郑德荣文存（五卷）》（吉林人民出版社）。

2017 年（91 岁）。发表论文《共产国际支持毛泽东中共中央领导地位的原因探析》（《理论月刊》2017 年第 7 期）《"十四年抗战"概念衍生的党史分期问题研究》《中国特色社会主义的真谛和要义论析》。

2018 年（92 岁）。4 月，受邀参加在北京人民大会堂举行的"纪念马克思诞辰 200 周年大会",因病未能成行。《马克思主义中国化的历史进程、主要成果和宝贵经验》一文入选纪念马克思诞辰 200周年理论研讨会。5 月 3 日,因病医治无效在长春市吉林大学第一医院辞世;6 月,被教育部追授"全国优秀教师"①,中共中央追授"全国优秀共产党员"②;11 月,入选 100 名改革开放杰出贡献表彰对象;12 月,中共中央、国务院追授"改革先锋"荣誉称号,颁授改革先锋奖章③。

完成论文《习近平治国理政的五大理念》(未刊)、《深刻理解中国道路的历史必然和科学真理性》(未刊)、《西安事变若干问题新思考》(未刊)、《卢沟桥事变是国共谈判由僵持转为合作抗日的转折点》(未刊)等。

---

① 2018 年 6 月 8 日,教育部作出了《教育部关于追授郑德荣同志"全国优秀教师"荣誉称号的决定》。

② 2018 年 6 月 27 日,中共中央做出了《中共中央关于追授郑德荣等 7 名同志"全国优秀共产党员"称号的决定》。

③ 改革先锋,是中华人民共和国在庆祝改革开放 40 周年大会上授予的荣誉称号。12 月 18 日,党中央、国务院决定,授予于敏等 100 名同志改革先锋称号,颁授改革先锋奖章。

后　记

时光如梭，爷爷离开我已经六年多了。在此期间，我的脑海中总在不经意间闪现与爷爷相处的片段，那一幕幕仿佛就发生在昨天，多么希望能够有机会再次感受他的关怀，聆听他的教诲。多年来，从爷爷身上我学到、感受到了很多东西，尤其是他对中共党史研究的执着与追求对我有着深远的影响。我真正意义上接触中共党史专业是在就读硕士研究生期间，在当时爷爷认为我的专业基础比较薄弱，需要下大功夫、花大气力才能迎头赶上，于是为我量身制订了一整套学习计划，不仅要我阅读大量的专业文献书籍，他还经常"挤"出休息时间来给我开"小灶"，为我讲解、答疑，手把手地教我该如何写文章、做人、做学问。可以说，他在我的身上播撒了汗水并寄予了厚望。多年来，从硕士、博士到博士后顺利出站，从党校教师到高校教师，从对身边的一切还懵懵懂懂的学生，到成为一名成熟的人民教师，我身上所发生的点滴变化与爷爷的长期培养、教导是分不开的。爷爷不仅是我的亲人，更是我的人生引路人，事业导师。

本书是在我前期积累、研究的基础上，经过丰富、完善、拓展而完成的一部学术著作，同时也是目前学界第一部系统研究郑德荣学术思想的著作。爷爷过世后，我在思考这样一个问题：郑德荣学术思想与治学精神是否需要继承与发扬。答案是肯定的。正是出于这样的想法，几年间围绕着郑德荣学术思想我相继撰写并发表了《郑德荣：马克思主义中国化理论研究的推动者》（《中国社会科学报》）《仰之

弥高　钻之弥坚——郑德荣教授与毛泽东思想研究》（《毛泽东思想研究》）《郑德荣教授学术年谱简编》（《北京党史》）等一系列学术论文；本书系吉林省教育厅人文社科重点项目"郑德荣学术思想与治学理念研究"（JJKH20240971SK）、吉林省高教学会高教科研课题"郑德荣治学精神对于提升高校教师职业素养的价值启示及践行路径研究"（JGJX24B29）的阶段性成果。

本书能够撰写完成并公开出版与各方面对我的帮助、支持是分不开的。首先要感恩我的几位导师，东北师范大学王晶教授、刘世华教授，没有他们多年来的悉心培养，我也不可能取得今天的成绩；感恩我的家人，尤其是我的妻子薛盼，从事学术研究是一件需要付出大量时间与心血的事情，家人们的支持与关怀为我全身心写作提供了不竭的动力；感谢人民出版社的各位领导、老师，尤其是本书的责编崔秀军老师，他认真负责的工作态度让我为之动容。在本书即将出版之际，特别有幸请到原中共中央党史研究室副主任、中国中共党史学会副会长李忠杰先生在百忙之中为本书作序，对此表示由衷感谢！

路漫漫其修远兮，吾将上下而求索。作为一名中青年教师，我深知自己的专业能力与研究水平仍有较大的上升空间，且郑德荣学术思想博大精深，仍有很大的研究空间，我的研究成果也仅只是起到了抛砖引玉的作用，不足之处希望学界前辈、同仁批评指正。

2026 年是爷爷的百年诞辰，谨以此书纪念、缅怀。

郑凯旋

2024 年 11 月 22 日于吉林长春

责任编辑：崔秀军
封面设计：石笑梦

图书在版编目（CIP）数据

郑德荣学术思想研究 ／ 郑凯旋著. -- 北京 ：人民
出版社，2025. 6. -- ISBN 978－7－01－026877－4

Ⅰ. D23

中国国家版本馆 CIP 数据核字第 2024GK7751 号

郑德荣学术思想研究
ZHENGDERONG XUESHU SIXIANG YANJIU

郑凯旋　著

人民出版社 出版发行
（100706　北京市东城区隆福寺街 99 号）

北京中科印刷有限公司印刷　新华书店经销

2025 年 6 月第 1 版　2025 年 6 月北京第 1 次印刷
开本：710 毫米×1000 毫米 1/16　印张：20.5
字数：280 千字

ISBN 978－7－01－026877－4　定价：89.00 元

邮购地址 100706　北京市东城区隆福寺街 99 号
人民东方图书销售中心　电话 （010）65250042　65289539